[福建历代高僧评传]

丛书主编：释本牲

永觉元贤禅师

◎ 马海燕 著

中国社会科学出版社

图书在版编目（CIP）数据

永觉元贤禅师 / 马海燕著 . —北京：中国社会科学出版社，2016.12

（福建历代高僧评传）

ISBN 978-7-5161-9584-0

Ⅰ.①永… Ⅱ.①马… Ⅲ.①永觉元贤(1578-1657)—人物研究 Ⅳ.①B949.92

中国版本图书馆 CIP 数据核字（2016）第 303139 号

出 版 人	赵剑英
责任编辑	宋燕鹏
责任校对	冯英爽
责任印制	李寡寡

出　　版	中国社会科学出版社
社　　址	北京鼓楼西大街甲 158 号
邮　　编	100720
网　　址	http://www.csspw.cn
发 行 部	010-84083685
门 市 部	010-84029450
经　　销	新华书店及其他书店
印　　刷	北京君升印刷有限公司
装　　订	廊坊市广阳区广增装订厂
版　　次	2016 年 12 月第 1 版
印　　次	2016 年 12 月第 1 次印刷
开　　本	710×1000　1/16
印　　张	24.75
字　　数	318 千字
定　　价	59.00 元

凡购买中国社会科学出版社图书,如有质量问题请与本社营销中心联系调换
电话：010-84083683
版权所有　侵权必究

福州芝山开元寺重点资助项目

福建省开元佛教文化研究所重点科研项目

《福建历代高僧评传》丛书编委名单

顾　问：释学诚　方立天　余险峰
主　编：释本性
副主编：严　正　王岗峰　张善荣
编　委：（按姓氏笔画）
　　　　释济群　释圆慈　王永钊　叶　翔　甘满堂
　　　　刘泽亮　陈庆元　张善文　李小荣　何绵山
　　　　陈　寒　宋燕鹏　郑颐寿　林国平　林观潮
　　　　周书荣　高令印　黄海德　谢重光　詹石窗
　　　　薛鹏志　戴显群
助　理：释妙智　那　琪　许　颖　孙源智

谨以此书纪念在闽弘律之大师

弘一律师（1880—1942）

鼓山曹洞正宗第三十二世永觉元贤禅师

总序一

学诚

[中国佛教协会　会长

福建省佛教协会　会长]

福建地处我国东南沿海，早在三国时期，佛教就已传入这块充满生机的土地，并与生长在这里的人们结下了不解之缘，出现了诸如百丈怀海、黄檗希运、雪峰义存等杰出的佛门巨匠，而近代之太虚大师、弘一法师、虚云老和尚、圆瑛法师等以福建为道场，在中国佛教近代史上写下了光辉灿烂的一页。

纵观福建佛教的历史发展，它具有以下几个主要特点：

一、寺院建筑规模宏大。譬如泉州开元寺、福州怡山西禅寺、鼓山涌泉寺、厦门南普陀寺、莆田广化寺等，皆雕梁画栋、错落有致、气势磅礴、雄伟壮观。

二、丛林道风严整有序。自百丈禅师创立清规以来，丛林生活的规范即成为僧团和合共住的信条，一直延续至今，仍为僧团必须遵守的制度。

三、重视教育，培养僧才。佛教教育一直为福建各名蓝古刹的大德先贤所重视，早在唐宋时期，即有各种形式的讲学活动。近现代的佛学教育则应首推太虚大师创办的闽南佛学院，圆拙长老开办的福建佛学院，当今国内外住持佛教的许多大德多为两院毕业生。

四、弘经布教，法音周遍。人能弘道，非道弘人，福建佛教历来重视经典的传布与流通，宋代福州开元寺历40年雕刻出版《毗卢大藏经》（俗称"福州藏"），明清时期鼓山涌泉寺即刻版印刷佛教经典。斗转星移，现代由圆拙老法师发起和创立的莆田广化寺佛经流通处所印行的佛教典籍，对当代中国佛教的复兴产生了不可忽视的影响与作用。福建的法师，足迹遍及东南亚与港澳台地区，这些地区至今仍与福建佛教法谊绵延。

五、慈善救济，福利人天。经云："佛心者，大慈悲心是。"本着无缘大慈、同体大悲的思想与精神，千百年来，福建佛教积极开展济世利民的慈善事业，诸如兴建桥梁、施医施药、赈灾济厄等方面，皆留下了弥足珍贵的感人事迹！

六、通俗信仰普及民间。佛教在福建的不断发展，与传统的儒家、道教结合，从而形成各种地方性的民间信仰，千百年来，广泛融入到福建人民生活之中。

萧梁古刹——福州开元寺方丈本性法师，年富力强，嗣法明旸长老，秉承佛心、师志，集国内专家学者之力，精选出古今中外50名闽籍（或闽地）高僧，编撰"福建历代高僧评传"丛书，此举不仅是福建佛教界的大事，也是中国佛教界的盛事。丛书的出版，不光为彰显福建自古为佛教文化之重镇，更期追踪古圣先贤，为中华佛教界树立崇高典范，其拳拳赤子之情，令人感佩不已。

是为序。

总序二

[台湾"中国佛教会"理事长]

在佛门中，曾有传言："江浙出活佛，福建出祖师。"这不意味江浙不出祖师，而是赞扬浙江省出了一位济公活佛，江苏省则出了一位金山活佛，两者神迹轰动一时，故事流传民间，历久不衰，尤以济公活佛的影响可谓无远弗届。

至于说福建出祖师，那是因为福建多山，钟灵毓秀，而学佛出家为僧者众，也特别勤于修持，所以，历代高僧辈出，古有百丈怀海、黄檗希运、曹山本寂、雪峰义存等一代宗师，近代则有圆瑛、太虚、虚云、印光、弘一、广钦等大师，德泽遗馨犹在。

台闽佛教源远流长，溯流徂源，本是同根繁兴。早于清康熙期间，就有福建鼓山高僧参彻禅师游化台湾，建碧云寺于枕头山，由是开启了福建鼓山法系在台湾的传承。之后，福建佛教陆续传入台湾，出家僧众大多前往鼓山受戒，再转往各地参学。如今鼓山在台法系遍及全岛，如：基隆月眉山灵泉寺、台北观音山凌云寺、苗栗法云寺、高雄大岗山旧超峰寺，以及台南开元寺等。这是台湾佛教的五大法系，其发祥地即是福建鼓山。

1948年，慈航菩萨受鼓山法云派下圆光寺住持妙果和尚的邀请，从新加坡到台湾创办台湾佛学院，揭开了台湾光复后首创的僧教育机构，招收近百位青年佛子而教育之，造就了台湾佛教的人才，成为现今大弘法化的主流，如现任世界佛教僧伽会长的了中长老、世界佛光总会长的星云长老，以及曾经担任几个佛学院院长的真华长老；在美国有印海、妙峰、净海长老，菲律宾有自立、唯慈长老等。

慈航菩萨是福建人，出家于泰宁庆云寺，曾经参学于国内大师座下，如圆瑛大师、太虚大师等，嗣弘法于东南亚诸国；到台湾之后，于1949至1950年成为台湾僧青年的保护伞。由于慈航菩萨生前有回福建祖庭的遗愿，但因缘未具，自知往生时至，实时放下诸缘，于汐止弥勒内院闭关，并立下肉身不坏遗愿，1954年安详示迹法华关中。众弟子秉遵遗嘱，五年后开缸，成为台湾首尊肉身不坏菩萨，给台湾佛教奠定开枝散叶的深厚基础，这就是祖师的典范，德泽万民！

我是福建人，因受到慈航菩萨在台创办佛学院的感召，于1949年春天，负笈台湾亲近慈航菩萨研习佛法。慈航菩萨严持戒律，有过午不食、手不接金银的习惯。在弥勒内院之时，起居生活与学僧相同，身无长物，唯以佛法，广结善缘，除讲课写作外，就是持咒念佛，我受其感化，至今仍遵循慈师没有私蓄、广结善缘的身教，但不及慈航菩萨的修持与德行。虽然如此，我终生感念慈航菩萨的德泽，因为如果没有慈航菩萨在台湾创办僧伽教育，我就不会来台湾，不知现在是何样子了。

2007年，福建泰宁庆云寺住持本性法师因发宏愿要迎请慈航菩萨的圣像回归祖庭供奉，与我联系，我万分感奋，因为我对慈航菩萨多年感念于心，终于有了报答的机会了。

在本性法师的真诚感召之下，慈航菩萨圣像的回归安奉，获得供奉慈航菩萨圣像的慈航纪念堂性旻法师同意，以及弥勒内院、静修院、菩提讲堂和慈航菩萨法系的肯定，2007年9月在本性法师率团迎请及中佛会率团护送下，由台湾经金门、厦门、福州、泰宁等地，隆重迎请与护送之仪式，引起世界佛教徒的高度关注与向往，使慈航菩萨的文化、教育、慈善等振兴佛教的三大理念，重新受到教界的重视！

本性法师是福建人，出家之后，曾被派到斯里兰卡研习佛法，获得硕士学位之后，即回国服务，是现今中国佛教倚重的弘法人才。本性法师重视教育与文化，在现代僧伽中，最具有佛学素养，能获其发愿承继慈航菩萨的三大志业，定能得心应手；对振兴中国佛教，一定能够贡献卓著，必使吾师慈航菩萨含笑于兜率弥勒内院矣！

2010年初，本性法师向我提及将要出版"福建历代高僧评传"丛书，并有为我师（慈航菩萨）立传于中，以为弘扬福建佛教于世界。这是一桩不朽的大功德，令我欣喜赞赏，因为历代祖师一生宏愿在于广传佛法，启导人心向善，而近代之高僧大德更是戮力相承，不遗余力，慈航菩萨则是两岸佛教弘法利生之代表。但愿此书面世，能成为各地教徒的明灯，普照大乘佛教于世界。是为序！

总序三

觉光

[香港佛教联合会 会长]

"福建历代高僧评传"丛书面世，既承传了佛教史籍的文化传统，同时发扬了现代传达佛教精神的作用。

丛书以福建本籍高僧，或其他高僧在闽省弘化为描述重点，这并不存有畛域之见，只是从点到线而面作一引述，毕竟弘传佛法是佛教徒的普世事功。佛陀在世，将佛法真理，以游化诸国方式作广传，佛灭度后，佛教僧团为续佛慧命，从佛教发源地，向全球作放射式到各方弘法，佛教才有南传北传，佛法才有东渐西渐的空间说法。丛书为个别高僧作评传提到的弘法地区有大陆、新加坡、菲律宾、马来西亚、印尼、越南、香港和台湾。这崭新的载述，是过往僧传未曾有的。

梁慧皎撰写了我国佛教最早一部高僧史籍《高僧传》，编制起自东汉迄梁，九个朝代，继后唐道宣著《续高僧传》，宋赞宁著《大宋高僧传》，明如惺著《大明高僧传》，这四朝高僧传，在时间体例上大致依所历朝代作纵线安排。现今丛书亦以自唐、五代、宋、元、明、清、近现代等历代时间分述，条理分明，且紧贴时代。

人能弘道，道赖人传，佛教僧伽潜修向佛，当自可了脱生死，而佛陀成立僧团的重要目的，不只在引导僧伽自了，而在冀望他们能广宣弘化，普度众生，弥补了佛法虽好无人说的缺漏。因此僧伽便负有弘法利生的重任。僧伽队伍庞大，发心和行动不一，自慧皎为僧立传，取高为僧人品行标准，于是僧人中就有为众称誉为高僧的。《高僧传》膺任高僧的都是高蹈独觉的出家人，品行德高才堪称高僧，为他们立传是因他们能起言为人师、行为世范的教化作用。四部高僧传大同小异地将高僧德业分十门类记述：译经、义解、神异、习禅、明律、亡身、诵经、兴福、经师及唱导。清徐昌治编辑《高僧摘要》一书，将拘于形式的十门类转录为四类高僧：道高、法高、品高、化高。评传丛书不拘十门四类作高僧分论，只为个别作评传，想是高僧才具或专或博，修持或潜或显，都咸以佛陀万德庄严为依归，丛书这样编排评传实属契机合理。

僧伽有名无德固然是个别追求名闻利养的习气，不足为训，而有德无名亦难起宣教作用，为德高望重的高僧行事作翔实的布导，身教言教作客观的评述，"福建历代高僧评传"内容想必有感人的情节，动人的语言文字，应是最佳引人入胜的宣教题材，是直心向佛学佛人的最佳课本。期待这新编佛教史籍会是"澡雪精神，不特名世，亦必传世"。

佛历二五五三年（2009）仲夏
觉光序于香港观宗寺 时年九十

总序四

健钊

[澳门佛教总会 会长]

窃以慧日高悬，辅掌闽之法化；有教无类，为学院培育龙象，如是性相，导开元佛学研究；万物生光，书画畅阐本怀，弥勒应世，专研慈航文化；任福州开元、泰宁庆云之丈席，为继承发扬佛教文化之精髓。

本性大和尚，藉开元佛教文化研究所，出版"福建历代高僧评传"，丛书之首，邀吾为作总序，自惭才疏，实愧不敢当也！惟感与师，相交相知，游历各邦，学养深厚，慈风法雨，著作良多，恩泽众生，年青有为，今荷担如来家业，是为翘首以瞻之。

"福建历代高僧评传"丛书，专选闽之先贤，殊胜因缘高僧，如闽侯雪峰义存禅师，上继行思，下开二宗，偈曰："切忌从他觅，迢迢与我疏，渠今正是我，我今不是渠。"

玄沙师备禅师，闻燕子声，随机示众："此声乃诸法实相，善巧说法之显现。"

演音弘一大师："佛者，觉也，觉了真理，乃能誓舍身命，牺牲一切，勇猛精进，救护国家。是故救国必须念佛。"

古岩德清虚公老和尚："证悟真空，万法一体，离合悲欢，随缘泡水。"

宏悟圆瑛老法师，宗通说通，辩才无碍，精研楞严，推为独步，教人"舍识用根，忘尘照性，悟圆理，起圆修，得圆证，疾趣无上菩提矣！"

泰宁慈航菩萨，护国弘教，实践人间佛教，服务社会、弘扬佛教传统；积极奉献，慈悲精神永在；勉励后学，身体力行实践。

漳州妙智和尚，注重禅修，深谙医术，提倡佛教养生之道，"三勤、三静、三淡、三乐"。古哲先贤，兹选五十余位，大德垂训，著述独立评传，每约十万余字，共计五百万数，诚邀专家学者评传，实乃近代庄严伟岸之纪。

佛陀入灭至今，已历二千五百余年，若无前人翻译经典以留传，如何发展各种思想与理论；若缺不同形式之劝世诗词，后世实难有可听闻机会；文章论述，了解当年佛陀教化；高僧传记，形象风范足传千古。从超越群峰，睥睨世情而视之，高僧无象之象，才会蔼然照耀。通过文字技巧，叙述介绍方式，将高僧之行谊，呈于读者眼前，经过文学表现，方能普及于民间，既能深入民心，达致弘法效用矣。

留传至今之各种传法方式，实有赖历代高僧努力所致。高山仰止，景行行止，而心向往之。重温过去高僧之行谊，从而体验先贤之贡献，如何影响后世，乃至中国佛教。吾深信阅读"福建历代高僧评传"，必有助于提升个人心灵之洞见，为汝修行前路，点燃一盏明灯。默然祝祷！虔敬而颂之！

澳门佛教总会 健钊

佛纪二千五百五十三年岁次己丑佛诞日

总序五

释本性

[福建省开元佛教文化研究所 所长

福州芝山开元寺方丈]

福建，简称"闽"，位踞东南，多山而临海，与台湾隔海相望。陈永定元年（557）置闽州，下辖晋安、建安、南安三郡，此为福建省级建制之始；唐开元间，从福州、建州各取一字，这就是"福建"之名的由来。

闽地古称边鄙，远涉不易。筠州九峰普满大师问僧：离什么处？曰：闽中。师曰：远涉不易。曰：不难，动步便到。师曰：有不动步者么？僧曰：有。师曰：争得到此间。僧无对。（《景德传灯录》卷十七）然闽地民人，谙习佛法，其来久矣。据学者言，早在东汉、东吴、西晋时期，即有西域僧人取海路来华，而后来以海路来华且与福建有关者，就有佛教"四大翻译家"之一的真谛法师。据传，今南安九日山"翻经石"即为当年真谛翻译佛经之遗迹。

佛教在中土的发展，到唐代而臻于鼎盛，宗门崛起，"一花开五叶"，形成曹洞宗、临济宗、法眼宗、云门宗、沩仰宗等五大宗，阅诸僧史传录，五宗祖师大都与福建有关联。

道一禅师，得法南岳让禅师门下，俗姓马，世称马祖，《景德传灯录》卷六云："唐开元中习禅定于衡岳传法院，遇让和尚，同参九人唯师密受心印。始自建阳佛迹岭，迁至临川，次至南康龚公山。"马祖传法于建阳佛迹岭，是为南宗禅在闽传播之始。

百丈怀海禅师，福州长乐人，嗣法马祖。师睹禅宗自曹溪以来，多居律寺，于是创意别立禅居，建方丈、法堂等，丛林规模由是初具，禅门由是独行，其功甚伟！

沩山灵祐禅师，福州长溪（今霞浦）人，嗣法怀海禅师。师居沩山，敷扬宗教凡四十余年，达者不可胜数，入室弟子四十一人，最著者为仰山慧寂，其宗后称沩仰宗。

黄檗希运禅师，福州人。师参怀海禅师，弘化江表，开"黄檗门风"。

雪峰义存禅师，俗姓曾，南安县人。出家参学多方，得法归闽。其座下弟子众多，以玄沙师备、鼓山神晏为最著。义存禅学博大精深，云门与法眼两宗皆源出其门。

曹山本寂禅师，莆田人，嗣法洞山良价禅师。居曹山，为曹洞宗宗祖。

以上诸师，都是禅门开宗立派之祖师，佛之慧命，赖其传续。

宋代福建佛教达于极盛，丛林有上千座之多。禅宗曹洞、云门、法眼、临济、黄龙和杨歧诸宗在闽皆有流行，各领风骚于一时。

至于明清，国内佛教界，渐染世习，弊窦丛生，时佛门诸俊，莫不以振兴宗门、光大佛教为职志，由是有"明末四大高僧"出焉。在明末如火如荼的禅门复兴运动中，闽籍高僧出力甚勤，永觉元贤、为霖道霈诸师，于闽浙赣等地，踞狮子座，擂大法鼓，"中其毒而死者"，实繁有徒，其重振曹洞一宗雄风，时人莫不称叹。又有福清临济僧隐元隆琦，布教东瀛，开创日本黄檗宗，为中日佛教交流史上的一位重要人物。

及于近现代，佛教界亦有令人高山仰止之"四大高僧"——虚云禅师、太虚法师、弘一法师和圆瑛法师。他们悲心真切，誓愿宏深，以福建为主要道场，立大法幢，救正法于危厄，济民生于倒悬。

虚云法师，生于泉州，被尊为一代禅门宗匠，曾长期弘化于福建。师一身兼担禅宗五派门庭——接传曹洞宗，兼嗣临济宗，中兴云门宗，扶持法眼宗，延续沩仰宗。师一生习禅苦行，以长于整顿佛教丛林、兴建名刹著称，曾是中国佛教协会名誉会长之一。

太虚法师，民国时期中国佛教界著名领袖之一。师一生致力于现代佛教的改革运动，提倡"人生佛教"，是当代"人间佛教"理念的开创者。师还创办各类佛学院，培养僧才，其在闽弘法多年，创办了闽南佛学院。闽南佛学院为现当代佛教界培养了一大批精英人才。

弘一法师，严持戒律，精研佛典，被尊为南山律宗第十一代宗师。师久居厦门南普陀及泉州承天、开元等寺，门下著名弟子有圆拙法师等。

圆瑛法师，古田人，曾任民国中国佛教会理事长，中国佛教协会第一任会长。师辩才无碍，独步楞严，致力于兴办慈幼院，弘法度生。一生高举爱国爱教旗帜，积极献身中国抗日运动和新中国建设事业，其门下弟子有明旸长老、赵朴初居士、白圣长老、慈航法师等。

近现代的福建高僧,多有弘化于东南亚诸国者,他们为佛教在东南亚的发展作出了突出的贡献,如转道法师,南安人,曾参学于圆瑛、会泉诸位大德,曾任新加坡中华佛教会会长;宏船法师,晋江人,历任新加坡佛教总会主席、新加坡佛教总会会长;性愿法师,南安人,致力弘扬佛法,被尊为"菲律宾佛教之开山初祖"……

1949年,中华人民共和国成立,在新的社会形势下,佛门弟子各承师志,弘化一方,又涌现出了许多闽籍高僧。

圆拙法师,连江人,为弘一大师的衣钵传人。先后担任福建省佛教协会副会长、名誉会长,中国佛教协会副会长,中国佛教协会咨议委员会主任等职。师一贯重视佛经流通,创办莆田广化寺佛经流通处等,印行经书,法雨普滋,名闻全国。

明旸法师,福州人,依圆瑛大师披剃出家,法名日新,号明旸。先后两次随圆瑛大师远涉南洋各地募款救国。曾任第八届全国政协常委、全国政协民族宗教委员会副主任、中国佛教协会副会长等职。

台湾佛教自古与福建佛教法缘甚深。连横《台湾通史》言:"(台湾)佛教之来,已数百年,其宗派多传自福建。"两岸佛教界同根同源,近年来,教内交往越发频繁,两岸僧人同聚首,共叙法乳深恩,为海峡两岸的和平与发展,为中华民族的伟大复兴,竭尽绵薄之力。

慈航法师,建宁人,剃度出家于泰宁庆云寺,后驻锡台湾。师圆寂后,肉身不化,是台湾第一尊肉身菩萨。师学从太虚大师,嗣法圆瑛老和尚,精专唯识,倡导人间佛教理念,创办《人间佛教》月刊,以"文化、教育、慈善"推动实践人间佛教精神,对当代台湾佛教界有着极为深远的影响。

2007年9月，承慈航菩萨圣像回归泰宁庆云寺祖庭活动举办之胜缘，为继承与弘扬中国优秀的佛教文化，加强福建省与国内外佛教文化界的友好交往，挖掘、整理、研究、光大福建佛教文化，经福建省民族宗教厅同意、福建省社会科学界联合会批准、福建省民政厅登记，福州开元寺创办了福建省开元佛教文化研究所。建所伊始，我们即拟定了编撰"福建历代高僧评传"丛书的课题计划，选取与福建有殊胜因缘的代表性高僧约50位，为每位高僧撰写一本评传。

这套丛书的出版得到社会各界的大力支持，国内外专家学者热烈响应并积极参与丛书的编撰工作。值此"福建历代高僧评传"丛书付梓之际，我谨代表福建省开元佛教文化研究所对所有曾为丛书组织、编撰、审稿和出版付出辛勤劳动的各界人士表示诚挚的感谢，特别感谢中国佛教协会副会长、福建省佛教协会会长学诚大和尚，台湾"中国佛教会"理事长净良长老，香港佛教联合会会长觉光长老，澳门佛教总会会长健钊长老诸前辈拨冗赐序，并感谢中国人民大学方立天教授、福建省文史馆副馆长余险峰先生、福建社会科学院原院长严正教授、本所副所长张善荣先生、王岗峰教授等专家学者的关心与支持。我们衷心希望学界、佛教界以及社会各界人士能够一如既往地给予此丛书更多的关注，以使该丛书能够对推动福建乃至中国的佛教学术研究事业有所助益。

佛历二五五三年（2009年）
于福州开元寺禅悦斋

目　　录

绪论 ·· ［第一页］

　　第一节　两个疑问 ··· ［第一页］

　　第二节　两个新概念 ·· ［第八页］

　　第三节　研究回顾与本书要点 ······································· ［第一五页］

第一章　永觉元贤生平 ·· ［第二二页］

　　第一节　生平考述 ··· ［第二二页］

　　第二节　寺院道场 ··· ［第四五页］

　　第三节　人际交游 ··· ［第七〇页］

　　第四节　弘化特点 ··· ［第九〇页］

第二章　禅宗法脉与禅法 ·· ［第一〇九页］

　　第一节　曹洞法脉之传衍 ··· ［第一〇九页］

　　第二节　鼓山禅禅法概要 ··· ［第一二九页］

　　第三节　两岸鼓山法脉辨 ··· ［第一四八页］

第三章　授戒法系与戒法 ·· ［第一六五页］

　　第一节　云栖戒本之流传 ··· ［第一六五页］

第二节　鼓山戒法源流考 ……………………………[第一八六页]
　　第三节　戒法理念与实践 ………………………………[第二一七页]
第四章　净慈与僧诤 ………………………………………[第二三八页]
　　第一节　净慈法门 ………………………………………[第二三八页]
　　第二节　《源流》诤 ……………………………………[第二五三页]
　　第三节　《龙潭考》 ……………………………………[第二七三页]
　　第四节　世系之诤 ………………………………………[第二八六页]
结论 …………………………………………………………[第二九九页]
　附录一：元贤主要交游人物 ………………………………[第三〇四页]
　附录二：永觉元贤传记选录 ………………………………[第三二九页]
　附录三：鼓山僧诤珍稀文献 ………………………………[第三四三页]
　附录四：永觉元贤禅师年谱 ………………………………[第三五四页]
参考书目 ……………………………………………………[第三六四页]

绪　论*

第一节　两个疑问

明末宝华山一代宗师见月律师自述其出家受戒及主持山门改革历尽艰辛的一本《一梦漫言》，使得民国高僧弘一大师为之"执卷环读，殆忘饮食，感发甚深，含泪流涕者数十次"[1]。见月（1601—1679），讳读体，江苏宝华山隆昌寺中兴大师。

《一梦漫言》中提及，见月律师自小善绘画，尤精大士像，人呼为"小吴道子"[2]。然早年并不信僧道，放浪形骸。一日于酒肆中得闻对其有养育之恩的伯父年高已逝，忽悟无常迅速，遂起出家报恩、忏罪之念。他褪去尘服，易彼道袍，自更名为真元，号还极。崇祯元年

---

* 本书获得"福建省高等学校杰出青年科研人才培育计划资助"。

[1] 弘一：《弘一律师题记》，载见月《一梦漫言》，香港佛经流通处印本。

[2] 《宝华山志》卷3云宝华山石戒坛原为木结构，由见月律师改为石制，其上绘画都为见月律师所作。卷5《见月律师传》言及见月律师自幼喜绘画，好登山游水。道霈《旅泊庵稿》有《见月律师所画观音出山像赞》，见月善于绘画在明末清初佛教界应是众所周知的事。

（1628）腊月三十日，中夜感梦，自思终非玄门之徒，后必为僧。崇祯四年（1631）六月，得遇西山老僧，请其细看经教，恒诵《大方广佛华严经》（以下简称《华严经》），遂礼诵该经，至《世主妙严品》竟，忽忆前梦，便萌为僧之意。以朝礼鸡足山因缘，得见大力、白云二位老和尚，白云老和尚知缘未至，许其日后披剃，大力老和尚为其赐法名书琼。此后从云南本省善于讲经的亮如老法师披剃，赐名读体，号绍如，随师长行，请问佛法。一日听经，见二三出家人俗态厌人，亮如法师对众劝诫云："出家必先受沙弥十戒，次受比丘戒，具诸威仪，乃名为僧，若不受比丘戒，威仪不具，不名为僧，有玷法门。"① 彼时即问师曰："请师为受比丘戒为僧。"师言：

吾是法师，受比丘戒须请律师。律宗将息，南京有古心律师中兴，世称为律祖，今已涅槃。法嗣中独三昧和尚大弘毗尼，今在江南。②

由此见月方得闻律，发心前往江南，开始了参方求戒的漫漫征途。

读完《一梦漫言》，除感慨"法门之陵夷"③ 外，一般人都能感受到当时出家僧人一种普遍的悲情：他们有志于"为僧"，但真正为僧必须受具足戒，而明末的情形是受戒似乎并非易事。明末清初众多僧人著述中提到出家而无处受戒的状况，如三峰法藏说："自禁之后，老师宿德终其身焉，卷怀不讲。万历已来，后进知识自不受戒，不见坛仪授

---

① 见月：《一梦漫言》，香港佛经流通处印本，第11页。
② 同上书，第11、12页。
③ 弘一：《弘一律师题记》，载见月《一梦漫言》，香港佛经流通处印本。

法，通谓戒不应自授，须候国家开禁，遂置律藏于无用之地，但习讲经，以展胸臆。"① 法藏（1573—1635），字汉月，临济宗密云圆悟（1566—1642）嗣法弟子、古心付戒弟子，② 因开法于常熟三峰，故其法系称为三峰派。据悉，法藏十五岁出家，直到二十九岁方才于云栖莲池处得受沙弥戒，而在古心于灵谷寺开坛传戒时才正式受具足戒为比丘，足见受戒的曲折。③ 由此不禁要问：当时出家受戒真的如见月、法藏那般困难吗？也就是说，除了找所谓的"律师"（学界传统以为是专指古心、三昧和尚一系的传人）授戒，其他人真的都不行吗？是为第一问。

答案应是否定的！可以举时代相近但出家后受具极为容易的例子：一是元贤，元贤约于万历四十六年（1618）从博山无异禅师受戒，地点在江西博山；还有为霖道霈，元贤的法子，其自述《旅泊幻迹》言其出家受具云："因阅明教嵩和尚《孝论》，遂念双亲垂老，乃下山至真寂圆大戒，辞老和尚，还闽省亲。"④ 他的受具一点也不困难，水到渠成，只是到恩师元贤住持的杭州真寂寺于恩师座下受具而已；还有道贞比丘尼（道霈母亲），道霈《故妣道贞比丘尼塔铭（有序）》中言其出家受具情形说："年四十断荤茹，持《般若心经》，至六十又三，不孝罢参归，适先君卒，遂从不孝落发为尼，依本师鼓山和尚受比丘尼戒。"⑤ 她应该是在鼓山涌泉寺从元贤受戒，而根据元贤传记《福州鼓山白云峰涌泉禅寺

---

① 法藏：《授戒辨第二十四》，《弘戒法仪》卷2，《卍新纂续藏经》第60册，第612页。
② 马海燕：《论〈律门祖庭汇志〉的史料问题、宗派意识及其影响》，《佛学研究》2014年。
③ 陈永革：《晚明佛教思想研究》，宗教文化出版社2007年版，第166页。
④ 道霈：《旅泊幻迹》，《还山录》，鼓山刊本。按：本书所引《旅泊幻迹》皆依马海燕《为霖道霈禅师》后附录《旅泊幻迹》校正，不标页码，下同。该附录由周书荣先生依鼓山稀见刊本《还山录》校正。
⑤ 道霈：《鼓山为霖禅师语录》卷下，鼓山刊本，第67页a。

永觉贤公大和尚行业曲记》（以下简称《行业记》）和《鼓山永觉老人传》，元贤座下"问道受戒不啻数万人"①。

第二问是关于弘一大师及其"南山律宗第十一世祖"的尊号。弘一大师（1880—1942），俗名李叔同，可谓是中国近现代史上妇孺皆知的人物。他由风流倜傥之翩翩公子，一变而为佛教持戒最为谨严的苦行僧人，如此富于戏剧性的人生经历怎能不让世人瞩目！

1942年农历九月初四，弘一大师安详圆寂于泉州温陵养老院晚晴室。当年中国各种佛教报纸杂志都刊登大师圆寂的消息，其中如《佛学月刊》第二卷第7期刊发《人天眼灭法梁顿折：一代大师弘一律祖圆寂》，其文略引如下：

> 当代大师弘一律祖年来息影晋江（泉州），声息隔绝，久为北地善信所怀念，慈念大师已于今年古历九月初四日圆寂于晋江温陵养老院。噩耗传来，此间佛教界深致悲悼。印老已去，此公继逝，法幢云亡，遐迩莫不哀痛云……【弘一大师略历】大师俗姓李……受具于灵隐，研教于永嘉，五十以后，至闽弘扬律学，旁及净土，著作等身，为南山之重兴祖。②

当时发布的各种消息中只是肯定其为"律祖""南山之重兴祖"。这种称法当然也不是随意使用的，必须是"一代大师"。律祖或者重兴律

---

① 元贤：《永觉元贤禅师广录》（以下都简称《广录》）卷30，《卍字新纂续藏经》第72册，第578页。
② 《人天眼灭法梁顿折：一代大师弘一律祖圆寂》，《民国佛教期刊文献集成》第96册，中国书店出版社2008年版，第133页。

祖、中兴律祖的称法在佛教文献中也不乏其例，如《佛学丛刊》第一辑《一梦漫言》后附《古心律祖三昧律师略传》，其中古心律师被尊为"律祖"："世称中兴律祖"，而其弟子三昧律师固然名重一时，还是只能称为律师，足见律祖的特殊意义。①

到了1947年弘一大师圆寂五周年之际，佛教界又开始聚会、编辑纪念专刊，而最引人注目的当是《觉有情半月刊》第八卷十月号，这其中有多篇纪念弘一大师示寂五周年的文章，并配发弘一大师皈依弟子、著名漫画家、散文家丰子恺先生的一幅弘一大师画像，题为《南山律宗第十一代律祖弘一法师遗象》。② 难说这是公开尊奉弘一大师为"律宗第十一代律祖"的最早出处，但至少不会迟于此年。现今各类介绍弘一大师的资料都将其冠以"南山律宗第十一世祖"的尊号，但值得一问的是：他何以是"南山律宗第十一世祖"呢？此为第二问。

在"弘一为律宗第十一世祖"的提法中，关于律宗的世系传承具体如下：

> 始祖昙无德尊者、二祖昙摩迦罗尊者、三祖北台法聪律师、四祖云中道覆律师、五祖大觉慧光律师、六祖高齐道云律师、七祖河北道洪律师、八祖弘福智首律师、九祖南山澄照律师、十祖灵芝大智律师、十一祖弘一演音律师。

---

① 《古心律祖三昧律师略传》，《民国佛教期刊文献集成补编》第57册，中国书店出版社2008年版，第60页。

② 《南山律宗第十一代律祖弘一法师遗象》，《民国佛教期刊文献集成》第89册，中国书店出版社2008年版，第273页。

此中，第十祖之说来自弘一大师，大明法师《南山律宗祖承》说："弘一律师虽然似乎没有发表过，可是常用朱笔写南山律宗祖师名号自己供养和给学人们供养，都是列着'十祖灵芝大智律师'。"① 前九祖的提法则来自宋元照律师（即灵芝律师）《南山律宗祖承图录》。② 此前佛教界关于律宗传承有各种说法，各家立祖不同，异说纷纭。灵芝律师在《南山律宗祖承图录》一一给予辨析：

普宁律师（法明），始立五祖：一波离、二法正、三觉明、四智首、五南山；霅溪法师（仁岳）次立十祖：一波离、二法正、三觉明、四法聪、五道覆、六慧光、七道云、八道洪、九智首、十南山；又云：若取苗裔，须立十师，若取功德，应立七祖，除光、云、洪三师，灵源法师（守仁）次立七祖：一波离、二法正、三觉明、四法聪、五智首、六南山、七增辉记主。天台律师（允堪）亦立七祖：一波离、二法正、三昙谛、四觉明、五法聪、六智首、七南山（已上引列诸家，自下历考得失）。③

灵芝之说在明清以来广受认可。古心一系的说法虽则与当前所谓十一祖之说不同，他们认可的律宗祖承是"西天六祖"和"东土二十一祖"，但东土祖师中，前九祖亦是采用灵芝之说。为便于比较，兹开列其东土二十一祖如下：

---

① 大明法师：《南山律宗祖承》，《民国佛教期刊文献集成补编》第71册，中国书店出版社2008年版，第419页。
② 灵芝律师：《芝苑遗编》卷下，《卍新纂续藏经》第59册，第646页。
③ 同上书，第647页。

昙无德尊者、昙摩迦罗尊者、北台法聪律师、云中道覆律师、大觉惠光律师、高齐道云律师、河北道洪律师、弘福智首律师、南山澄照宣律师、崇圣文纲律师、崇福满意律师、长安大亮律师、会稽昙一律师、开元辩秀律师、章信道澄律师、相国澄楚律师、真悟允堪律师、灵芝元照律师、普庆光教闻律师、戒台万寿孚律师、天隆慧云馨律师。①

其中最后一祖"天隆慧云馨律师"即前述同样被称为中兴律祖的明代高僧古心律师。

对于第二问，陈兵、邓子美先生合著的《二十世纪中国佛教》一书中论及弘一大师。首先，该书作者肯定也意识到，弘一的身份是"律师"，是律宗祖师，他与号称律宗正统传承之一的宝华山一系关系如何？其次，该书很谨慎地指出："除宝华山外，20世纪弘扬南山律的大家还有弘一、慈舟及其门下两系。南山律法脉的内在精神似更多地被弘一及其门下所继承。"②此论断明显是受到"弘一律师为南山律第十一代祖"说法的影响，又感觉此说法缺乏依据——特别是缺乏法脉依据，但不敢轻易质疑，只好采取折中的态度罢了（故而有所谓"内在精神"云云）。以上并非笔者臆测，该书后文提及作者特意前去采访宝华山老和尚之事说：

---

① 福聚编：《南山宗统》卷2，宗教文化出版社2011年版，第10页。
② 陈兵、邓子美：《二十世纪中国佛教》，民族出版社2000年版，第402页。

那时弘一已声名远播，为何宝华山僧人未邀请他前来讲律并满愿呢？笔者曾就此于1996年专程往宝华山冒昧地向长老求教，承老法师作答，其大意为：

当时隆昌寺有学问的僧人多的是，故无需。

弘一的僧腊（39岁出家）太浅，在宝华山似不足服众。

根据惯例，非在宝华山本山得戒者很难在隆昌寺上堂讲律。（弘一在杭州灵隐寺受戒，他自己也认为该寺授戒不如法。）隆昌寺在当时如此不无依据，只是与后被尊为重兴南山律第十一祖的弘一之间的因缘错过，宝华山自己又未培养出律门龙象。①

弘一大师为"律宗第十一世祖"的说法之所以让人感到困惑，与很多人会将此种提法与世代相承至今的所谓"律宗"② 相联系有关。

第二节　两个新概念

英国历史学家埃里克·霍姆斯鲍姆提示说："不应忽略连续性中的断裂……从来就不可能形成或是保存一种活的过去，而是必须成为被发明的传统。"③ "发明传统本质上是一种形式化和仪式化的过程，其特点是与过去相关联，即使只是通过不断重复。"④ 由此，应注意摒弃"被发明传统"

---

① 陈兵、邓子美：《二十世纪中国佛教》，民族出版社2000年版，第405页。
② 实为律宗授戒法系，专指古心一系。
③ ［英］埃里克·霍姆斯鲍姆等编：《传统的发明》，顾杭等译，译林出版社2008年版，第9页。
④ 同上书，第4页。

的误导，毕竟从唐宋到明清、民国以至1949年之后，这中间经历社会变迁、文化变革，今人所谓持续相承的"传统"很多实为"被发明的传统"。

解决上述疑问的突破点其实并不全赖于重要的考古发掘或珍稀文献的披露，它更需要研究视角或研究方法的转变。本书将主要尝试应用明清佛教研究中两个全新的概念，一是"授戒法系"，二是"法缘宗族"。

一 授戒法系

授戒法系概念由笔者所提出，它是对明清以来所谓"律宗"的反思，它改变以往"律宗""禅宗""净土宗"等深受日本佛学研究界影响的"传统"宗派分界，转而以"授戒"或"受戒"这一佛教最重大而又极特殊的仪式活动为中心，更重视"活"的、现实的佛教场境。[1]

在现、当代中外学者乃至佛教界诸大德法师的相关论述中，明末以来的所谓律宗指的都是古心如馨及其以下诸系，而尤为著名者就是称为千华系的宝华山一脉。[2] 古心律师（1541—1615），法讳如馨，字古心，俗姓杨，江宁人，年四十而有出尘之志，即于摄山栖霞寺礼素庵法师剃

---

[1] 马海燕：《明清佛教授戒法系综论》，《东南学术》2016年第1期。
[2] 且不说大量的学术论文，只从几部专论明清律宗的著作即可见之：台湾果灯法师所著《明末清初律宗千华派之兴起》以明末清初最重要的"律宗学派"千华派为讨论中心，她是将该系作为古心以下所谓律宗法脉的典型来考察的；刘晓玉《明清之际律宗中兴运动考察》更是将明末清初律宗特定为古心一系，她说："在明末清初的律宗中兴运动中，最重要的核心人物有三人，其中法脉接续的第一人——古心乃中兴运动的真正开启者，寂光乃承继古心弘律事业中最为得力的弟子，是明清律宗宗派建构的开端，寂光的弟子见月则是前两代弘律事业的集大成者，是明清律宗中兴的真正实现者。"其论与果灯法师并无二致；日本研究明清佛教史的著名学者长谷部幽蹊，在其所著《明清佛教教团史研究》中，所谓律宗（或"律门"）亦专指以古心为始祖的法系，其余相关论文如《古祖一门法灯の谱》《律门法化の地域の展开》等也是如此。果灯法师：《明末清初律宗千华派之兴起》，台北法鼓文化出版社2004年版；刘晓玉：《明清之际律宗中兴运动考察》，河南人民出版社2014年版，第105页；长谷部幽蹊：《明清佛教教团史研究》，东京同朋舍1993年版；长谷部幽蹊：《古祖一门法灯の谱》，《禅研究所纪要》第27卷，1999年3月；长谷部幽蹊：《律门法化の地域の展开》，《禅研究所纪要》第23卷，1995年3月。

度出家，据说后从文殊菩萨亲受大戒，被时人视为持戒第一的佛陀弟子优婆离尊者再世。明神宗皇帝延其至五台，赐紫衣，开皇坛说戒，亲赐额"万寿戒坛"，并赐号"慧云律师"，万历四十三年（1615）乙卯十一月十四日圆寂，世寿七十有五，法腊二十有七，弘戒二十五载，坐南北道场三十余会，弟子数万人，建塔于天隆寺。① 慧云律师被尊为中兴律宗的一代宗师："盖宋代元末律宗戒学相继不恒，其白四进具三聚妙圆乃肇行于祖，是以明际及我大清盛世鼎新以来，海内宏绍之英，凡服田衣而知戒者，莫不尊亲为中兴律祖焉。"②

圣严法师在其《明末中国的戒律复兴》一文中曾提出："明末弘扬戒律的有两大系统，一是云栖祩宏（即莲池大师，1535—1615），二是古心如馨，他们二人都有很多弟子影响深远。"③ 但细读该文可知，这里所谓的"两大系统"，主要指的是律学著作及通过这些著作展现出来的律学思想，不涉及具体的传戒活动或传戒法系，他最后还是以古心一系作为明末以后律宗的正统——也就是说，他所谓的律宗还是指古心一系，依然拘泥于学界的惯识。④

---

① 恒实源谅编著：《律宗灯谱》卷1，宗教文化出版社2011年版，第18、19页。
② 同上书，第19页。
③ 圣严法师：《明末中国的戒律复兴》，载《菩萨戒指要》，法鼓山印本，第143页。
④ 值得说明的是，果灯法师著作中曾引圣严法师此说，并将之与谈玄法师《清代佛教之概略》的说法相比较：谈玄在《清代佛教之概论》中认为"清代律宗分二派"，即一为三峰法藏（1573—1635）派，一为宝华山见月律师（1601—1679）派。果灯法师就此评议说："恩师圣严上人和谈玄对明末清初复兴戒律的代表学派的看法虽有出入，但一致认为宝华山千华派为明末清初最重要的律宗学派。"（果灯法师：《明末清初律宗千华派之兴起》，台北法鼓文化出版社2004年版，第67页。）此评论的后半部分是对的，前半部分则未必，因为圣严之说与谈玄并没有"很大"的出入：圣严之说是就不受宗派限制的律学思想方面谈的，谈玄则仅仅就"律宗"而言，在承认律宗为古心一系方面二者并无实质性的冲突。三峰法藏也是古心律师的嗣戒弟子之一，虽然他是以禅宗临济宗传人的身份闻名。

律宗传承在明代断绝，特别是戒坛封蔽而导致戒法中断，这是众所周知的事实，以往学者在这方面论述甚多，如震华法师在其《清代律宗略论》言及："自唐道宣律师以四分标宗而后，未及数传势渐衰危，降及五季，殆不可支。宋有允堪、元照二老，独具只眼，躬行斯道，寂后衣钵无寄，竟成绝响。元明间，戒坛封蔽，毗尼扫地。云门圆澄禅师以宗门尊宿于《慨古录》中亦慨乎言之，岂以此宗条令森严、执法太苛，人遂变色却步而不敢犯欤？"[①]

实际上，明末佛教中对于受戒存在两种截然不同的意见：一种主张自誓受戒，此为云栖系戒法，该系也有自己的授戒仪轨、法系传承。究实而论，在戒坛禁锢时期还是有办法受戒的。另一种以官方传戒为正统，因为在此以前佛教的开坛传戒都必须奉敕命而行："故事：戒师登坛，必奉敕命，天下缁俗集听戒。"[②] 这基本上属于古心一系后人和一些支持者。[③] 后者因为有了"谓戒不应自授须候国家开禁"的预设，故特别凸显古心律师五台山重开皇戒的重大意义；这种意义被再三渲染并扩大之后，云栖戒法的贡献便被埋没以至于全然无闻了！[④] 以古心一系为律宗正统传承的"传统"也就逐渐"被发明"了出来。可见，见月等特别描述时人出家受戒之艰难其实只是为推崇古心律师及其法系做好铺垫而已。

---

① 震华：《清代律宗略论》，见《律宗基础》，莆田广化寺，第54页。
② 刘侗等：《帝京景物略》卷7，上海古籍出版社2001年版，第451页。
③ 此中应注意，三峰法藏虽然也是古心一系传人，但他支持云栖在特殊时期可自受戒的做法（见法藏《弘戒法仪·授戒辨第二十四》）。法藏的戒法在古心一系中属于比较另类的。
④ 笔者指出这期间经历几次大的变革，特别是民国时期虚云老和尚在鼓山的戒法变革影响尤其深远，至此禅宗授戒法系断绝。见马海燕《明清佛教授戒法系综论》，《东南学术》2016年第1期。

只要明晰明末以来各种授戒法系的存在，此前两个问题即可迎刃而解。笔者提出，明清以来从事佛教传戒活动与授戒律仪研究的人物（或集团）可分为三大法系：律宗授戒法系、禅宗授戒法系、革新授戒法系，律宗授戒法系以古心律师为始，下分千华系、古林系、圣光系、三峰系（兼临济宗）等支系；禅宗授戒法系以云栖袾宏为始，下分曹洞寿昌博山系、曹洞寿昌鼓山系等；革新授戒法系以蕅益智旭为代表，弘一大师即归于此系。① 当时诸方得以各自传戒，以授戒事宜为中心所形成的三个授戒法系之间各有长短，相互间皆有所指摘，也即是说，孰能代表律宗正统都是可以争议的。古心律师虽然有"中兴律祖"之誉，但对他能否续灵芝律师之下为律宗一祖还有待商榷。同样，作为与律宗授戒法系并行的革新授戒法系的代表人物，弘一大师完全可以与古心以下各系撇清关系而直承宋灵芝律师之后为第十一世祖。

当然，要说明授戒法系尤其是禅宗授戒法系的存在必须有确凿的证据。元贤及其鼓山涌泉寺的戒法传承恰恰是这方面最为有力的线索，也正是基于元贤和鼓山法系的研究，笔者才得以明确提出授戒法系的概念。

二　法缘宗族

此概念初见于张雪松先生所著《佛教"法缘宗族"研究》。② 佛教内部对于家族、宗族之说较为避讳，然笔者在此主要是就学术意义上加以使用，强调佛教组织上的类似性。③ 明末以来，佛教所谓临济、曹洞、

---

① 马海燕：《明清佛教授戒法系综论》，《东南学术》2016 年第 1 期。
② 张雪松：《佛教"法缘宗族"研究》，中国人民大学出版社 2015 年版。
③ 同上书，第 86 页。

律宗等宗派，重点不在义理宗风等实质的分界，反而是各宗派法派的完整性即源流谱系、法缘关系的正当性等更受重视，僧人获取相应的禅师、律师等佛教身份的主要途径在于其具备相应的法系传承。不过，与张著有所不同的是，本书使用法缘宗族这一概念除了法系法脉方面的说明之外，主要是基于清初僧诤方面的探讨。

僧诤研究以著名史学家陈垣先生为始，其《清初僧诤记》以清初僧诤为主要内容，① 陈垣另有《明季滇黔佛教考》，该书卷二《法门之纷争》也有涉及僧诤之考述，并指出："纷争之兴，自崇祯间汉月藏著《五宗原》，密云悟辟之始，是为宗旨学说之争，上焉者也。顺治间费隐容著《五灯严统》，三宜盂讼之，是为门户派系之争，次焉者也。有意气势力之争，则下焉者矣。有墓地田租之争，斯又下之下矣。"② 陈垣之论基本为明清佛教史学界所接受并影响至今。实际上，陈垣所论虽详，但一些重要典籍陈先生未必寓目，③ 加之身处内忧外患之时代特别是民族危难之际，他的僧诤研究也不免带有"浓厚的移情现象"，④ 于他1962年为《清初僧诤记》题写的后记即可见之。⑤ 这在一定程度上影响了其对佛教历史事件评价的客观性。

---

① 该书共分3卷，卷1为《济洞之诤》，卷2为《天童派之诤》，卷3为《新旧势力之诤》。陈垣：《清初僧诤记》，《明季滇黔佛教考》下册，河北教育出版社2000年版。
② 陈垣：《明季滇黔佛教考》，《明季滇黔佛教考》上册，河北教育出版社2000年版，第275页。
③ 诚如其在《明季滇黔佛教考》附识中所言："所据多习见之书，诸语录搜集稍难，亦皆刊布之本，并无珍奇秘籍。"同上书，第234页。
④ 黄一农：《两头蛇：明末清初的第一代天主教徒》，上海古籍出版社2006年版，第346页。
⑤ 他说："一九四一年，日军既占据平津，汉奸们得意扬扬，有结对渡海朝拜、归以为荣、夸耀于乡党邻里者。时余方阅诸家语录，有感而为是编，非专为木陈诸僧发也。"陈垣：《清初僧诤记》，《明季滇黔佛教考》下册，河北教育出版社2000年版，第563页。

鉴于陈垣先生在史料收集、研究视角等方面有其局限,当代学者在此类研究中尚有较大的拓展空间。

首先是资料收集方面的突破。随着大量佛教珍稀史料的整理与挖掘,尤其是佛教典籍的普及化、电子化发展,学界完全可以在这些方面加以超越,例如,笔者曾以前人所未见而引以为憾[1]的《鼓山辨谬》(初刻、二刻)为中心对鼓山系祖师为霖道霈(1615—1702)与清初五代叠出诤问题展开论述;[2] 林观潮先生则以日本佛教文献为基础探讨了费隐通容《五灯严统》的毁板与日本重刻。[3]

其次是研究视角的转变。吴疆在哈佛大学的博士学位论文《十七世纪中国禅宗的正统、纷争与转型》(2002)涉及密云圆悟与汉月法藏关于临济宗风的争论、围绕费隐通容《五灯严统》的曹临之诤,指出黄檗系禅师一改晚明四大高僧的发展思路,重新确立了中国乃至东亚禅宗的具体走向。[4] 另外,陈垣先生对于僧诤的评价主要是负面的,而且对各类僧诤的高低分类基本以义理为重心——也就是说,他摆脱不了以佛教义学为上的传统佛教史观,在这种史观影响下,学者往往将明清佛教视为中国佛教的衰败期。[5] 不过,当代部分学者提出明清佛教在中国佛教发展史上具有独特地位,它所呈现的是有别于唐宋时期的面貌,它是中

---

[1] 日本学者忽滑谷快天曾说:"余未见《辨谬》,难判其是非。"陈垣先生也未特别提及。见[日]忽滑谷快天《中国禅学思想史》下册,朱谦之译,上海古籍出版社2002年版,第858页。
[2] 马海燕:《为霖道霈与清初五代叠出诤考论》,《宗教学研究》2014年第2期。
[3] 林观潮:《费隐通容〈五灯严统〉的毁板与日本重刻》,《世界宗教研究》2008年第3期。
[4] 参见张雪松《佛教"法缘宗族"研究》,中国人民大学出版社2015年版,第107—109页。
[5] 这种论调在学界十分常见,如赵伟《崂山道教与佛教研究》,人民出版社2015年版,第113、175页。

国佛教的转型期。① 对此，笔者认为明清佛教的转型主要体现于着重社会各阶层的信仰实践，并以丛林为中心逐渐形成类似社会宗族组织的佛教法缘宗族，强调法缘关系的身份认同。

明清时期是宗族组织与族谱纂修普及的时期，族谱的重新修纂与宗族的组织化密切相关，与之相类似，佛教法缘宗族的建构也需要两方面的努力：《源流》的考订与传承方式的规范化。以此而言，在明清佛教发展中僧诤应有其更为积极的一面。

第三节 研究回顾与本书要点

在此有必要对学界以往关于元贤研究做一检讨，为便于说明，以下主要从生平、思想、禅宗史、文献等四个方面加以总结。

一 生平研究

较早的有民国时期恭默所撰《鼓山永觉大师传》，此文载于《佛学半月刊》。② 1949 年以后有林子青《元贤禅师的"鼓山禅"及其生平》③，林明珂《永觉大师》④，范佳玲《明末曹洞殿军——永觉元贤禅师研究》第二章第一节《元贤的生平》、第三章《永觉元贤的宗教志业》等。⑤ 当然，

---

① 就宋以后中国佛教的评价问题，学界主要有三种说法：衰颓说、转型或转折说、渗透说。其中转型是否为"衰颓"，学界意见并不一致。这方面的检讨见马海燕《为霖道霈禅学研究》，宗教文化出版社 2012 年版，第 11—15 页。
② 恭默：《鼓山永觉大师传》，《佛学半月刊》，第 6 卷第 14 号，见《民国佛教期刊文献集成》第 52 册，中国书店出版社 2008 年版，第 408、409 页。
③ 《明清佛教教史篇》，张曼涛主编《现代佛教学术丛刊》第 15 册，大乘佛教文化出版社 1977 年版。
④ 《法音》1993 年第 4 期。
⑤ 范佳玲：《明末曹洞殿军——永觉元贤禅师研究》，博士学位论文，台湾师范大学，2005 年。

各类关于元贤的简介还有很多，在此不一一罗列，基本上都是以林之蕃所撰《行业记》及潘晋台所撰《鼓山永觉老人传》为依据，略作梳理。其中范著将元贤生平分为在家、参学、弘化三部分，整理"元贤相关传记资料一览表"，并论述了元贤对鼓山寺、鼓山僧团的建设以及佛教社会教化等的参与，评述元贤的行事风格，较为全面。

台湾学者黄一农在其《两头蛇：明末清初的第一代天主教徒》中曾批评学界研究一种不良风气："屡屡可见一些学者不从先前的研究出发，而只是径自摘抄原典，却又不曾积极扩充新材料，或尝试较深入地梳理史料，以提出更合理且具创见的新结论。这些作者有意避谈己文与前人研究的异同……在史学期刊中许多后出的论述常不能显现该课题最高的研究水平。"[1] 对此，笔者深有同感。本书关于元贤之生平，将在以上研究的基础上有两个方面的新突破：首先，挖掘新史料，特别是《庐峰蔡氏族谱》等族谱、地方史料的补正，并积极使用内证，除了勾勒大致的生平履历之外，从寺院道场、人际交游、弘化特点等不同侧面展示元贤丰富的人生；其次，本书中元贤的身份定位[2]将与以往有所不同，此前大都以元

---

[1] 黄一农：《自序》，载《两头蛇：明末清初的第一代天主教徒》，上海古籍出版社2015年版，第5页。按：这种情形在元贤研究中也十分常见，此类"文章"不在少数。

[2] 一般来说，学界对于元贤身份师承上存在认识的混乱，乃因为对"禀戒弟子"理解有所偏差。元贤是从博山无异受具足戒，并从其受菩萨戒，而元贤又从闻谷大师处得到"云栖戒本"，故而有所谓"戒本真寂"之说。一般学者对于元贤与闻谷的关系感觉困惑，如陈永革即含糊地说："（元贤）在宝善庵受闻谷大师所授之大戒。"（陈永革：《晚明佛教思想研究》，宗教文化出版社2007年版，第183页）在十五卷本《中国佛教史》第13卷中，作者曾指出："元贤戒法，本自闻谷，而闻谷其戒于云栖……元贤又将云栖戒法传给道霈，因此，从元贤到道霈这一鼓山涌泉寺禅系的戒法，源于云栖袾宏。"然而，这里所谓的"戒法传承"其实还是指思想的脉络——而不是法系传承；而且作者并没有搞清楚元贤、道霈、闻谷三人之间的关系，其竟然将道霈作为闻谷大师的法嗣。（赖永海主编：《中国佛教通史》第13卷，江苏人民出版社2010年版，第318、320页。）

贤作为曹洞鼓山系的祖师或禅师身份,即所谓"明末曹洞殿军",而本书则特别关注他的另一个身份——禅宗授戒法系的传人及作为有别于古心一系的禅宗授戒法系传戒重要道场——鼓山涌泉寺之中兴祖师。

二 思想研究

这主要集中在禅、净、教、律、三教、民族意识等六个方面,通史性著作如忽滑谷快天《中国禅学思想史》①、杜继文、魏道儒《中国禅宗通史》②、郭朋《中国佛教思想史》③、蔡日新《南宋元明清曹洞禅》④、毛忠贤《中国曹洞宗通史》⑤、赖永海《中国佛教通史》(十五卷本)⑥ 等都对元贤思想有所评述;专篇论文如李鸿《永觉元贤的禅净思想探略——以〈净慈语要〉信愿行为要点》⑦ 主要探讨元贤《净慈要语》中的禅净思想,黄曾樾教授《永觉和尚广录探微》⑧ 主要借助鼓山珍稀文献探讨元贤在明清易代中的政治或民族立场问题。不过,元贤思想或哲学方面研究当以陈永革《晚明佛教思想研究》及范佳玲博士学位论文最为深入。陈永革先生与笔者师出同门,他是"赖门"早期博士,该著作是其博士学位论文,全书共九章,几乎各章都会有元贤见解的引述;范著第四章论述元贤的禅法思想,第六章论述元贤的经教思想,第七章探讨其三教思想,较为系统全面。

---

① [日] 忽滑谷快天:《中国禅学思想史》,朱谦之译,上海古籍出版社1994年版。
② 杜继文、魏道儒:《中国禅宗通史》,江苏古籍出版社1993年版。
③ 郭朋:《中国佛教思想史》,社会科学文献出版社2012年版。
④ 蔡日新:《南宋元明清曹洞禅》,甘肃民族出版社2009年版。
⑤ 毛忠贤:《中国曹洞宗通史》,花城出版社2015年版。
⑥ 赖永海主编:《中国佛教通史》(十五卷本),江苏人民出版社2010年版。
⑦ 李鸿:《永觉元贤的禅净思想探略——以〈净慈语要〉信愿行为要点》,《法音》2013年第7期。
⑧ 黄曾樾:《永觉和尚广录探微》,《福建佛教》1998年第2、3期。

本书将以元贤及其鼓山法系为个案，探讨明清佛教法缘宗族形成的历史过程。应先说明，就佛教发展史而言，明清佛教所呈现的面貌与唐宋时期的确有很大的区别，本书将充分肯定明清佛教在中国佛教发展史上的独特地位。这是笔者一贯的主张，也是本书的基本论调。

此外，在一些细节问题上本书也将对以往研究结论做出商榷。例如，《晚明佛教思想研究》第四章第三节主要以汉月法藏及永觉元贤的戒律思想为中心阐述"从佛性戒到禅律一体"，且不说他对法藏的身份认识有误，① 对于元贤律学思想的评述也存在很大的偏差，如其认为元贤对于佛教戒律思想的理解是基于禅宗的参究，② 这是因为他引用了元贤语录中的《受戒三问》；他又指出元贤有摄戒归心、摄戒归性的禅戒一体论思想观念，③ 这是因为他所引证的文字都是来自元贤语录中的《授戒普说》。实际上，这种文字都是元贤"一心"思想下圆融诸宗的语录，多属丛林活动中的惯常说法，或以之为套话也未尝不可，以之作为论证材料未免有失严谨。在此值得特别提醒的是，元贤法系是宗（禅）、律并传的，他绝不允许传律弟子"妄拈宗乘"，某位付戒弟子因此受到元贤严厉的呵责，足见他对于禅、律之间界限的认识是十分明确的！④

三 禅宗史研究

这主要是指禅史方面的争论，以陈垣先生《清初僧诤记》以及范著

---

① 法藏不是以"宗门禅僧投身戒律复兴"，以以往学界的律宗观点来说，法藏也是古心律师一系不折不扣的弟子，他的身份在弘戒方面是属于古心一系的律宗授戒法系，而不是什么临济宗。马海燕：《论〈律门祖庭汇志〉的史料问题、宗派意识及其影响》，《佛学研究》2014年。

② 陈永革：《晚明佛教思想研究》，宗教文化出版社2007年版，第188、189页。

③ 同上书，第186页。

④ 以法藏之戒法为"禅律"合流之明证尚有依据，元贤则未必。但是，笔者认为不能以法藏作为禅宗丛林传戒的典范，虽然他宣扬禅律合流，可他是古心一系的正宗传人。

第五章论及较多。范著涉及元贤关于曹洞宗旨等的探讨，其第三节讨论了元贤《龙潭考》和对觉范的评价等。本书则重点关注元贤参与明末清初《五灯严统》诤、"五代叠出诤"等僧诤的方式以及这类僧诤对鼓山法系的影响，其中一些意见为教界或学界所未曾注意者。

四 文献整理与研究

主要是元贤著作等文献研究。文献学作为一门专业性极强的学问，有其相应的学术规范与方法，前人对于佛教文献的整理工作，主要有钞写、校勘、注解、考证、辨伪及辑佚等。鼓山系如元贤、道霈等都是著述宏富，对于鼓山文献（包括元贤文献）的整理在民国时期即备受瞩目，弘一大师、虚云大师都进行过这方面的工作。① 例如，当时著名的佛学刊物《佛学半月刊》刊发大量上海佛学书局印行的鼓山文献广告，并列有详细的目录；② 福建省佛教协会杂志《福建佛教》以及《闽台法缘》都点校刊发有大量鼓山文献，元贤著作也在其中；福建著名的文史学者郑丽生先生著有《鼓山艺文志长编》，内有关于元贤著述的部分；③ 范著第二章第二节《元贤的著作》介绍了元贤撰述类、语录诗文等各类著述，并评价了元贤文章的风格；纪华传《明清鼓山曹洞宗文献研究》第二章《永觉元贤著述研究》也是针对元贤著述的专题研究。④

毋庸讳言，学者自身的佛学素养、宗派意识等对其文献整理工作有

---

① 弘一大师：《福州鼓山庋藏经版目录序》，《佛学半月刊》1935年第97期，见《民国佛教期刊文献集成》第50册，中国书店出版社2008年版，第341、342页；虚云：《鼓山涌泉寺经板目录序》，《佛学半月刊》1936年第118期，见《民国佛教期刊文献集成》第52册，中国书店出版社2008年版，第11页。
② 《佛学书局出版鼓山版本一览》，《佛学半月刊》1935年第117期，见《民国佛教期刊文献集成》第51册，中国书店出版社2008年版，第479—481页。
③ 收入其《郑丽生文史丛稿》，海风出版社2009年版。
④ 纪华传：《明清鼓山曹洞宗文献研究》，社会科学文献出版社2014年版。

着极大的影响，因此，对于明清以后佛教史实体认的浅深将直接关系到整理者及文献使用者对相关文献的简别、解读与运用。例如，因为不能明了明末各种授戒法系的存在事实，学界一般都是将元贤、蕅益大师等的律学著述归入时人所谓律学研究之作——也就是仅仅有"思想"而无具体实践。学界针对这类律学著述也仅作文字上的解读，未能明白撰述者真正的用心所在。实际上，明清以来大部分的律学著作都是在研究或探讨如何传戒，即传戒如何才能如法的问题。各位作者之间不是互不交涉或者"一团和气"，也不是唯谁马首是瞻，而是有着千丝万缕的联系，他们或存在相互"批评"、竞争乃至于激烈"对立"的关系。也就是说，明清时期并不存在所谓"律宗"（特指古心一系）一家独尊、独掌传戒的局面——这和民国以来传戒以宝华山或古林寺闻名、常用见月《传戒正范》的情形完全不同。这些人物、著作应归入不同的授戒法系，只有这样才更接近明清佛教的历史事实。因此，从授戒法系来看，元贤属于禅宗授戒法系，当时元贤批评南北戒坛戒法，且将律学直承"灵芝照"律师，其《律学发轫》等著作都是有针对性的，绝非泛泛而论。

总体而言，本书的研究方法以文献、历史的梳理、考证为主，重在禅宗法脉、授戒法系的探讨，不求面面俱到；具体章节的分布参照元贤本人对于相关问题的看法，如净土修行问题只在第四章第一节《净慈法门》中讨论，因为元贤净土观主要是受到莲池大师一系影响，以"净、慈"相结合，注重个人修学与社会弘化的相辅相成，故而第二章讨论禅法时不予涉及；在宗律并传模式中，元贤不允许授戒法系的传人"妄拈宗乘"，因而一般学者所热衷探讨的"禅宗戒律思想"实际上只是在心性论的总原则下才有（第二章第一节会涉及），而在传戒实践或僧人具体行持中是较少谈及的，故第三章中不讨论这方面的内容；此外，有关元贤会通儒释或三教观等问题，因与法脉法系关系不大，只分散在各章节中略为阐述。附录一为《元贤交游人物表》，以《永觉和尚广录》中所见人物为主，当然会有所遗漏；附录二收入元贤主要传记两种，并略作订正；附录三为《鼓山辨谬》，是元贤唯一嗣法弟子道霈参与清初"五代叠出诤"的珍稀文献，因关系鼓山世系问题，特录于此，以备学界进一步研究之用。

  值得特别说明的是，本书采用了笔者近年已发表的相关研究论文，略作修改后收入各章节，这些论文主要包括：《为霖道霈与清初五代叠出诤考论》（《宗教学研究》2012 年第 2 期）、《明末五台山澄芳律师生平略论》（《五台山研究》2013 年第 3 期）、《授戒法系与现代鼓山传戒改革论析》（《闽南师范大学学报》2014 年第 1 期）、《弘一大师与"南山律宗第十一世祖"论析》（《闽台文化研究》2014 年第 1 期）、《明清以来两岸佛教戒法源流探索》（《宗教学研究》2014 年第 1 期）、《明清佛教授戒法系综论》（《东南学术》2016 年第 1 期）、《授戒法系视域下台湾佛教史新论》（《台湾研究集刊》2016 年第 3 期）等，在此谨向发表笔者论文的各刊物表示感谢。南京市佛教协会詹天灵先生始终关心笔者研究的进展，提供了许多帮助；硕士导师林国平教授指引我从事鼓山法系研究，又提供民间临济法派宗谱资料，福建师范大学谢重光教授、厦门大学林观潮教授作为评审专家提出了具体的修改意见，福州开元寺、研究所及出版社诸位同志热忱支持本书的出版工作，谨此一并致谢！当然，授戒法系概念及其相关研究视角是笔者所阐发与运用的，本书只是一种全新的尝试，不当之处恳请方家批评指教！

第一章 永觉元贤生平

第一节 生平考述

元贤被部分学者誉为"明末曹洞殿军",是禅宗史上重要的曹洞宗祖师。作为佛教出家人,他的一生经历大致可以分为三个不同阶段,即在俗时期(1578—1617)、出家参学隐修时期(1617—1634)和入世应化时期(1634—1657)。

一 在俗时期(1578—1617)

元贤(1578—1657),俗名懋德,字闇修,明万历六年(1578)七月十九日出生于福建建阳,早年致力于程朱之学。据林之蕃《福州鼓山白云峰涌泉禅寺永觉贤公大和尚行业曲记》(以下简称《行业记》)载:"师讳元贤,字永觉,建阳人,宋大儒西山蔡先生十四世孙[①]也。父云津,母张

[①] 或云十五世孙,世系如下:释元贤(蔡懋德)—蔡云津—蔡盛隆—蔡燧—蔡潮溪—蔡湖—蔡翼—蔡富—蔡日生—蔡毕发—蔡文明—蔡希节—蔡公溥—蔡棫—蔡沉—蔡元定。见《建阳籍高僧释元贤世系考》(http://blog.sina.com.cn/s/blog_a20654f20102vdns.html)。建阳蔡氏九儒研究会会长、麻沙中学副校长蔡春寿先生慷慨提供相关族谱资料并许可拍摄图片,谨致谢意!

氏，生母范氏，以万历戊寅七月十九日生。师初名懋德，字闇修，为邑名诸生，嗜周程张朱之学。"①"周程张朱之学"即所谓道学，"周子道其源，张程袭其流，而朱子集其成"②。周子是指周敦颐，张程是指张载、程氏兄弟（程颐、程颢），朱子即朱熹。

明时期，建阳属建宁府，③是朱子晚年定居讲学之地，明代《建宁府志》卷十七张复谓："建阳乃考亭故居，汇道学渊源之地，五经四书泽满天下，世号小邹鲁。"④ 朱熹（1130—1200），字符晦，号晦庵，晚号云谷老人、遁翁等，别称紫阳，祖籍徽州婺源，南宋建炎四年（1130）九月生于尤溪，曾在建阳创建精舍授学，考亭书院即其旧地。《建宁府志》卷十七彭时记曰："建阳之西里有地曰考亭，实先生之故居也。当其时，四方来学者众，乃于居之后别建沧洲精舍，为讲授之所。厥后，理宗尊显道学，御书考亭书院四字以揭之。"⑤ 以考亭书院为缘，四方学者来集，蔡元定、黄幹等从学朱子，相互讲论道学，形成所谓的"考亭学派"。其中，蔡元定即元贤先祖"西山蔡先生"。蔡元定，字季通，平生学问多寓于朱子书集中，学者尊之为"西山先生"。⑥

朱熹作为理学集大成者，其学说成为元、明、清三代的官方思想体系，影响极为深远。⑦ 就元贤个人而言，朱子学也是影响其一生的，即便是出家之后亦是如此。元贤《建州弘释录》卷下有《宋建阳晦庵朱先

---

① 《行业记》，《广录》卷30，《卍字新纂续藏经》第72册，第576页。
② （嘉靖）《建宁府志》卷17，厦门大学出版社2009年版，第455页。
③ 建宁府下辖八县，即建安县、瓯宁县、浦城县、建阳县、松溪县、崇安县、政和县、寿宁县。见（嘉靖）《建宁府志》卷1，厦门大学出版社2009年版，第25—27页。
④ （嘉靖）《建宁府志》卷17，厦门大学出版社2009年版，第456页。
⑤ 同上书，第480页。
⑥ （嘉靖）《建宁府志》卷18，厦门大学出版社2009年版，第501、502页。
⑦ 陈来：《朱子哲学研究》，华东师范大学出版社2000年版，第1、2页。

生熹》传，略云：

　　字符晦，志行端悫，晰理精详，集儒学之大成者，公一人而已。仕至焕章阁待制，赠太师徽国公，谥曰文。年十八从学刘屏山，尝兀坐一室，覃思终日，屏山意其留心举业，及搜其箧中，唯《大慧语录》一帙而已。后到径山访大慧，慧曰：汝从前记持文字，心识计校，不得置丝毫许在胸中，但以狗子话时时提撕……文公于释氏之学，或赞或呵，抑扬并用，其扬之者所以洗世俗之陋，其抑之者所以植人伦之纪。盖以其身为道学主盟，故其诲人之语不得不如此耳。然愚观其斋居诵经之作，则有得于经者不浅，非特私心向往之而已也。①

　　此中提及刘屏山，即刘子翚，字彦冲，号屏山，又号病翁，其学问对朱熹影响最深，在19岁之前朱熹都是以屏山为主受业。就是这样一位先生，与佛教关系密切，朱熹曾说："病翁先生壮岁弃官，端居味道，一室萧然，无异禅衲。"② 不可否认，刘子翚与佛老之徒的交往，引起朱熹的好奇，也给了他接触佛老的机会。在各种佛教文献中，朱熹俨然是一位深得禅悟之惠者，甚至连其科举亦是得益于禅学。③ 元贤此传就是将朱子思想中与佛教有关联者一一摘出，并将其归入建州"辅教"人物之一。有理由推测，在元贤看来先祖恩师、道学宗主朱熹对于佛教尚且

---

① 元贤：《建州弘释录》卷下，《卍字新纂续藏经》第86册，第570页。
② 朱熹：《跋家藏刘病翁遗帖》，《文集》第84卷，《朱子全书》第24册，上海古籍出版社、安徽教育出版社2002年版，第3966页。
③ 如《佛祖历代通载》卷20等记载。

如此"心向往之",他作为后人从一位道学学生转为出家佛子亦无可非议,出家后的元贤依然不忘会通儒释,"救儒"(所谓"洗世俗之陋")"补禅"(所谓"植人伦之纪",可对治狂禅之风习)相辅相成。

元贤之母张氏、生母范氏事迹皆不详。据建阳《庐峰蔡氏族谱》所载,元贤之父云津,字子问,号南箕,生于嘉靖十六年丁酉(1537)九月初八日巳时,卒于万历三十九年辛亥(1611)十一月二十九日戌时,享年七十五,葬于陈墩后门山;元贤另有一弟弟名为蔡懋功,两个堂弟蔡懋忠、蔡懋贞;弟弟蔡懋功繁衍至第九代,就无从考索。①

清顺治四年(1647)元贤七十岁时,为报父母生养之恩,曾作《诞日荐亲疏》,其云:"疏为恭修梵典,追报亲恩事。某今岁行年七十,孟秋十九日,实为母难之辰。预于初一日启诵《大方广佛华严经》二十四部,继礼《梁皇慈悲忏法》二十四部,念五日告满。仍于是夜,设放瑜伽法食一坛,白佛回向,专荐先考蔡云津、先妣张氏范氏各超苦海,共证无生者。"②按《行业记》,元贤四十岁时"二亲(父母)继殁",遂出家,于博山受具,"以生母病笃归省,母既卒,复往博山,圆菩萨戒,留居香炉峰……越三年归闽,住沙县双髻峰,明年以葬亲回建阳"③。则元贤父云津、母张氏先卒,生母在元贤出家后尚在。另据《鼓山永觉老人传》,元贤"越壬戌(天启二年,1622)归闽,住沙县双髻峰,癸亥(天启三年,1623)以葬亲回建阳"④。此与《行业记》对看,则其生母

---

① 见《建阳籍高僧释元贤世系考》(http://blog.sina.com.cn/s/blog_a20654f20102vdns.html)。
② 元贤:《诞日荐亲疏》,《广录》卷17,《卍字新纂续藏经》第72册,第488页。
③ 林之蕃:《行业记》,《广录》卷30,《卍字新纂续藏经》第72册,第576页。
④ 潘晋台:《鼓山永觉老人传》,《广录》卷30,《卍字新纂续藏经》第72册,第578页。

卒于归闽前三年，万历四十六年（1618）前后。

明万历三十年（1602），元贤二十五岁，因住寺闻偈因缘而开始留心佛法。《行业记》载："年二十五，读书山寺，闻诵《法华偈》曰：'我尔时为现清净光明身。'忽喜谓：'周孔外乃别有此一大事。'遂叩同邑赵豫斋，受《楞严》、《法华》、《圆觉》三经。"① 在晚明，各地寺院成为时人特殊的公共场所，这里为地方人士提供各种服务，如聚会、寄宿等。虽然明朝初年政府严禁"秀才并诸邑人等，无故而入寺院，坐食僧人粥饭"，但在晚明这些禁令早已成为一纸具文了，寺院往往成为学生或学者躲避世间纷扰、安心学习的首选之所，无形中佛教的思想也借由这种寄宿的环境而影响了这些学人。② 元贤亦是如此，因为借宿山寺，偶然得闻《法华偈》便对佛教产生了浓厚的兴趣。其从同邑赵豫斋受学三经，此三经奠定了元贤佛学思想的根底，其后对三经的研习疏讲亦着力最多。

实际上，元贤之窥见"周孔之外"别有天地与其自身性格不无关系。元贤《寿塔铭》谓："（予）禀性枯淡，不乐世氛，又才实迟钝，不善趋时，故虽习儒业，为邑诸生，而每怀出世之志。"③ 而且早在十八岁时，元贤即已经阅读《六祖坛经》，觉得该经"圆妙超旷，得大欢喜，自以为有得也"④。

元贤首次参访无明慧经的时间乃是万历三十六年（1608）戊申，时

---

① 林之蕃：《行业记》，《广录》卷30，《卍字新纂续藏经》第72册，第576页。
② [加]卜正民：《为权力祈祷：佛教与晚明中国士绅社会的形成》，张华译，江苏人民出版社2008年版，第124—128页。
③ 元贤：《寿塔铭》，《广录》卷18，《卍字新纂续藏经》第72册，第492页。
④ 元贤：《示灵生上人》，《广录》卷10，《卍字新纂续藏经》第72册，第441页。

年三十一岁。依《行业记》《鼓山永觉老人传》皆为"明年":"明年值寿昌无明和尚开法董岩,师往谒之,反覆征诘。"① 对此,《鼓山永觉老人传》记为"癸卯"(万历三十一年,1603)事,今人也大都以为是元贤二十五岁之次年,即万历三十一年(1603)参见无明禅师。② 此说实为不确。元贤所撰《无明和尚行业记》明确提及无明禅师是"戊申春建阳傅震南刺史及赵湛虚文学等,请师就董岩,开堂结制,听法者几二千人"③。戊申即万历三十六年(1608)。对此,《博山无异大师衣钵塔铭》亦明确为戊申年:"戊申年,无明老人开法于闽中董岩,乃召师分座说法。"④ 更为重要的是,元贤在《无明和尚鹤林记》中自述说:"某自戊申谒师于董岩,于兹十年所矣,深罥尘网,未及顿出,去岁始依座下,未周一白,遂有鹤林之悲,障深缘浅,呜呼痛哉。"⑤ 则可以肯定应为万历三十六年无疑。

万历四十五年(1617)前后,尚未出家的元贤与建阳居士沈槐庭、张达宇等组织净土社。净土社的建立是顺应了当时社会普遍的一种潮流,"居士会社构成了士绅社会能由此发展成范围宽广的共同利益的组织的一个基点"⑥。这类会社不仅仅局限于狭隘的信仰实践,也有可能开展支持或同情佛教的各种事业。据其《祭张达宇居士》文:"余未脱白

---

① 林之蕃:《行业记》,《广录》卷30,《卍字新纂续藏经》第72册,第576页。
② 林明珂:《永觉大师》,《法音》1993年第4期;李鸿:《永觉元贤的禅净思想探略》,《法音》2013年第7期;马海燕:《为霖道霈禅师》,厦门大学出版社2010年版,第20页。
③ 元贤:《无明和尚行业记》,《广录》卷15,《卍字新纂续藏经》第72册,第473页。
④ 元贤:《博山无异大师衣钵塔铭》,《广录》卷18,《卍字新纂续藏经》第72册,第490页。
⑤ 元贤:《无明和尚鹤林记》,《广录》卷15,《卍字新纂续藏经》第72册,第474页。
⑥ [加]卜正民:《为权力祈祷:佛教与晚明中国士绅社会的形成》,张华译,江苏人民出版社2008年版,第115页。

时，与公及怀庭沈公结净土社。二公皆笃信净土，而余独兼带于禅净之间。迨余脱白，遍参不能长聚首，然未尝不神交千里也。"① 而沈槐庭居士与元贤正是认识于此年，据元贤《沈槐庭居士归西记》："潭州之东，有槐庭居士沈公，柔善而寡力，且少未尝习儒，故不能穷梵经谭谛理，人多以其弱而少智忽之。一日从余学佛，问进修之法，余曰：察公赋质，唯修念佛三昧，必得实效。公问：别有法过于此否？余曰：药陈万品，治病为先。若药病不相应，虽日投之参蓍，何益乎？公唯唯。遂决志净土，持佛弗怠。时有黄口禅和，播弄唇舌，多有为所惑乱者，唯公确守弗易，且曰：说食岂能饱耶？后二十年，丁丑春，余居杭州真寂……"② 按：丁丑为崇祯十年（1637），前推20年，加之元贤此时尚未出家，则沈槐庭与其认识应在万历四十五年（1617）。

二　出家参学隐修时期（1617—1634）

万历四十五年（1617），元贤四十岁时抛妻弃子③，从无明慧经落发出家。如前引《无明和尚鹤林记》元贤自述，其于三十岁首次参见无明禅师，于四十岁始从其落发，正是所谓"于兹十年所矣"。无明慧经圆寂于戊午年（万历四十六年，1618），④ 元贤"去岁始依座下"，则在万历四十五年（1617），当时正值四十岁。于此亦可知，元贤《无明和尚鹤林记》作于无明禅师圆寂之当年（1618），然因"忌者纷然，遂不敢

---

① 元贤：《祭张达宇居士》，《广录》卷16，《卍字新纂续藏经》第72册，第477页。
② 元贤：《沈槐庭居士归西记》，《广录》卷15，《卍字新纂续藏经》第72册，第471页。
③ 元贤俗世有妻李氏，子三（二殇）。李氏生于明万历四年丙子八月十九日寅子，卒于天启二年壬戌，享年四十七，葬均亭里庐岭后楼下，与姑范氏同葬，生三子履元、鼎元（殇）、复元（殇）。见《建阳籍高僧释元贤世系考》（http://blog.sina.com.cn/s/blog_a20654f20102vdns.html）。
④ 林之蕃：《行业记》，《广录》卷30，《卍字新纂续藏经》第72册，第576页。

出"①，二十七年②后（崇祯癸未，1643）元贤始为《无明和尚行业记》作《引》，并流布于世。

无明禅师圆寂后，元贤随博山无异参学，并于其座下受具足戒、菩萨戒。元来（1575—1630），号无异，舒城（今属安徽）沙氏子，历主江西博山能仁寺（在今江西广丰县）。如前述元贤生母卒年之考，元贤受戒当在万历四十六年（1618）。癸亥（天启三年，1623）秋九月二十一日，元贤以葬亲回建阳时闻僧唱经而得开悟，时年四十六岁。据《行业记》："明年以葬亲，回建阳，舟过剑津，闻同行僧唱经云：一时磬欬，俱共弹指，是二音声，遍至十方诸佛世界。师廓然大悟，乃彻见寿昌用处。因作偈云：金鸡啄破碧琉璃，万歇千休只自知。稳卧片帆天正朗，前山无复雨鸠啼。时癸亥秋九月，师年四十有六矣。"③ 元贤有诗偈《自沙邑取舟到剑津，舟中闻僧诵法华经，因成二偈》记此事，题为作于癸亥年九月二十一日。④

天启二年（1622）冬十月，元贤寓居沙邑双髻峰，禅灯寂寞，与中阳居士、净和师等交往。⑤

天启三年（1623）开悟后的元贤隐居瓯宁金仙庵，天启六年

---

① 元贤：《无明和尚行业记》，《广录》卷15，《卍字新纂续藏经》第72册，第472页。
② 此为元贤自述。元贤：《无明和尚行业记》，《广录》卷15，《卍字新纂续藏经》第72册，第472页。
③ 林之蕃：《行业记》，《广录》卷30，《卍字新纂续藏经》第72册，第576页。
④ 元贤：《广录》卷22，《卍字新纂续藏经》第72册，第507页。
⑤ 元贤：《壬戌冬十月馆于沙邑之双髻峰遗中阳居士》，《广录》卷25，《卍字新纂续藏经》第72册，第525页；元贤应净和师请上堂言及："净和师请上堂。老僧昔年与净和老友，同往双髻峰头冷云窝中，一室孤灯，相对寂然，向后老僧一念之错，堕作流俗阿师，净师脊梁若铁，兀坐空山，垂三十载。今日特上鼓山设供，请老僧升座。"见《广录》卷3，《卍字新纂续藏经》第72册，第399页。

（1626）秋离开金仙庵，寻找结茅之地，七年春（1627）寓居郡城城南古观，后移入建安荷山庵。① 关于这段历程，《行业记》"居瓯宁金仙庵，阅大藏三年"② 之说不确，元贤《祭滕秀实居士》提及甚详："崇祯壬申（五年，1632）秋九月望后三日建安荷山庵比丘某……予之纳交于公，计已八更裘葛，始自金仙一晤，得瞻芝宇。明年秋，予辞金仙，策杖走三百余里，遍寻结茅之地，竟不可得。次春始至郡城，寓城南古观中，公闻之即趋赴，时天大雨，溪涨桥没，公冒雨褰裳而渡，及见如逢已亲，意殊恳恳。呜呼！予何所感于公，乃能倾盖如故若是耶？未几，予往居荷山，凡庵中所乏，必唯公是需。山刹初立，典籍全缺，公乃出重赀，往秀水，请方册藏经以归。及予作《弘释录》及《呓言》二书成，公喜甚，亟寿之梓。呜呼！予何所感于公，乃能乐施弗倦若是耶？"③ 从此文推算，至崇祯五年元贤与滕居士已经相识八年，则他们初遇于天启五年（1625），元贤应是天启六年（1627）至荷山，④《行业记》只是将元贤入荷山前的时间都归于金仙庵，故有"三年"之说。瓯宁金仙庵、建安荷山庵《建宁府志》卷十九未载；⑤ 郡城城南古观，具体未详。《建宁府志》卷十九载有南昌观，在"府城南紫芝山上坊梅仙

---

① 天启七年冬，元贤应大云之请到访黄梅山灵源庵。见《重建黄梅山灵源庵记》："丁卯之冬，余应大云之请，道过黄梅，住僧固请，为纪其事。"见《广录》卷15，《卍字新纂续藏经》第72册，第469页。
② 林之蕃：《行业记》，《广录》卷30，《卍字新纂续藏经》第72册，第576页。
③ 元贤：《祭滕秀实居士》，《广录》卷16，《卍字新纂续藏经》第72册，第477页。
④ 天启七年（1627）元贤正值五十岁。元贤七十岁时曾回忆："年五十时，遁迹建州荷山。"与此正相吻合。见元贤《广录》卷3，《卍字新纂续藏经》第72册，第400页。
⑤ 按：东溪在建宁府府城政和门外。荷山有时称"东溪荷山"（见道霈《旅泊幻迹》），荷山应在此处。（嘉靖）《建宁府志》卷3，厦门大学出版社2009年版，第39页。

山之巅，相传为汉南昌尉梅福炼丹之所"[1]。

元贤《荷山庵记》云："荷山古刹也，弘治间为祝融氏所废，厥后金地鞠为茂草，福产没于豪右，盖有年矣。逮天启初，里人见泉徐居士及厥嗣柞等，咸归心佛乘，矢志净邦，徘徊旧址，不觉怆然，乃赎其地而重创之。由是宝殿耸空，危楼碍日，禅房映月，丈室雨花，金躯晃耀于中天，香雾氤氲于法界，且赎山以广樵采之地，立田以充香膳之需，法物供器，无不毕备。经始于天启壬戌，毕功于崇祯戊辰。功甫毕，见泉公遂及大故，诸子惧岁月迅驰，人心叵测，谋贞之石以垂有永，乃征记于余。"[2] 于此可见，此庵由里人徐见泉居士及其后人出资复建，经始于天启壬戌（二年，1622），完成于崇祯戊辰（元年，1628）。元贤入荷山庵时此庵正在重建之中，诚所谓"山刹初立"，百废待兴。

元贤隐居荷山这段时间中共完成了三件重要之事，此三事如下。

（一）请方册藏经。崇祯元年（1628）六月八日，由滕秀实居士等出资，元贤往浙江秀水迎请方册藏经，七月十五日抵达楞严寺，因为酷暑元贤抱病半月，[3] 孟秋返回，过钱塘遭遇大潮，余船尽覆，元贤之舟因藏经而得免，"则藏经之力也"[4]。遂作诗志之，其题为《戊辰孟秋往秀水请藏经，还过钱塘，适江潮大涨，客舟尽没，余舟独脱于险，喜而志之》，中有"应是宝书龙亦护"句。[5]

方册藏经也称《嘉兴藏》，是在明末四大高僧紫柏真可大师于万历

---

[1] （嘉靖）《建宁府志》卷19，厦门大学出版社2009年版，第610页。
[2] 元贤：《广录》卷15，《卍字新纂续藏经》第72册，第468页。
[3] 这也应了《行业记》中"徙建安荷山，明年之檇李"之说。时间详见元贤《请方册藏经记》，《广录》卷15，《卍字新纂续藏经》第72册，第467页。
[4] 元贤：《请方册藏经记》，《广录》卷15，《卍字新纂续藏经》第72册，第467页。
[5] 元贤：《广录》卷25，《卍字新纂续藏经》第72册，第526页。

间倡导下推行的一项大藏经印制工作，元贤《请方册藏经记》叙其始末曰：

> 震旦以文字寄慧命者，三藏也。六朝以前，诸经始至，唯唐为最盛，至宋而寖衰，即译经之局，仅一开而不能再，至元则译经之局弗开，然藏板流通，尚不下二十余副，至今日则前板散失，视元已少十之九，仅有南北二藏而已。南板历年既久，字画寖没，且舛伪甚焉。北板虽善于南，而藏之禁中，非奉明旨，谁敢问之。夫仅仅千载之间，而盛衰相悬若此，使再传数百年之后，则二板之存，果可保乎？二板既不可保，有再刻藏如高祖成祖者乎？二祖不再出，则慧命无所寄矣。诚思及此，则大法垂灭，已若日之坠西，岁之临暮，欲延慧命以待将来者，可无数百年之远虑哉？嘉靖间，袁汾湖尝忧之，而力不能举。万历间，紫柏老人痛剧于衷，乃与诸宰官，往复较量，易梵帙以方册，以其价廉而功省，易为流通，使寒邦僻邑，皆得窥佛祖之秘谋，甚善也。①

于兹可见，方册藏经乃是因"易梵帙以方册"故名。"梵帙"就是指梵夹装经本，梵夹装经本是古代佛教书籍一种仿梵文贝叶经的装帧形式，但因汉地梵夹装经本早已湮没无传，故而当时的"梵帙"实指经折装经本。北宋以下的佛典大藏经一直沿用经折装，因此，方册藏经的出现具有重要意义。②

---

① 元贤：《广录》卷15，《卍字新纂续藏经》第72册，第467页。
② 方广锠：《金陵刻经处与方册本藏经》，《法音》1998年第5期。

方册藏经易于流通、便于阅读的特性也说明元贤请取藏经不是完全为了供养、做功德而已，如其所说，他是准备深入经藏，"由诵读而精义，由精义而入神，由入神而致用"①。此次所请方册藏经后辗转安放于鼓山涌泉寺法堂之东。②

（二）作《建州弘释录》。该书是元贤应博山无异之嘱而完成，主要辑录建州著名的与佛教有关的人物，包括道学家。关于此书缘起，博山在《序》中言之甚详：

> 余作驱乌尝游闽中，知建州为理学渊薮，后阅《传灯》诸书，又知建州为禅学渊薮。每见建州僧必询其乡之先正，然往往不能对，因为悒悒久之。丁巳春，吾弟永觉师初弃儒入释，从寿昌先师学枯禅，因与道其乡之先正，甚悉，皆粹若珙璧，逸若凤鸾，多余所未及知者。余喜甚，指其胸曰：此是一部僧史记。师曰：吾将志而传之。无何，先师没，师来博山同居者五载，余间索其旧诺，师曰：俟识鼻孔后为之。后归闽隐山，未通消息。戊辰春，余自鼓山还博山，道经建州，师迎于开元寺。余一见而识之曰：今可志建州僧也。师笑而不答。余乃问曰：寿昌塔扫也未？师曰：扫即不废，只是不许人知。余曰：汝偷扫去也。师曰：和尚又作么生。余曰：扫即不废，只是不曾动着。师曰：和尚不偷扫耶？遂相笑而别。至

---

① 元贤：《请方册藏经记》，《广录》卷15，《卍字新纂续藏经》第72册，第467页。
② 道霈：《建正法藏殿安奉大藏经及灵牙舍利宝塔记》，载《鼓山为霖禅师语录》卷下，鼓山刊本。

己巳冬，以书来博山，则建州僧志成，寄以相示，且征序焉。①

此段序除交代《建州弘释录》之缘起，对于元贤与博山之间的交往时间甚为明确，从中可知：元贤出家在丁巳春（万历四十五年，1617）；其与博山"同居者五载"；戊辰（崇祯元年，1628）春，博山自鼓山返回博山与元贤相见于建州开元寺；己巳（崇祯二年，1629）冬，元贤去书博山，则《建州弘释录》已完成于此年。另，元贤与博山相依年份、建州相见地点它处记载不同。《行业记》载："作《建州弘释录》……追师隐荷山，异自石鼓归，道建州，师晤异于光孝寺。"② 元贤《无异大师语录集要序》言："余因先师迁化后，曾相依三载，虽无所得于师，然三载之中，未见其一语渗入情识，但勉以向上事，则师之有造于余也大矣。及余隐荷山，师自石鼓归，道经建州，晤于光孝寺。"③ 按：建州开元寺与建州光孝寺（报恩光孝禅寺）不同；④ 博山所谓"同居者五载"当是指与元贤相识以来（1617—1623），元贤"相依三载"则是确指其在博山时间。《建州弘释录》刻行于辛未（崇祯四年，1631）秋，当时元贤在清修寺寓居。⑤

（三）作《呓言》。该书前有崇祯壬申（五年，1632）秋，菊月元贤自序，并称："荷山野衲，大梦不醒，狂心未歇，乃作《呓言》。"⑥

---

① 元贤：《建州弘释录序》，《建州弘释录》卷上，《卍字新纂续藏经》第86册，第552页。
② 林之蕃：《行业记》，《广录》卷30，《卍字新纂续藏经》第72册，第576页。
③ 元贤：《广录》卷13，《卍字新纂续藏经》第72册，第458页。
④ （嘉靖）《建宁府志》卷19，厦门大学出版社2009年版，第588页。
⑤ 元贤：《辛未秋日寓清修寺刻弘释录》，《广录》卷24，《卍字新纂续藏经》第72册，第523页。
⑥ 元贤：《广录》卷29，《卍字新纂续藏经》第72册，第560页。

以此点明题旨。而据《续呓言序》："昔余居荷山，因诸儒有所问辩，乃会通儒释而作《呓言》，梓行已二十载。近因自浙返闽，再居鼓山，目系世变，时吐其所欲言，乃作《续呓言》。夫贤本缁衣末流，只宜屏息深山，甘同寒蝉，何故嗷嗷向人，若孟轲之好辩，贾谊之痛哭哉？岂多生习气未能顿降，抑亦有不得已而一鸣者乎？今此书具在，苦心片片，唯在大方之高鉴。岁在壬辰夏佛诞日题于圣箭堂。"① 于此可知，《呓言》之作乃是因与儒生问辩，其主题就是会通儒释。《续呓言序》作于壬辰（顺治九年，1652）夏佛诞，则《呓言》印行"已二十载"，其付梓正当崇祯五年（1632）。

元贤八十岁时曾作《自赞》三十九首，其第三首即是关于荷山者：

> 痴隐荷山八载，未敢虚空安橛。诸方浩浩谈禅，这里缩头如鳖。每岁栽禾博饭，甘把黄金当铁。分明是半文不直，如何称寿昌嫡血。盖为多虚不如少实，千巧不如一拙（荷山请）。②

此中总结了元贤在荷山隐居八年（即1627—1634）的修行生活。总之，元贤隐居荷山，以"荷山野衲"自称，其深入阅藏，会通儒释，为其后"以禅救儒"等学说奠定基础，也可以说是以儒生出家的元贤第一次对自己的人生和思想做出的深刻检讨，为其后出世弘化积累了必要资粮。

在《呓言》付梓之前，崇祯四年（1631）元贤曾返回建阳，"修蔡

---

① 元贤：《广录》卷30，《卍字新纂续藏经》第72册，第570页。
② 元贤：《广录》卷21，《卍字新纂续藏经》第72册，第505页。

氏诸儒遗书"①。所谓蔡氏诸儒应是指元贤先祖蔡元定及蔡渊（元定长子）、蔡沉（元定仲子，从朱熹游）等道学家。②

崇祯六年（癸酉，1633）元贤拜谒闻谷大师于宝善庵。《鼓山永觉老人传》云："癸酉谒闻大师于宝善，水乳相投，宛若夙契。"③ 元贤《真寂闻谷大师塔铭》亦言："先是某癸酉春，一见师于建州，遂有水乳之契，因付以大戒。"④《行业记》言"壬申（崇祯五年，1632）谒闻谷大师于宝善庵"⑤，其说恐属误记。

闻谷大师是元贤佛教生涯中除无明慧经之外另一位亦师亦友的重要人物。此次拜谒对元贤而言主要有四个方面的影响。

（一）放弃归隐的初志，毅然出山，入主鼓山涌泉寺。元贤的出山乃是因为闻谷大师的赏识与劝说，《行业记》载："适宜兴曹安祖兵宪，请大师作诸祖道影赞，因属师命笔。师成百余赞，大师惊讶不已，且曰：我不入建，公将瞒尽世人去也。即以大戒授师。明年先大夫赴阙，之蕃以计偕从，道由汾常，谒闻大师，始得瞻师道范，遂与曹雁泽宗伯暨诸善信延主鼓山，甲戌入院。"⑥ 元贤《真寂闻谷大师塔铭》说是"明年春推主鼓山"⑦。元贤《答金坛于润甫别驾诸缙绅》说："伏处荷山，几仲尼耳顺之日，守先师之重嘱，自分藏拙于云林，遇闻老之慈

---

① 林之蕃：《行业记》，《广录》卷30，《卍字新纂续藏经》第72册，第576页。
② （嘉靖）《建宁府志》卷18，厦门大学出版社2008年版，第501、502页。按：或即现今建阳"蔡氏九儒研究会"所谓的"蔡氏九儒"。
③ 潘晋台：《鼓山永觉老人传》，《广录》卷30，《卍字新纂续藏经》第72册，第579页。
④ 元贤：《真寂闻谷大师塔铭》，《广录》卷18，《卍字新纂续藏经》第72册，第490页。
⑤ 林之蕃：《行业记》，《广录》卷30，《卍字新纂续藏经》第72册，第576页。
⑥ 林之蕃：《行业记》，《广录》卷30，《卍字新纂续藏经》第72册，第576页。
⑦ 元贤：《真寂闻谷大师塔铭》，《广录》卷18，《卍字新纂续藏经》第72册，第490页。

光，乃获张风于石鼓。"① 元贤自撰《寿塔铭》也明确言及闻谷的劝勉："往依博山三载，又归闽隐山，一十二载，灰头土面，拟与草木同朽。一日因谒闻谷大师力勉出世，遂推主福之鼓山。因以大戒付之，时年已五十有七矣。"② 于此可见，元贤自天启三年（1623）开悟归隐至五十七岁出山住持鼓山（甲戌，崇祯七年，1634）前后共计"一十二载"。元贤毕生感戴闻谷老人的知遇之恩。

（二）受闻谷大师之请代为完成《诸祖道影赞》。如前所引《行业记》，元贤之受到闻谷赏识正得益于其所撰《诸祖道影赞》。当时元贤拜谒闻谷大师，适逢槜李沈君、宜兴曹公等请闻谷大师作《诸祖道影赞》，闻谷遂请元贤代笔，元贤曾有《答闻谷大师》一函加以拒绝，③ 但最后还是勉力为之，其《诸祖道影传赞序》言："癸酉（崇祯六年，1633）之春，槜李沈君敷受，游学剑州，谒闻谷大师于宝善，以祖影八十八尊，请为传赞。大师属不慧为之，甫及半，阳羡曹安祖大参书来，亦以传赞为请，则加至一百三十余尊也。不慧自夏徂秋，凡五阅月而后成，缮以报命。"④ 此书在清代屡经增删，守一空成编为《佛祖正宗道影》，该书前现有元贤崇祯戊寅（十一年，1638）八月中秋所作之序。⑤

（三）收徒道霈。道霈（1615—1702），字为霖（此乃闻谷老人所

---

① 元贤：《答金坛于润甫别驾诸缙绅》，《广录》卷12，《卍字新纂续藏经》第72册，第453页。
② 元贤：《寿塔铭》，《广录》卷18，《卍字新纂续藏经》第72册，第492页。
③ 元贤：《答闻谷大师》，《广录》卷11，《卍字新纂续藏经》第72册，第447页。
④ 元贤：《诸祖道影传赞序》，《广录》卷13，《卍字新纂续藏经》第72册，第456、457页。
⑤ 守一空成编：《佛祖正宗道影》，莆田广化寺印本，第8页。按：该书《重刊佛祖道影缘起》将元贤大师误写为"不觉贤大师"，见该书第11页。

赐也①），号旅泊，建安人，是元贤唯一的嗣法弟子。崇祯五年（1632）十八岁的道霈到宝善庵拜见闻谷老人，道霈言及："山僧年十八岁，甫离受业，禀戒师翁（引者按：指闻谷大师）座下，亲承提挈。复指令见先师（引者按：指元贤）于荷山，至今日，为先师洒扫山门，皆辱师翁所教诏也。"② 关于闻谷指令其拜见元贤之事，道霈《旅泊幻迹》中回忆说："一日侍老人（引者按：闻谷老人）山行，忽回顾熟视曰：噫！子可教也，惜余老不能成褫，子此去东溪荷山有永觉静主，真善知识也，子能倾心事之，必有所得。余业已闻老和尚名，兹承指示，甚惬夙心，明日将束装辞去，而老和尚适至，老人遂以余嘱托之。老和尚唯唯，命报侍左右，令看柏树子因缘，汲水负薪罔敢忽怠。崇祯甲戌春老和尚出世鼓山，随侍以至。"③ 于此可知，元贤在闻谷大师由其介绍收下道霈为徒。后来道霈跟随元贤返回荷山，并一起到了鼓山。据说，当时他们在荷山有"采瑞莲"之事："后一日，于野田中采瑞莲以献，和尚（引者按：指元贤）曰：吾道当馨于世矣。"④ 足见元贤对道霈的深切期望。

（四）得到云栖戒本传承。此事甚为重要，也正因此鼓山得以传承禅宗授戒法系之法脉。关于元贤从闻谷老人处受付大戒之事，学界往往产生各种误会。

三　入世应化时期（1634—1657）

崇祯七年（甲戌，1634），五十七岁的元贤告别隐修生活，正式出

---

① 道霈：《旅泊幻迹》，载《还山录》，鼓山刊本。
② 道霈：《餐香录》卷上，《卍字新纂续藏经》第72册，第599页。
③ 道霈：《旅泊幻迹》，《还山录》，鼓山刊本。
④ 道霈：《祭文》，《秉拂语录》卷下，《卍字新纂续藏经》第72册，第590页。

山，受邀入主福建首府名刹——福州鼓山涌泉寺，开始了他建寺安僧、开宗立派的应世弘化。《行业记》对此记载甚为详尽，兹为便于阅读，将其文重新分段，并标注年月如下。

> 延主鼓山，甲戌（崇祯七年，1634）入院，请开堂弗许，唯为四众说戒，有请法者，以庵主礼示众而已。是秋建天王殿及钟鼓二楼。①
>
> 乙亥（崇祯八年，1635）往寿昌扫塔。②归过建州，为净慈庵，著《净慈要语》。
>
> 是冬（崇祯八年，1635）张二水相国、吕天池侍郎，仰师道化，率众请入泉州开元寺。师知机缘已稔，始开堂结制，四众云集，怀中瓣香，特为无明老人拈出。
>
> 明年（崇祯九年，1636）相国二云曾公，时分宪泉南，访师，为建殿开元，以《楞严》义奥，请师疏之。
>
> 秋（崇祯九年，1636）归鼓山，建藏经堂于法堂之东。
>
> 丁丑（崇祯十年，1637）闻大师讣至，师躬吊真寂。③浙西诸先生，以大师治命，合请住持。刻大师《遗语》，奉遗体而塔之，且铭焉。

---

① 是年闰八月十五日，元贤祭扫古玄沙院宗一大师（法眼宗祖师玄沙师备）之塔。见元贤《祭玄沙宗一大师塔》，《广录》卷16，第476页；是年冬，修山堂和尚塔。见元贤《甲戌冬修山堂和尚塔》，《广录》卷22，《卍字新纂续藏经》第72册，第510页。

② 元贤有《往寿昌扫塔，至建州遇徐兴公，用韵奉答》《乙亥夏归寿昌扫先和尚塔》，见元贤《广录》卷25，《卍字新纂续藏经》第72册，第526页；元贤在寿昌读《寿昌西竺禅师语录》，后为之作序。见元贤《广录》卷13，《卍字新纂续藏经》第72册，第456页。

③ 元贤作祭文于春三月朔旦，见元贤《祭真寂闻谷大师》，《广录》卷16，《卍新纂续藏经》第72册，第476页。

戊寅（崇祯十一年，1638）从侍御愚谷曹公请复作《诸祖道影传》。

庚辰（崇祯十三年，1640）建翠云庵于余杭西舍。

辛巳（崇祯十四年，1641）迁婺州普明寺。

秋（崇祯十四年，1641）归闽居剑之宝善。

明年（崇祯十五年，1642）赴泉州开元结制，修《开元志》。遂归鼓山，殿宇山门及诸堂寮，次第鼎新，庄严毕备，又作佛心才、寒岩升二师塔于香炉峰下。复作塔藏博山和尚衣钵，铭之。①

癸未（崇祯十六年，1643）应建州兴福请。期毕至宝善，建舍利塔。

冬（崇祯十六年，1643）归鼓山，刻《禅余内外集》。②

乙酉（顺治二年，1645）著《金刚略疏》。③ 修《鼓山志》。

丙戌（顺治三年，1646）郑如水司空暨诸缙绅先生，复请至建州净慈庵，为国祝厘已，乃移宝善说戒，著《四分戒本约义》《律学发轫》。④

丁亥（顺治四年，1647）归鼓山，著《洞上古辙》及《续

---

① 博山大师圆寂于崇祯三年（1630），鼓山所建的是衣钵塔（此塔今天已被毁坏，然仍可见于鼓山舍利窟），元贤撰《博山无异大师衣钵塔铭》时距离大师圆寂前后共计"十又二年也"。见元贤《博山无异大师衣钵塔铭》，《广录》卷18，《卍字新纂续藏经》第72册，第490页。

② 此年元贤六十六岁，其在宝善庵度过此岁生日："诞日上堂。老僧今年六十六，宝善庵中借一宿，今朝道是我生辰，大家齐上南山祝，前既不来今不往，两头不移中岂续，此中正好悟无生。"见元贤《广录》卷2，《卍字新纂续藏经》第72册，第395页。

③ 《金刚略疏序》云："辛巳之秋，余自婺返建，寓居宝善，时心石师作《金刚渎蒙》，一宗圭峰长水，而删繁就要，以便初机，命余订之。"见元贤《广录》卷14，《卍字新纂续藏经》第72册，第461页。

④ 元贤《律学发轫序》云："丙戌之冬，余作《戒本约义》终，客有以律学揭要请益者。"见元贤《广录》卷14，《卍字新纂续藏经》第72册，第461页。

呓言》。①

己丑（顺治六年，1649）著《补灯录》，以补《五灯会元》之阙。

庚寅（顺治七年，1650）收无主遗骸千余瘗之。

辛卯（顺治八年，1651）作《继灯录》。先是宗门录传灯者，止于宋，自宋末至明，四百余年，一灯相承，未有修者。师广搜博采，至是乃有成书。②

壬辰（顺治九年，1652）夏刻《晚录》。③秋造报亲塔于舍利窟东隅，复修山堂、④桧堂二禅师塔，遣徒取金陵大藏经。⑤

---

① 元贤《重阳有感》言及："丁亥秋七月，海兵来福州。"福州成杀戮之兵场。见元贤《广录》25，《卍字新纂续藏经》第72册，第529页；又，元贤是年七十岁，在鼓山诞日上堂，回顾一生行履，感慨良多，见元贤《广录》卷3，《卍字新纂续藏经》第72册，第400页；元贤《七旬诞日》诗有"行年今七十，眼暗齿亦疏"句。见元贤《广录》卷24，《卍字新纂续藏经》第72册，第519页。

② 是年元贤七十四岁。是年六月十三日，其因晒书跌倒，奄奄百余日："老僧前六月十三日，因晒书失跌。左足疼痛，困卧床席，已周一月，未能痊愈。"见《广录》卷3，《卍字新纂续藏经》第72册，第402页；又有《因跌卧病》诗十首，其第十首言："余年七十四，数载萦疾苦。况经此一交，五月未出户。"见《广录》卷24，《卍字新纂续藏经》第72册，第520页。

③ 是年元贤七十五岁，元贤《鼓山晚录序》言："余时季已七十有五，不亦晚而又晚者乎？"见《广录》卷1，《卍字新纂续藏经》第72册，第386页；元贤上堂语："老僧行年七十五，带病来打鼓山鼓。痴痴逐逐不知休，笑倒庭前柏树子。老僧曾忆，五十九岁，始在温陵开堂，至今已经一十七年，说法不为不久，历主四刹，舌根拖地，说法不为不多。今年既衰惫，正好屏息深山，以待天年，岂可复向人前簸弄口鼓。"见《广录》卷3，《卍字新纂续藏经》第72册，第403页。

④ 按：元贤甲戌曾修山堂和尚塔，此年是重修？或是《行业记》记载有误。见《甲戌冬修山堂和尚塔》，《广录》卷22，《卍字新纂续藏经》第72册，第510页。

⑤ 鼓山请大藏经有二说：一为泉州居士黄植三发心印出："鼓山重创以来，独阙大藏，有泉州黄植三居士，发心印出，复得榕城内外诸居士，锦上铺华，装演成帙。又有寿宁秀生道友，同其法属，化众缁素，开演此藏，今得圆满，请老僧上堂。"见《广录》卷3，《卍字新纂续藏经》第72册，第404页；又一说，黄植三居士也是北上取大藏经，元贤有《送黄植三司马北上取藏经》诗二首，同卷有《送税担净辉二禅人请藏经》诗二首。见《广录》卷26，《卍字新纂续藏经》第72册，第535页。按：依道霈《建正法藏殿安奉大藏经及灵牙舍利宝塔记》所载，黄植三居士出资同僧太靖等往金陵取梵夹藏经，见《鼓山为霖禅师语录》卷下，鼓山刊本。

甲午（顺治十一年，1654）著《心经指掌》，收遗骸二千八百余。

乙未（顺治十二年，1655）春兴化福清长乐哗兵变，饥民男妇，流至会城南郊，吟孱之状，人不忍见。师乃敛众遣徒，设粥以赈，死者具棺葬之，凡二千余人。至五十日而止。

丁酉（顺治十四年，1657）师年八十矣。于上元日，举衣拂付上首弟子为霖霈公，即命首众分座。众大悦服，秋七月十九日，属师初度，四方咸集，请师开法。①

师自辛卯，禁止上堂，虽力请弗许，至是欣然登座。然每示谢世意。九月朔果示疾，不食者二十余日……坐定脱去，实十月七日子时也。三日始掩龛，颜色如生。②

早在崇祯十七年（顺治元年，1644）春，鼓山护法陈白庵居士就以元贤年老且病，开始为其营建寿藏于涌泉寺之西，因遭遇社会动荡，营建工程直至顺治八年（1651）冬方告完成。元贤因思"圹中片石，后人必欲邀荣光于峻秩，假藻绘于鸿章，是重予之愆也"③，遂自撰《寿塔铭》，时年七十五岁（顺治九年，1652）。在《寿塔铭》中，一方面，他对自己一生行履做出了评价：

继而历主泉之开元、杭之真寂、剑之宝善，后复归鼓山，乃重

---

① 是年元贤八十，其诞日说法。见《广录》卷3，《卍字新纂续藏经》第72册，第404页；另有谢献可居士父子供斋，见《广录》卷14，《卍字新纂续藏经》第72册，第464页。

② 林之蕃：《行业记》，《广录》卷30，《卍字新纂续藏经》第72册，第576、577页。

③ 元贤：《寿塔铭》，《广录》卷18，《卍字新纂续藏经》第72册，第492页。

创梵宇，诸所撰述，并语录凡二十种，计一百余卷。并不藏丑拙，恣世指摘。呜呼！生平履历，浑如昨梦，一场败缺，难免高鉴。其入道为最钝，其出世为最迟，其应世为最拙，又不能广罗英衲，以张大其门庭，较之诸方，若跛鳖之望飞龙，何足道哉。①

另一方面，他开始考虑寻找一位可以绍继宗风的法子了：

是谁骷髅，建兹窣堵。寿昌之儿，石鼓之主。不通世情，一味莽卤。志大言大，眼空佛祖。据兴圣座，呵今骂古。役鬼驱风，重建兹宇。撇下皮囊，掩藏荒坞。莫道无口，有声如虎。生耶死耶，请绎斯语。广告来者，谁继吾武。②

当然，元贤是幸运的，于八十岁（顺治十四年，1657）之时他终于择徒道霈，付法为鼓山曹洞正宗第三十三世传人，命其继席鼓山涌泉寺。道霈追随元贤参学多年，当时"众皆悦服，莫不人人相庆，以为洞上一宗可倚"③。

顺治十四年（1657）九月十五日，元贤示疾，其后不食者二十余日，起居如常，示偈曰：

老汉生来性太偏，不肯随流入世廛。顽性至今犹未化，刚将傲

---

① 元贤：《寿塔铭》，《广录》卷18，《卍字新纂续藏经》第72册，第492页。
② 同上。
③ 潘晋台：《鼓山永觉老人传》，《广录》卷30，《卍字新纂续藏经》第72册，第579页。

骨救儒禅。儒重功名真已丧，禅崇机辩行难全。如今垂死更何用，只将此念报龙天。①

元贤临终之态，道霈《先和尚归真记》所言甚详："道霈窃观老和尚虽示疾月余而动止安详欢若平昔，不见不豫之色，不闻呻吟之声，而每日清晨众弟子围绕问候，垂诫谆谆，皆宗门大事，并无一言语及世谛。盖师平生一言一行，斩钉截铁，无一毫涂饰之意，故临生死关头，神思不乱，超然自得。譬如青天白日，户门洞开，信步直去，无少留碍，是岂可以凡情拟议者哉。第恐诸法眷有未知老和尚归真颠末者，谨据实记录如此，庶几相慰其哀慕之诚云尔。"②

顺治十四年（1657）十月七日子时，鼓山一代中兴大师元贤安详圆寂。元贤著述丰富，据恭默《鼓山永觉大师传》后所附，元贤著述主要有：《大佛顶首楞严经略疏》四卷、《心经直掌》《金刚经略疏》《释迦牟尼佛真身舍利塔宝号》《四分戒本约义》四卷、《律学发轫》三卷、《继灯录》六卷、《补灯录》四卷、《建州弘释录》二卷、《洞上古辙》二卷、《净慈要语》《诸祖道影赞》《禅林宝训事义》二卷、《禅林疏语》一卷、《鼓山永觉禅师广录》三十卷、《语录内外集》二十六卷（并入《广录》中）、《永觉普说》一卷（见于《广录》及《晚录》）、《永觉吃言》二卷（在《广录》中）、《永觉晚录》六卷（七十五岁以后所语在《广录》

---

① 林之蕃：《行业记》，《广录》卷30，《卍字新纂续藏经》第72册，第577页。
② 道霈：《先和尚归真记》，《秉拂语录》卷下，《卍字新纂续藏经》第72册，第589页。

中)、《永觉最后语》一卷（八十一岁①所说，在《广录》内）等。②

顺治十五年（1658），元贤禅师骸骨入塔，嗣法弟子道霈为其撰写《祭文》《塔志》等纪念文字，深情追忆这位恩师，感动人天。顺治十五年（1658）正月二十二日，道霈在鼓山四众弟子的拥护下继席鼓山，此后清代的鼓山涌泉寺一直由元贤一脉担任住持，渐渐成为惯例，因此，形成了深刻影响东南佛教包括台湾佛教发展的鼓山法系。

第二节　寺院道场

明教大师尝言："住持也者，谓藉人持其法，使之永住而不泯也。"③但到明末，许多丛林已成利益之场，甚至有为了住持之位而行争斗者。元贤曾宣称自己"非住庵之僧"，原由有四，其《与朱葵心茂才》信中云：

> 某谬堕僧数，鄙秽无闻，辱荷曲成，感愧感愧。然壶山之事，终不敢染指者，非矫节以自高也，特以某非住庵之僧耳。某削发入山，只为生死二字，至于田舍眷属，早已唾涕弃之，岂于此而收其已弃耶？此不可住庵一也。素性疏散，不闲世务，迂拙任情，难投时好，此不可住庵二也。某受先师戒约，不营世缘，不干豪贵，瓶钵随缘，分文不蓄，一旦住庵，则油盐茶米，将安所取乎？此不可

---

① 此误，应是八十岁。
② 恭默：《鼓山永觉大师传》，《佛学半月刊》，第6卷第14号，见《民国佛教期刊文献集成》第52册，中国书店出版社2008年版，第409页。
③ 《敕修百丈清规》卷3，中州古籍出版社2011年标点本，第95页。

住庵三也。又闻建城诸僧，见士大夫之礼反在庶民之下，此法灭之兆也，可胜痛哭哉！故某自来，未尝轻投一刺，即有枉顾，并不报谒，或承宠召，托故避之，岂曰倨侮，以为僧之体宜如是也，此不可住庵四也。①

此"四不可住"实为元贤为僧处世的原则，他针对当世佛教之弊而提出自己的主张，简而言之有二：第一，出家之真正目的是"只为生死二字"，即了生脱死；第二，勿投时人所好，勿攀缘，应注意僧人节操的护持。

一 庵、岩与建州佛教

丛林之设，要之本为众僧。中国佛教出家人的聚集处，名称众多，或曰"萧寺""精舍""招提""兰若"，其梵名为僧伽蓝摩（或僧伽罗摩），意为众园；②"寺"为汉地名称，据说始于汉代，洛阳白马寺为汉土佛寺之始；③"道场"之名，语出僧肇《注维摩诘经》卷四，谓"闲宴修道之处"，隋炀帝时敕各地改僧居名为道场。④ 后三种称呼较为常见，明清以后，"庵""岩"二名值得特别说明。

"庵"，据《释氏要览》云："《释名》曰：草为圆屋曰庵。庵，奄也，以自覆奄也。西天僧俗修行多居庵。"⑤ 在明代，政府禁止私创新寺，因而"庵"多为私人创建的、合法性较为模糊的佛教场所，"寺"

---

① 元贤：《广录》卷11，《卍新纂续藏经》第72册，第447页。
② 《住处》，见《释氏要览》卷上，中华书局2014年标点本，第60页。
③ 同上书，第61页。
④ 《住处》，见《释氏要览》卷上，中华书局2014年标点本，第64页。
⑤ 同上书，第73页。

则多获得官方的认可。元贤所建翠云庵即属于未经官府赐额而私建的庙宇，规模较小，僧众亦不多，可谓"冷清"至极。

"岩"作为寺庙名称多见于福建，尤其是闽南地区，元贤家乡建宁府亦较多见，一般是山岩之上祭祀神佛的小庵，如《建宁府志》卷三瓯宁县有定光岩、弥陀岩、宝石岩、归宗岩、擎天岩、狮岩、北岩、云岩、郭岩、马大仙岩、石龙岩、蹑云岩、斗回岩等，各岩皆有庵，祭祀定光佛、梅福、马仙等各种仙佛人物。①

元贤一生之足迹遍及闽、浙、赣诸地，或参访、或隐修、或住持、或创建，其所经历之寺院道场众多，以《永觉和尚广录》各卷中提及的各地相关寺院列表如下。

元贤参访或住持寺庵

联络寺院	所属区域	《广录》	是否住持
鼓山涌泉寺	福州	卷一	是
泉州开元寺	泉州	卷一	是
杭州真寂禅院	杭州	卷二	是
剑州宝善庵	南剑州	卷二	是
翠云庵	杭州	卷二；卷十五	是
兴福寺	建州	卷二；卷六；卷十六	是
双漈寺	剑州	卷二；卷十七；卷二十五	以下未详
双髻峰	沙邑	卷三；卷二十五	
承天寺	泉州	卷四	

---

① （嘉靖）《建宁府志》卷3，厦门大学出版社2009年版，第47—49页。

续表

联络寺院	所属区域	《广录》	是否住持
兴化菩提庵	兴化	卷四；卷六；	
弥陀岩		卷四	
大道岩		卷四；卷六；	
天宁寺		卷四；卷八；	
王回庵		卷四；卷二十五	
庄屏庵		卷四；卷二十六	
智者寺	婺州	卷四	
普明寺	金华	卷四；卷二十五	
颐浩寺		卷十	
净慈庵	建州	卷十三	
楞严寺	秀水	卷十五；卷二十四	
圣泉岩	潭邑（潭州）之南	卷十五；卷二十四	
荷山庵	建安	卷十五；卷十六；卷二十五	
龙头庵	东峰之东	卷十五	
黄梅山灵源庵	建州东郊	卷十五	
净名庵	潭州	卷十五	
定光岩	建州	卷十五	
金仙庵	瓯宁	卷十六；卷十七；卷二十四	
佛顶庵	东崑之口峋嵝山	卷十七	
妙高峰观音殿	建州	卷十七	
降福山庵	建州东五十里降福山上	卷十七	
南禅寺	建州	卷十七	
柏山庵	建水之西，真武岭之阳	卷十七	
北山静室		卷十七	

续表

联络寺院	所属区域	《广录》	是否住持
避影山房		卷十七	
龙潭静室		卷十七	
白水岩		卷十七	
怡山西禅寺	福州	卷十七	
罗山法海寺	福州	卷十七	
长乐龙泉寺	长乐	卷十七	
博山	江西	卷二十二	
支提山	宁德	卷二十四	
般若庵		卷二十四	
宝山庵		卷二十四	
清修寺		卷二十四	
龙山寺		卷二十四	
紫云室		卷二十四	
香象庵		卷二十四	
寿昌寺	江西	卷二十五；卷二十五	
天堂寺	建阳	卷二十五	
报亲寺		卷二十五	
安平石佛寺	泉州	卷二十五	
开宝庵		卷二十六	
狮子庵		卷二十六	
闽安万寿寺	闽安	卷二十六	

以上共计 54 处寺庵，多为闽、浙、赣三省寺院，其中以福建地区为最多，这与元贤所属相应法系的势力范围有一定关系。深入分析元贤

所经历的寺院，可以得出以下结论。

第一，元贤及其开创的法系以福建为主要弘化区域，其势力范围遍及福建闽中、闽西北、闽南各地。闽中以福州鼓山涌泉寺为基点，兼及莆田等地；闽南则以闽南首刹泉州开元寺为中心；闽西北以宝善庵为中心，因为"在延、建、邵、汀四郡中，称宝善为第一丛林，余无能及者"①。

第二，以元贤家乡建阳或建州为中心，联结禅法法源地——江西及戒法法源地——浙西诸寺院道场。在闽、浙、赣三省中，建州地理位置较为独特，此处与江西、浙江都相接近，地缘上的亲密加之法缘上的殊胜关联，使得建州成为元贤及其法系极为重要的弘布地点，甚至是鼓山系早期两代祖师的"精神家园"。② 实际上，建州在以"出祖师"为荣的福建禅宗史上具有重要地位，禅宗祖师马祖道一曾经在建阳驻锡："后入闽，居建阳之佛迹岭，时闽中诸释久滞权渐，忽闻顿旨翕然趋向，甘泉、志贤、千顷、明觉实首依之，卒成大器，既迁南康之龚公山，禅化大行，嗣法者一百三十九人。卒谥大寂，塔号大庄严，七闽禅学实师为之肇云。"③ 元贤撰《建州弘释录》收集建州弘化之高僧大德事迹，其目的就是以此为标的激励后学："俾晚学之士得见古人如是之辛苦，如是之严慎，如是之博大，如是之远到，倘能翻然易辙而趋望标而进，则唐宋之盛庶几再见于今日，亦未可知也……斯录之行，愿与有志者

---

① 元贤：《广录》卷3，《卍新纂续藏经》第72册，第404页。
② 第一代元贤、第二代道霈都是建州人，道霈主要隐修的道场在政和宝福寺。
③ 元贤：《唐建阳佛迹岭道一禅师》，《建州弘释录》卷上，《卍新纂续藏经》第86册，第554页。

共之。"①

按《建宁府志》"定光岩"："在铁狮山下，深邃奇绝，中祀定光佛。"② 此定光岩值得一说，或即元贤所涉足者。元贤于天启元年（辛酉，1621）秋，曾在定光岩居住两个月，后于顺治三年（丙戌1646）春受出资修复定光岩的桂峰居士之邀再次莅临。约于顺治四年（1647）元贤特为居士撰写《重建定光岩记》（以下简称《记》）：

> 建州南四十里，为南雅口，复入山五里，为定光岩。岩中祀定光大师，故以为名。定光大师者，即《传灯》所载南安岩主，云门法孙也。原由古圣应现，故灵应特著，里人多祀之，灾患必祷焉。此岩志所弗载，不知昉于何代，年岁已久，而田业散失，僧行逃亡，栋宇颓败，香火暗如，往来禅衲，足迹之所弗及。至崇祯初，杭州闻谷大师，游锡至建，里中桂峰居士，同诸善友，赎宝善庵以为大师驻锡之地。居士复首为经理院事，既而禅衲臻集，屋无所容，居士乃赎是岩而重建之，以为禅衲挂搭之所，岁在崇祯之辛未也。凡三载而功告竣，复立焚修之田若干亩，至是命予为纪其事。余唯昔辛酉之秋，曾寓此岩者两月，时居士初赎此岩，已发重建之愿。及丙戌之春，余来建州，居士复延至岩，则璇宫花宇，焕然一新，是居士之宿愿，无不毕酬耳。余故为详其始末，贞之于石。然忆昔别居士时，居士向余请偈，余说偈曰：波斯闭眼嚼生铁，十界

---

① 元贤：《建州弘释录序》，《建州弘释录》卷上，《卍新纂续藏经》第86册，第552、553页。
② （嘉靖）《建宁府志》卷3，厦门大学出版社2009年版，第47页。

圣凡都扑灭。忽然嚼破血淋漓，哑子吞声向谁说。计今已二十七年矣，未审居士此铁曾嚼破也未？今因记其事而并及之，不独为居士着鞭，亦使后之人，不敢谓定光岩头，全无佛法也。是为记。①

该《记》值得注意者有三。

其一，元贤对于定光佛的认识。元贤以之为"《传灯》所载南安岩主，云门法孙"，凸显定光佛化身者的禅宗传人身份，并以之作为"古圣应现"。南安岩主生平事迹载《续传灯录》卷二，是西峰禅师法嗣，云门法孙。② 不过，民间关于定光岩的认识未必如此，他们主要是将定光佛当作法力无边的救济者、神灵加以供奉。

其二，重建定光岩者的身份与重建的目的。该岩由里人桂峰居士出资重建，他同时也是宝善庵的主要倡建者之一，是闻谷老人身边重要的护法居士。早在天启元年（1621）居士即赎买荒废的定光岩，后于崇祯四年（辛未，1631）开始历时三年而完成重建。居士重建定光岩主要目的是为了提供"禅衲挂搭之所"，解决宝善庵日益增多僧众的住宿问题。

其三，元贤该记具有很大的史料价值。如今的建瓯定光岩仅存清末碑记，元贤的《记》能够说明定光岩在明末的具体情形，是十分难得的历史资料。③

---

① 元贤：《重建定光岩记》，《广录》卷15，《卍新纂续藏经》第72册，第471页。
② "南安岩自严尊者，生郑氏，泉州同安人，年十一弃家，依建兴卧像寺沙门契缘为童子，年十七为大僧，游方至庐陵谒西峰耆宿豁禅师，豁清凉明禅师高第，云门孙也。"《续传灯录》卷2，《大正新修大藏经》第51册，第480、481页。
③ 黎晓铃有《建瓯定光佛信仰的传入及演变》一文，该文提及当地人对定光佛的信仰以及定光岩修建历史。不过，她和大部分人一样，不知道元贤有《重建定光岩记》。该文见《客家》2008年第1期。

二 住持"四刹"

僧人弘化必须借助道场，建寺安僧方能灯灯相承，佛法永续。元贤在闻谷老人劝说之下，最终还是出山而"四坐道场"，道霈《最后语序》言其："二十余年间，四坐道场，大作佛事，言满天下，道被域中，凡丛林久参耆衲，罔不腰包来觐，而海内贤士大夫，亦多折节问道。"① 其住持之寺院主要有四，元贤曾屡屡言及"四刹"："始末经四刹，拈弄二十年。"② "老僧自出头来，历经四刹。"③ "三宗撰述波间月，四刹弘扬镜上尘。"④ 此四个道场即《永觉和尚广录》卷一《住福州鼓山涌泉禅寺语录》《住泉州开元禅寺语录》、卷二《住杭州真寂禅院语录》《住剑州宝善庵语录》及卷三《再住鼓山语录》中的鼓山涌泉寺、泉州开元寺、杭州真寂寺、剑州宝善庵等四个寺院。

（一）鼓山涌泉寺。鼓山屹立于闽江北岸，因顶峰有一巨石如鼓故名。唐建中四年（783）郡从事裴胄请灵峤禅师入山，奏建华严寺，梁开平二年（908）闽王王审知请雪峰僧神晏禅师居此。灵峤禅师"生中唐时，姓里不传，考诸载籍，曾证心于马祖"⑤。神晏禅师为雪峰义存禅师法嗣，人称"兴圣国师"，元贤曾收集校订其《兴圣国师玄要集》行世。宋元以前，鼓山即名列禅宗大法窟之中，高僧辈出，元代依然兴盛，入明以后渐衰。⑥ 元贤《重建鼓山涌泉禅寺记》对鼓山之兴废历史

---

① 元贤：《广录》卷1，《卍新纂续藏经》第72册，第386页。
② 元贤：《自赞》，《广录》卷21，《卍新纂续藏经》第72册，第506页。
③ 元贤：《示尚实上人》，《广录》卷10，《卍新纂续藏经》第72册，第441页。
④ 元贤：《自嘲》，《广录》卷25，《卍新纂续藏经》第72册，第529页。
⑤ 虚云增校：《增校鼓山列祖联芳集》，鼓山刊本，第1页a。
⑥ 马海燕：《为霖道霈禅师》，厦门大学出版社2010年版，第30—33页。

及自己修建鼓山涌泉寺之历程言之甚详。① 于此文可见，涌泉寺自嘉靖壬寅（二十一年，1542）而废弃，而据士人黄用中《鼓山白云涌泉寺灾感而有作并序》所言，当时涌泉寺是遭遇火灾。火灾发生于壬寅二月之十三日夜，灾后"唯一二残僧对予陨涕而已"②。天启七年（1627）冬，鼓山众护法居士延请博山无异和尚住持鼓山，涌泉寺得以开始兴复，但"博山任重辞去"，其住山仅三个月左右，崇祯元年（1628）春即离去。③ 实际上，在崇祯六年（1633）元贤入主鼓山之前，博山禅师弟子雪关禅师（1584—1637）曾由地方护法士绅于崇祯五年（1632）推举住持鼓山，但为时亦短，不久即辞去。

元贤之住持鼓山，众望所归，各地僧众护法闻风来附，"咸以为国师再来云"④。他对鼓山涌泉寺的贡献主要有二：一是募资逐渐完备和修缮寺院建筑，钟楼、天王殿、藏经楼等随之建立，前后十五载，古刹终于重光，金碧辉煌；二是在此传法立派，开创鼓山禅系，该系与博山系、东苑系并称为曹洞宗寿昌系下三大法系，子孙绵延，直至今日。鼓山涌泉寺如今是汉传佛教全国重点寺院、福州五大丛林之一。

（二）泉州开元寺。除了寺院建筑的修建与维护，元贤更高瞻远瞩，十分重视寺院文化方面的建设，致力于寺院文献的收集、保存与编纂工作，其在泉州开元寺最主要的贡献就是《泉州开元寺志》的编撰。泉州开元寺是福建著名寺院，现为全国汉传佛教重点寺院。

---

① 元贤：《重建鼓山涌泉禅寺记》，《广录》卷15，《卍新纂续藏经》第72册，第470页。
② 黄用中：《鼓山白云涌泉寺灾感而有作并序》，《鼓山志》卷12，鼓山刊本。
③ 据道光年间陈祚康《募建鼓山舍利窟吸江兰若碑》载："无异和尚虽重开山，而当山只九十日耳。"见马海燕《为霖道霈禅师》，厦门大学出版社2010年版，第37页。
④ 林之蕃：《呈赠永公大师有序》，《鼓山艺文志》，海风出版社2001年版，第187页。

元贤于崇祯八年（1635）冬受请在开元寺开堂结制；崇祯十五年（1642）再入泉州开元寺，并修《开元寺志》。元贤惊叹于"紫云之多贤也，非吉祥殊胜之地，能有是哉"①。元贤《泉州开元寺志序》中云："崇祯乙亥（崇祯八年，1635）冬，温陵诸缙绅命余开法紫云，说法之余，追询往事，首得《开士传》《梦观集》二书，阅之始知紫云之多贤，实不胜感慕之私。"② 对此，元贤另有《怀梦观禅师（有序）》，其序言：

> 梦观，泉人也。为开元佛果之嗣。其学赡博，其文典雅，性狷介寡合。有司辟主承天，辞弗就，所著有《开士传》《梦观集》二书。余寓开元时访得之，首所服膺，盖有道之士也。自元以至今日，少有能匹其林者。法门下衰，殊可深慨，故私心于梦观，独向往之切云。③

元贤对于元代梦观禅师情有独钟乃是因服膺其为"有道之士"，而他之所以有此感慨，正得益于曾阅梦观所著《开士传》《梦观集》二书。他对梦观禅师及其《开士传》评价甚高，以为"其学博，其识端，其命意奇拔，其铸词典雅，允登作者之坛，称善史矣"④。元贤重编之《开元寺志》就是在《开士传》基础上完成的："凡元以前一以《开士传》为据，后此则考之旧碑及陈氏志，且傍采他集而益以耳目多睹闻者，错而

---

① 元贤：《温陵开元寺志论》，《广录》卷19，《卍新纂续藏经》第72册，第495页。
② 元贤：《开元寺志序》，《开元寺志》，《中国佛寺史志汇刊》第2辑第8册，台北明文书局1980年版，第5页。
③ 元贤：《怀梦观禅师（有序）》，《广录》卷24，《卍新纂续藏经》第72册，第520页。
④ 元贤：《开元寺志序》，《开元寺志》，《中国佛寺史志汇刊》第2辑第8册，台北明文书局1980年版，第4页。

综之。"①

　　如果说鼓山涌泉寺乃是禅宗法窟，泉州特别是开元寺在历史上则以教律闻名。元贤《开元寺志》中具载众多以律闻名的律师，如释宣一："唐广明初，州刺史林鄂，以师为僧正，既而闽副帅王审知，奏置坛福唐，选师临坛，凡得戒者三千人。"②释弘则，温陵人，"师事文偁于东塔，咸通三年，受具上都兴善，遂如荐福，传总律师四分。乾宁初府主王审邽，以师秉戒坛事度僧。天祐二年，王延彬为创院居之，名曰建法，使授毗尼，学者咸会，众肃以和"③。而且历史上开元寺众多分院中有专门弘扬律宗者，如泗州律院，梁贞明间，律师知玲开山，后孙本宗以律名，有朋以禅名。④ 报勋戒律院，梁贞明间，刺史王延彬，置院于寺之西，未成而卒，嗣子继武成父志，名报勋戒律之院。延栖岑律师居之，孙全朴有高行。⑤ 建法院，唐天祐二年，州刺史王延彬建，以居律师弘则，使授毗尼，弟子良苑，亦以律学教授，孙洛彦、本敷，俱有声。⑥ 东律祖膊院，初寺旧有东律庵，唐大中间，太守改为院，延神僧祖膊和尚居之，世以律传，后住山佛果炤，受业于此。⑦ 旧法华院，延常炭禅师为第一世，炭四世孙绍安，七世孙法殊，俱以律名。⑧ 唐宋

---

①　元贤：《开元寺志序》，《开元寺志》，《中国佛寺史志汇刊》第 2 辑第 8 册，台北明文书局 1980 年版，第 6、7 页。
②　元贤：《开元寺志》，《中国佛寺史志汇刊》第 2 辑第 8 册，台北明文书局 1980 年版，第 60 页。
③　同上书，第 56 页。
④　同上书，第 44 页。
⑤　同上书，第 43 页。
⑥　同上书，第 38 页。
⑦　同上书，第 38、39 页。
⑧　同上书，第 39 页。

以来，泉州籍的佛教义学大师也不乏其人，如宋代华严宗大师净源（1011—1088），泉州晋江人，人称"晋水净源"，以汇集、注释华严典籍闻名海内。①宋泉州开元寺僧戒环《华严经要解》解妙义丰，堪称独步。②

因此，泉州开元寺也是元贤及其法系在闽南传戒弘律的重要道场。泉州开元寺至今仍保留有著名的佛教戒坛——甘露戒坛。甘露戒坛始建于宋真宗天禧三年（1019）。建坛是因"朝例普度"③。之所以名为"甘露戒坛"实际上并非"此地常降甘露"，而是沿袭戒坛的习惯称法罢了。④自创设戒坛之后，宋建炎二年（1128）僧敦炤依古图经重新修整。⑤依元贤《开元寺志·建置·甘露戒坛》及清《重建甘露戒坛碑记》，甘露戒坛此后的遭遇大致如下：元至正丁酉（十七年，1357）坛灾；明洪武三十三年（1400）"僧正映重构，虽壮丽如昔，而制度非复敦炤之旧矣"。"洪武三十三年，洁庵禅师奉清心洁己之诏，来主当寺，复重构之，坛制虽非照律师之旧，其画栋雕梁，飞甍峻宇，已极人间之

---

① ［日］伊藤隆寿：《肇论集解令模钞校释》，林鸣宇译，上海古籍出版社2008年版，第15—17页。

② 戒环：《华严经要解》，金陵刻经处本。

③ 据宋代志磐法师《佛祖统纪》卷45："（天禧）三年八月，恭谢圣祖，大赦天下。节文云：虚皇妙道，西竺真乘，咸助化源，敢忘崇奉，应天下僧尼、道士女冠、系帐童行，并与普度。尚书右丞林特提举祠部文牒，是岁度僧二十三万百二十七人，尼万五千六百四十三人，道士七千八十一人，女冠八十九人。"见释志磐《佛祖统纪》下册，上海古籍出版社2012年版，第1062页。

④ 《大昭庆律寺志》卷6引僧史云："若其别称甘露，《梵网经》云：'听我诵佛戒，甘露门即开。'《法苑珠林》云：'菩萨戒法，流布京国。自尔以来，黑白受持。受者无量，愿斯甘露，等雨大千。'故奉先甘露寺袭其名义，而诸坛踵斯称耳。"见吴树虚《大昭庆律寺志》，杭州出版社2007年版，第93页。

⑤ 元贤：《开元寺志》，《中国佛寺史志汇刊》第2辑第8册，台北明文书局1980年版，第94页。

巨丽。"① 明永乐辛卯（九年，1411）僧至昌增建四廊；明隆庆间戎器火药诸匠以戒坛为工场；明万历二十二年（1594），经黄文炳力白当道，尽驱诸匠，重修戒坛；明崇祯元年（1628）僧如祐请藏经供奉戒坛内。

元贤在泉州有较多的为众"说戒"记录，其《题开元寺》诗云："古贤能秉律，坛构几经年。久没凡尘暗，重开瑞色鲜。飞花常入座，甘露每流泉。安得环与照，垂光照大千。"② 以此中"重开"一词及相关诗意来看，说明元贤在泉州开元寺甘露戒坛是有开坛传戒的。而鼓山系第二代祖师道霈在泉州则有更明确的"开（坛传）戒"记载，《重建甘露戒坛碑记》云："康熙元年壬寅，鼓山为霖大师说法紫云，为四众开戒，俯仰瞻视，乃谋改作。"③

（三）杭州真寂寺。闻谷大师为莲池大师弟子，杭州真寂寺为其弘化的主要道场。该寺创建始末，据元贤《真寂闻谷大师塔铭》载：

> 师乃隐于湖之菁山，寒苦特甚，因得痁疾，众劝出山。壬子将还双径，取道瓶窑，止宿丁道者家。丁以瓶窑为双径两目之孔道，而行脚师僧，无所托宿，欲竖茎草为接待之所，乞师主其事，师虽志在岩扃，而大悲愿重，闻斯恻然。遂鸠同志四十八人，各捐衣钵，草创数椽，聊资云水之一宿。适朱平涵相国入山礼紫柏大师灵

---

① 按：正映即洁庵禅师，洁庵是号。《重建甘露戒坛碑记》所言是依据《开元寺志》的，但洪武三十三年是正映重修戒坛，不是这年他奉诏来主开元寺。他奉旨来寺是洪武三十一年（《开元寺·建置·法堂》云："洪武三十一年，僧正映奉旨来住持。"）不要误会。
② 元贤：《开元寺志》，《中国佛寺史志汇刊》第2辑第8册，台北明文书局1980版，第172页。
③ 郑振满、[美]丁荷生编纂：《福建宗教碑铭汇编·泉州府分册》上册，福建人民出版社2003年版，第215页。

龛，闻其事深加叹赏，乃为购地为址。既而缙绅诸公皆竭力赞成，不数载郁成丛席，乃移真寂废寺旧额名之。戊午秋，师以接待之事苟定，仍欲岩栖以遂初志，乃以院事托一善上人，杖笠南游，隐于建州之废寺，凡三载，而为踪迹者，所得迎请，络绎于道，师掉头不顾。会一善迁化，乃从众请而归，归则稍稍经理，即请净慈玄津法师主之，师乃退居。无何津师迁化，师不已复视事，时四方衲子，参请如云，众至五千指。规约之严整，僧行之精勤，称江南法社之最矣。庚午复以丛席属长明玄箸法师，而自为峨嵋之游。因病乃中止于楚之黄安，建州宝善徒大坚，与孝廉徐公天倪等，闻师在黄，即往迎归宝善，浙人复往请之。师曰：候七旬不掩息当归耳。甫及四载，而玄师复化去，众乃请师复归真寂。实崇祯乙亥，正当师七旬之年也。师既启行，闽人呼道遮留，舆不得前，及杭，杭人欣忭踊跃，以为师从天而下也。①

此中提及闻谷老人"隐于建州之废寺"等，此事即与后之建立宝善庵有关。闻谷老人不仅是元贤之戒法恩师，也是道霈之恩师——道霈之字"为霖"即闻谷所赐，② 故而这篇塔铭记述的闻谷行迹对于师徒二人都深有影响。元贤不忘老人深恩，时刻以中兴真寂、宝善二道场为念，于崇祯十年（1637）赴吊真寂，并住持真寂禅院五载，直至崇祯十四年（1641）乃谢院事，归闽驻锡宝善庵；③ 道霈亦是如此，甚至时时处处以

---

① 元贤：《真寂闻谷大师塔铭》，《广录》卷18，《卍新纂续藏经》第72册，第489页。
② 道霈：《旅泊幻迹》，载《还山录》，鼓山刊本。
③ 元贤：《重建宝善禅院记》，《广录》卷15，《卍新纂续藏经》第72册，第470页。

闻谷老人为模范。闻谷老人辞去真寂之席而住宝善之时，杭州居士殷勤劝请其归来，老人说："候七旬不掩息当归耳。"道霈于康熙十年（1671）秋因故辞去鼓山住持之席归隐建州诸寺，康熙十九年（1680）、二十一年（1682）鼓山众僧及护法居士赴政和宝福寺恭请道霈还山，道霈即效仿闻谷而答以"七十不掩息当归矣"①。后于七十岁之际果然返回鼓山，与闻谷老人如出一辙。

（四）宝善庵。闻谷大师于万历四十六年（戊午，1618）入建州，驻锡建州崇圣寺三年，僧俗归向，后因故返回真寂。为留请闻谷大师，建州信众特地选址兴建宝善庵。由于元贤是闻谷大师戒法弟子的因缘，他与宝善庵关系十分密切。

宝善庵在剑州（今建瓯南雅镇伊村，至今犹存），距离建州较近，庵建于天启元年（辛酉，1621），屡经营建，前后历经二十余年方告完成。元贤《重建宝善禅院记》云：

> 万历间，闻谷大师佩云栖法印，唱道茗溪，重建真寂禅院，僧俗归向者如云。岁在戊午，院事甫毕，大师单瓢逾岭，挂锡建州崇圣荒寺，分卫而食，久之人渐知，亲觐者渐众。居三载，真寂数来请，始言归，建诸弟子如失乳儿，慕之弗置，厥嗣心石师乃与众谋，欲请大师再至，立一刹以慰众望，卜得剑之宝善。宝善虽剑属，而去建为近，仅四十里而遥，故建人乐成之，实天启改元辛酉岁也。此庵屋老而隘，居仅数人，心石师虑无以容广众，遂建阁五间于大殿之后。明年郡中诸缙绅及诸善友佥议，遣使迎大师，弗得

---

① 道霈：《旅泊幻迹》，载《还山录》，鼓山刊本。

允,凡七往返,届天启丁卯之秋,方再至。冬十月,鸠工聚材,举庵一新之。中为佛殿,左为斋堂,右为禅堂,旁周小屋,为库司,为客寮,为仓,为庖,为溷,皆具。明年既落成,大师遂返锡,崇祯庚午,大师有黄安之行,心石师复就楚迎至,至则四方禅衲,无不腰包而赴。心石师谓禅衲既集,典籍不可不备,遂取大藏于金陵,因于斋堂后,建阁五间以藏之。又以方丈狭隘,迫近客寮,仍别建阁三间于禅堂之后,至是宝善之规模,称大备矣。乙亥春,大师复归浙,明年冬十二月告寂。丁丑春,予赴吊真寂,诸缙绅遂命予继其席,予居真寂五载。辛巳秋,乃谢院事,复归闽寓宝善。心石师谓予曰:"宝善之事既竣,而尚有待者,以片石未立也。坚拮据斯役,计历二十余载,先师既已西逝,同事诸君,亦半化为异物,释今弗纪,后将何知。今庵事之颠末,唯师为最悉,先师之交,唯师为最深,师殆不可吝一言也。"予承命唯唯,不敢以不文辞,遂援笔记之。①

此中宝善庵迎取金陵大藏经事,元贤另有《宝善庵请大藏经疏》为之募缘:"兹闻谷大师飞锡南来,寓剑州之宝善,禅衲辐辏,机固非一,而大师门庭广大,三根并摄。由是监院心师,思请大藏普润群机。时有文学徐君,首发大心,挥金为倡,然大厦非一木之能构,为山非一篑之可成,倘得同出一手,共赞嘉猷,则一文一粒,皆浊海之宝帆,而佛果之真种也。"②

---

① 元贤:《重建宝善禅院记》,《广录》卷15,《卍新纂续藏经》第72册,第470页。
② 元贤:《宝善庵请大藏经疏》,《广录》卷17,《卍新纂续藏经》第72册,第484页。

元贤在宝善庵另一件重要之事就是修建舍利塔。据《宝善庵建舍利塔疏》载，该舍利来自通许县洪福寺，该寺因年久失修，地方官员取寺砖修城而得二尺石匣，内藏佛骨舍利。宜兴曹安祖得之，后由嘉兴曹侍御在真寂寺托付元贤，时在崇祯十一年（戊寅，1638）。元贤将所得舍利分作二份，一份用原瓶装起，并认为宝善庵地理位置较为独特，建议设舍利塔于此："金陵、匡庐、鄮山，俱有舍利，辉映人天，而闽中独未之闻。乃欲归闽立塔，会心石师暨诸檀越来请，遂俾顶戴入闽。今议建塔于剑州之宝善，盖以剑州为八闽要道，而宝善复僻入山中，非饮酒茹荤之辈所得过而问也。"① 另一份共计七十八粒，用新瓶装，拟于鼓山建立殿塔，以启四众福基，鼓山舍利塔后由道霈完成。②

宝善庵舍利塔建于庵之西坞，前后历时15年，其间因遭遇乾坤鼎革、社会动荡之影响，顺治九年（1652）方建设完成，《宝善庵舍利塔记》具言始末云：

宜兴曹安祖兵宪得其一，持归拟建塔于南岳寺，以病弗果。临易箦，托之嘉兴曹石仓侍御。戊寅之秋，侍御公延予至天宁，未几归，以舍利相嘱。予辛巳奉以归闽，至建州，乃置于宝善庵。是冬僧大坚，始辟塔基于庵之西坞，癸未建塔殿，丙戌僧性澈乃募铜范塔，琢石为座，以事势牴牾，工未竣，而性澈已化为异物。至藻鉴长老来主方丈，方毕其事。以壬辰八月十七日，奉舍利入塔。夫自

---

① 元贤：《宝善庵建舍利塔疏》，《广录》卷17，《卍新纂续藏经》第72册，第485页。
② 道霈：《建正法藏殿安奉大藏经及灵牙舍利宝塔记》，《鼓山为霖禅师语录》，鼓山刊本。

戊寅受嘱以来，无日不思为舍利计，而淹蹇至今，凡一十五载，其成之不亦难乎。然当此乾坤鼎革之会，羽檄旁午之秋，闾里十室九空，生民半登鬼录，一饭之顷，尚难苟安，谁能营及不急之务，其成之难，不亦宜乎。独幸得宝善一刹，安堵如故，僧行犹能致力于此，于此塔偏成于大乱之中，如梅蕊破雪而开，菡萏从火中现，是岂人力之所能及哉。①

此中僧"大坚"即此前所言宝善监院心师或心石师，藻鉴长老乃是元贤付戒弟子之一，其住持宝善庵乃是由元贤推荐的。② 藻鉴其于顺治九年（1652）八月十七将舍利入塔，终于完成元贤之大愿。

元贤弟子中，除了藻鉴住持宝善外，道霈与宝善庵的关系也是十分密切。道霈《餐香录》卷一记载道霈在鼓山与来访的宝善监院等言及师徒二人与宝善的因缘：

宝善监院青恒、文之、内莹，设斋请上堂。时当末运，佛法凋零，至人乘愿再来，因时救弊，弘法利生，图报佛祖，不是为个闲名字，强求出头，作一场戏剧，取笑世谛也。昔掌石师翁，佩白马印，唱云栖道，真寂宝善，两处开山。三十年来，觅个知音不可得，至晚岁，始遇先师一人，既征智证之同，遂有宝戒之授，迄今又三十余年矣。山僧尝题师翁真赞曰："摇仪峰鼗鼓，卖云栖骨董。

---

① 元贤：《宝善庵舍利塔记》，《广录》卷15，《卍新纂续藏经》第72册，第471页。
② "宝善乃闻谷大师道场，大师去后，寥落无人，老僧力不能兼，委藻鉴长老主之。藻鉴乃能善继其事，栋宇重新，禅衲臻集，道风大振。"元贤：《广录》卷3，《卍新纂续藏经》第72册，第404页。

三十余年入水泥，始遇先师同鼻孔。死生呼吸共通风，声光烛破阎浮梦。一滴苕溪水逆流，不知是济是洞。"盖实录也。山僧年十八岁，甫离受业，禀戒师翁座下，亲承提掣，复指令见先师于荷山，至今日，为先师洒扫山门，皆辱师翁所教诏也。兹宝善监院青恒、文之、内莹诸上座，以方丈迁化，乃特赍众护法书币远来，请山僧一振颓纲，勿使先人遗化一旦坠地，因思木本水源，理难固却，乃举出先师师翁相见一段因缘。①

以此中"迄今又三十余年矣"（元贤闻谷初见于崇祯六年，1633）的时间推算，道霈与宝善众僧在鼓山相见在康熙二年（1663）前后。另"以方丈迁化"，此处"方丈"是否就是藻鉴长老？次年（康熙三年，1664）秋道霈即应请入宝善。② 道霈曾多次往宝善庵舍利塔请取舍利，其有《宝善庵开塔请舍利》《宝善庵启塔请舍利奉富沙多宝佛塔》等记载此事。③ 不过，道霈并未住持宝善庵，当地护法信众迎请与道霈同参于元贤座下的古樗禅师为住持："吾弟古樗善公久侍先师巾瓶，见闻自是超卓，出住宝善。"④ 其住持宝善14年。⑤ 古樗即宗圣法师，是元贤的付戒弟子之一。

综上所述，从元贤在四刹的住持语录及《行业记》所载元贤在各寺

---

① 道霈：《餐香录》卷1，《卍新纂续藏经》第72册，第599页。
② "明年甲辰季秋，余自石鼓来宝善，悟关洪纬辈来请记。"道霈：《光孝寺重修大雄宝殿记》，《餐香录》卷2，《卍新纂续藏经》第72册，第625页。
③ 分别见《旅泊庵稿》卷1、卷4。
④ 道霈：《宝善古樗禅师语录序》，《旅泊庵稿》卷3，《卍新纂续藏经》第72册，第698页。
⑤ "出鼓山门，继宝善位。克绍前徽，家声不坠。坐镇兹山，一十四年。"道霈：《宝善古樗禅师赞》，《旅泊庵稿》卷4，《卍新纂续藏经》第72册，第714页。

的生活来看，四刹于元贤或以后的鼓山法系而言，地位是有所区别的：其一，元贤在各寺所传法脉有所侧重，这从他在各处供养的祖师差异即可见之，真寂、宝善是无明慧经、闻谷广印皆有，但其在真寂、宝善以弘戒法脉为主，① 而鼓山涌泉寺、泉州开元寺只有无明慧经，即以禅法法脉为主，戒法次之；② 其二，四刹之中，鼓山涌泉寺作为鼓山系开创者元贤主要住持的寺院，其禅法、戒法皆集中于此，其地位在鼓山系中最为显要，而随着鼓山系"独立意识"的加强，以鼓山为中心，其他三寺在第二代道霈之后与鼓山系关系逐渐疏离亦是情理中事。

当然，所谓"四刹"只是就元贤住持的寺庙而言，他在其他一些寺庵也担当起兴复之重任，如建州兴福寺，元贤就曾屡屡提及"身任三刹"，兴福即其一也。当时真寂寺的众护法居士频频来信，恳请元贤再住真寂，他以身兼三刹之重担为由予以拒绝，其《答曹愚公学院》云："兹复蒙谕，再住真寂，天下不冯妇我乎？况今身任三刹，修造之功实繁，竟不知了手何日，兼之病躯龙钟已极，瞬息难待，又安敢跋涉关河，而肩此大任乎。"③ 在《答陈白庵太守》一书中对此"三刹"则言之更详："兹复蒙谕再住真寂，使某得仍瞻芝宇，良为三生厚幸。但近日身任三刹，厥事实繁。鼓山大殿将倾，今谋重修，而兴福已伐木改

---

① 元贤《四分戒本约义序》言："昔庚辰岁，余在杭之真寂，欲效颦圭峰，辇毗尼之要，以示晚学，卒以病阻。迫今春自鼓山来宝善，谢绝参请，但弘唱毗尼而已。"见《广录》卷14，《卍新纂续藏经》第72册，第461页。

② 可以对比《诸泉州开元禅寺语录》《住杭州真寂禅院语录》中两次"拈疏"所云内容的差异。开元寺只提"供养寿昌堂上本师无明大和尚"，真寂寺则提"真寂堂上闻谷大师、寿昌堂上本师无明大和尚"。分别见《广录》卷1，第389页；《广录》卷2，《卍新纂续藏经》第72册，第391页。另鼓山元贤时期只建有祖师和寿昌二祠，见《重建鼓山涌泉禅寺记》，《广录》卷15，《卍新纂续藏经》第72册，第470页。

③ 元贤：《广录》卷12，《卍新纂续藏经》第72册，第452页。

创，宝善舍利殿，虽幸落成，而塔实未铸，以三刹之役，而一衰老肩之，捐此而出，势万弗能，伏乞炤亮，宥其方命之罪，幸甚。"① 兴福寺重建之后，元贤也曾在此传戒。②

三 道场建设与风水

值得一提的是，在道场建设方面元贤更重视住持者的"修为"，轻视常人所看重的风水。

风水也称堪舆、地理、阴阳、青乌等，主要是一种相地之术，广泛流行于古今中国社会的各个阶层。佛教各种清规中对寺院风水也十分重视。明清以来丛林中流传最广者要属清代杭州真寂寺仪润所作的《百丈清规证义记》，其卷六云：

> 附山寮规约（凡七条）：夫山阜为一寺之龙脉，林树为一寺之庇荫，木竹花果，僧坊所资，土岭石峰，风水攸赖，一切无损，则合寺兴隆，僧众适悦，而安于居矣。所以一切竹木，不可忽乱砍伐，一切土石，不得任便采取，此山寮大纲也……证义曰：凡附近丛林竹木，与山门作景致，宜畜培茂盛，护持龙脉、荫藏风水，则丛林日茂，山气日灵不惟人杰，亦壮观矣。③

此中"山阜为一寺之龙脉""护持龙脉、荫藏风水"明显谈及风水，不过，这种风水也可以说是一种环境观，追求环境的优美与壮观，人与

---

① 元贤：《广录》卷12，《卍新纂续藏经》第72册，第452页。
② 元贤：《普说下》，《广录》卷6，《卍新纂续藏经》第72册，第416页。
③ 仪润：《百丈清规证义记》卷6之2，弘化社印本，第18页a、b。

自然的和谐相生，强调不得任意破坏周边地理生态。此书同卷还有一段则云：

  知屋（带）知器：……凡遇修造，一切门向，皆须慎重，不宜轻改。若实不得已，须请高明堪舆看过方可。凡池井不得乱填，亭阁不得乱造，竹木不得乱斫，地土不得乱掘，若故意执拗，填掘造斫，破风水者，知屋与主事执，同罚出院。若住持硬作主者，两序统同内外法眷公议，若刚愎者，另换住持。①

这一段更为明确，寺院"凡遇修造，一切门向，皆须慎重，不宜轻改。若实不得已，须请高明堪舆看过方可"。也就是说，修改寺院门的朝向必须请高明的风水先生看过，如破坏风水者，即便是住持也一并处罚，甚至可以另换住持。仪润此说可以代表明清时期大部分人士的认识。

元贤曾于杭州西郊建翠云庵，以为修行之所：

  因来余杭之西舍，得片地可居，乃黄氏山也。及询之黄氏，则皆醇醇儒生，有长者风。遂乐捐其地五亩，乃卜日辟土为基，陶土为瓦，鸠工聚材。首事于戊寅之八月，落成于明秋之九月。及辛巳岁当大祲，庵中数十人，分卫实难，适建州有书来请，遂移锡返闽。而兹室则付之智慈，以奉香火。有术者告余曰：兹地不可居。余曰：何也？术者曰：凡居者宜向南，今向北，则无光明发越之

---

① 仪润：《百丈清规证义记》卷6之2，弘化社印本，第22页a、b。

意；凡居者宜有对，今无对，则无知遇接引之人。以是二者不宜居。余曰：诚如子言，但顾居者为何人耳。功名之士，志在功名，则必重知遇希发越。若缁衣禅侣，弃俗入山，甘守寒寂，又何取于此。今居此者，但能灰头土面，分卫自给，宁求向晦，毋求向明，宁求自立，毋求世宠，则于斯道，其或庶几。因为之记，用以垂诫来者云。①

庵成之后，风水先生告之以山门朝向不好，不可为居。元贤不以为意，并且认为出家之人与俗世功名之士是有所区别的，劝诫住众要甘守寂寞，勤于佛道。实际上，如果按《百丈清规证义记》中所言，翠云庵这种情况应该"两序统同内外法眷公议"，如果元贤还是"刚愎自用"，就可以另换住持了。不过，元贤之说能得到大家信受奉行，说明他的意见是得到一致认可的。作为一位精通易学的禅师，元贤对于风水术不是全然不知，而是精于此道，且有其一贯的主张。其《建置志论》云：

论曰：涌泉之兴废，路人能言之也，夫亦知易之道乎？《易》曰：上栋下宇，以待风雨。盖取诸大壮，取其四阳之方盛也，亦取其盛而未极也。又曰：栋隆吉，以其刚而得中也；栋桡凶，以其刚而失中也。岂非以宫室不欲其过盛，且必有刚中之德以待之，不则有栋桡之凶而已。昔涌泉之盛也，飞甍峻宇，已极人间之钜丽，犹赖有德者居之，庶可持盈而不坠，厥后以凉德处盛极之势，如之何

---

① 元贤：《翠云庵记》，《永觉元贤和尚广录》卷15，《卍字新纂续藏经》第72册，第465页。

不至湮没乎？故虽以列祖之德，闽王之威，而曾不能与樵竖之火格，数也，亦理也。今兹再造，二十余秋，尚弗逮古人之半，而居者多以缺陷为耻，游者且以观览未壮为嫌，独不思古之学佛者，树下可宿、冢间可居。今之涌泉，固非树下冢间之比，况刚中之德未闻，而妄希栋隆之吉，无论其求之弗得，营之弗就，即能媲美前规，亦安能保其无栋桡之凶乎？是亦未讲于《易》之道也。①

据说明初流行一种"紫元飞白"之法，以人的命运与宅的卦位相配推导吉凶，② 此法晦涩难懂。元贤认为，住宅的吉凶首先在于居住者是否有德之人，要有"刚中之德"，如果没有，就算完全按风水家言营造，也属"妄希栋隆之吉"，不能保证其无栋桡之凶。此说与翠云庵之事如出一辙，关键都是在于"所居者何人"而已，可见，与风水相比，元贤更重视的是住持僧佛法方面的修为。

在《续呓言》中，元贤曾举一僧为例，说明入世住持寺院道场而能保持学佛初心之不易，其言："人当年少时，历世未深，志锐力强，多有发愤向上者。迨其历世日久，尘念日深，初志渐觉颓靡，后被外境所转，丧其所守者多矣。有一僧，早岁脱白，留心参究，超然弗与俗伍，山居寂寞，二十余年，人多称之。及其晚年，偶得几个俗汉归依，便欲出世，乃建寺立僧，开堂付法，一切勉强为之，卒之身名俱丧，为天下笑。《诗》云：'靡不有初，鲜克有终。'可不戒欤。"③ 与之相对照，元

---

① 元贤：《建置志论》，《永觉元贤和尚广录》卷19，《卍字新纂续藏经》第72册，第494页。
② 何晓昕等：《风水史》，上海文艺出版社1995年版，第164页。
③ 元贤：《续呓言》，《广录》卷30，《卍新纂续藏经》第72册，第574、575页。

贤虽然历世日久，云游参方，住持丛林，皈依者众，但自始至终秉持僧人操守，不忘为僧之本分，林之蕃赞誉元贤"特立独行，不为世风俗摇，譬雪中峨眉，拔地凌空，巍然迥出，世人孰不景仰"①，其可以无愧矣。

第三节　人际交游

元贤一再宣称自己出家乃是志在生死，性格亦不善世务，"非住庵之僧"，故而倡导默守、固穷之僧节。其《东警语》警示学人"为僧首要老实"，要"淡泊安心"，必须先断偷心，不要留情欲界，而且"乱世当善藏身，退而默守"②。《西警语》则要求为僧"宜守固穷之节"，"休图盛化之名"③。"固穷"之语出自《论语》"君子固穷，小人穷斯滥矣"之句，谓君子安于穷困，坚守志节。④

元贤不认同"天下无良友"的说法，其著《善友篇》推崇善友之益曰："友之谊尚矣。德不孤立，仁必有辅，功难独运，器非自成。虽据崇高之位，非友则不能安，虽怀琦瑰之资，非友则多自弃。"⑤ 其认定交友的原则是唯善是取："自世风既降，友道日衰，天下之称友者，利与情而已。或利有时而弗得，情有时而偶乖，则怨尤起；或求之己者约，求之人者备，讳己之所短，忌人之所长，则怨尤起。由是愤愤焉，告于

---

① 林之蕃：《永觉和尚广录序》，《广录》卷1，《卍新纂续藏经》第72册，第384页。
② 元贤：《东警语》，《广录》卷10，《卍新纂续藏经》第72册，第444页。
③ 元贤：《西警语》，《广录》卷10，《卍新纂续藏经》第72册，第444页。
④ 《论语》，人民出版社2015年李毅婷标点本，第203页。
⑤ 元贤：《善友篇》，《广录》卷16，《卍新纂续藏经》第72册，第476页。

人曰：天下无良友。天下无良友，岂尽友之弗良哉，则取友之道未善也。古之善于取友者，勿尽人之情，勿觊人之利，勿以所长盖人，勿以所短病人，亟亟焉唯善是取。"①

元贤性情如此，因此，他的人际关系并不复杂，其交游之人物（见附录一《永觉元贤交游人物表》）主要是以下三类。

一　白衣至交

元贤出家后与在俗之亲属尚保持联络，其有《归潭日示诸侄》诗云：

去家念载今来旋，白发衰颜敢自怜。故我已知难似昔，物情谁道更如前。

长城筑怨犹非计，巨石留身岂得坚。世事浮虚休苦虑，好将仁义继前贤。②

而另一首《归潭日寓天堂寺有感》则是对旧日"朋辈"的感慨：

重游梓里几经年，漫说溪山尚似前。朋辈殷勤怜故态，儿童惊怪问生缘。

柳梢垂露朝含翠，桑影摇风暮带烟。泡沫光阴全不久，何如共学祖师禅。③

---

① 元贤：《善友篇》，《广录》卷16，《卍新纂续藏经》第72册，第476页。
② 元贤：《广录》卷25，《卍新纂续藏经》第72册，第527页。
③ 同上。

"潭"，也称为潭城、潭阳、潭州，就是元贤故乡建阳。① 将以上两首诗相对照看，其所表达的意趣是一致的：先感慨离别多年，物是人非，然后用譬喻来晓谕这些亲朋故旧，"一切有为法，如梦幻泡影"（所谓世事浮虚、泡沫光阴），人生应有更好的追求。对子侄，他且以世间"仁义"相勉；对朋辈，则直以共学出世间的"祖师禅"为劝，这点在元贤劝建阳故交萧徼韦不要沉迷于风水学说上可为明证：

> 某自落发来，已经七白，欲亟见而无由也。今秋本立来山，忽接华翰，恍如觌面，欣慰欣慰。及开缄捧读，始知近以太夫人之故，旋旌梓里，而不忘故旧，远承念及，足见交情矣。第睽违既久，未悉起居，不识于本分上曾留心否？盖老丈生平，学要精，文要精，又闻如今地理也要精。更有一件，还精也未？某见海内许多名公大老，才长学博，睥睨千古，将朝政之得失，人物之贤否，著述之是非，一一之乎者也，说得滴水不漏，又远而天文，潜而地脉，微而气化，并须彻观洞见，如示诸掌，及轻轻向渠，问如何是你本命元辰，便茫然失措了也。宜急者偏缓，宜缓者偏急，至远者偏明，至近者偏暗，其故何哉？只为耳目心思，为外尘所惑，便忙忙外奔，逐一分别，所以似事事精明，若本命元辰，须是不为外尘所惑，情忘识绝，分别都休，始堪默契，故知之者鲜矣。②

---

① "古有大潭城。"见（嘉靖）《建宁府志》卷7，厦门大学出版社2009年版，第176页。
② 元贤：《与建阳萧徼韦明府书》，《广录》卷11，《卍新纂续藏经》第72册，第445页。

元贤认为，世人为外尘所惑，迷失了方向：所应急者，如生死轮回之苦如何解脱，反而不以为意；不应急者，如功名富贵等却着意追求，疲于奔命。风水等术不过是为了满足后者的需求，与佛法以解脱为终的相比，实在不值一提。

元贤的在俗朋友除了萧之外，更主要的是张达宇居士与沈槐庭居士，二位都是其未出家前学佛共修的朋友，他们一同组织净土社（从元贤与萧某书信中"社中诸友，唯老丈确有正信"来看，萧儆韦也是该净土社的社友之一①）。元贤出家之后，三人依然保持深厚的交情，这种情谊甚至延续到下一代人。元贤《祭张达宇居士》云：

> 崇祯癸未秋七月朔，住福州鼓山涌泉寺沙门某，谨以灵源之泉，凤池之茗，致祭于达宇张公大居士之灵而言曰：人之有生死，犹日之有昼夜，岁之有寒暑也。故生不足以为庆，死不足以为悲，所重在生而能善其生，死而能善其死，则非具大智慧大力量者不能也。余未脱白时，与公及怀庭沈公结净土社，二公皆笃信净土，而余独兼带于禅净之间。迨余脱白，遍参不能长聚首，然未尝不神交千里也。及余归闽，公独延余居金仙庵者三载，尤见眷恋之情。继居杭之真寂，闻沈公预自择日，沐浴更衣，端坐西逝，顶如炙焉，生西之证甚明，余为合掌赞叹，喜社中之有人也。迨辛巳之秋，归自金华，寓于三峰，公同沈公之子皆来会，彼此幡然，非复旧时颜面。及别余执手曰：木末残阳，光景几何，彼此老大，恐不复再相见也。彼此皆怅怅而别。今春有兴福之役，拟或得一见，未几而讣

---

① 元贤：《与建阳萧儆韦明府书》，《广录》卷11，《卍新纂续藏经》第72册，第446页。

音至矣，且闻其临终坐化，一如沈公，生死之际，超然得力如此，谓非具大智慧大力量者能然哉。大都沈以沉密胜，公以决烈胜，沉密则其功纯，决烈则其功猛，故皆能顿舍秽质，毓神净邦，善生善死，为圣人之徒也。但思二公皆先我着鞭，超然遐举，而余独后死，迟回浊区，良友既达，孤立无与，此则不能忘情于二公也。兹遣僧来奠，鄙不能文，特叙其相与之始末，及欣仰之私情而已，公其鉴之。①

这篇祭文作于崇祯十六年（1643）秋七月十五日，此中提及元贤与二位的交往经历，特别是元贤出家以后，三人"未尝不神交千里"。出家之后，元贤先后在无明慧经及博山无异处参学，天启三年（1623）至六年（1626）受张达宇居士之延请在瓯宁金仙庵隐修三年，二人得以再聚共学，"尤见眷恋之情"。崇祯十年（丁丑，1637），元贤居杭州真寂寺时，沈槐庭居士往生，《沈槐庭居士归西记》言其归西前后的情形说：

丁丑春，余居杭州真寂，闻公于旧冬十二月得病，自择日曰：廿六日吉，吾其行矣。是日辰刻，本立上人来问疾，公一见笑曰：望师久矣，将何以助吾行乎。本立曰：廿年来用的工夫，全在今日，公还受用得否。公举起数珠云：正好着力。遂呼诸子，披出正寝，设香案佛像，挺然危坐。时诸亲友皆来会，达宇居士呼曰：槐庭生死关头，切不可为恩爱所缚。公曰：屡蒙究竟，今得受用，但无以报道爱，遂举手谢之。光宇居士忽作吁声，公顾曰：嘎。诸子

---

① 元贤：《祭张达宇居士》，《广录》卷16，《卍新纂续藏经》第72册，第477页。

潸然下泪。公叱之，遂屏退妻子，但捏数珠念佛，自辰至午，诸亲友皆环绕念佛，有闻天乐声者，忽曰：时至矣，吾行也。乃举手当胸，别众长往。移时顶门如炙，停龛三日，颜色如生，合邑缙绅士庶，罔不赞叹稀有。邑侯沈公特旌之。①

元贤《祭张达宇居士》中提及，崇祯十四年（辛巳，1641）秋，元贤从金华归寓居三峰，张达宇居士携同沈槐庭之子沈君耀②与之相见，二人怅然而别，感慨"木末残阳，光景几何，彼此老大，恐不复再相见也"。崇祯十六年（1643）春，元贤以兴福寺修建之任，本拟得再相会，谁知张居士于此年亦归西矣，其往生之情形一如沈槐庭居士。

在元贤诞日之际，张达宇居士曾特地赴鼓山为其庆祝生日。③ 元贤在建阳妙高峰拜访张达宇居士，写下《妙高峰访达宇居士》一诗，内有"珍重古人情若海，依依恰似白云留"之句，足见二人情深义重。

值得一提的是，二人的交谊还延续至各自的下一代。崇祯五年（1632），十八岁的道霈往董岩参学，路过潭阳（即建阳）即与张达宇居士之子在妙高峰相识，相见甚欢，此子在张往生之后遂在鼓山从元贤出家，法讳太纯，字无一。道霈《阇黎无一纯公传》云：

阇黎名太纯，字无一，建阳水东张氏子。家世业儒，年七八岁

---

① 元贤：《沈槐庭居士归西记》，《广录》卷15，《卍新纂续藏经》第72册，第471、472页。

② 元贤有《送沈君耀居士还潭邑》，内中有"沈君故人子，千里来石门"句可以判定沈子即槐庭子。见《广录》卷24，《卍新纂续藏经》第72册，第519页。

③ 元贤：《达宇居士以诞日来鼓山，同游灵源洞，赋此致祝》，《广录》卷25，《卍新纂续藏经》第72册，第526页。

好放生，十二慕出家，父母不许。十七，博山无异和尚代座董岩，公往参礼，领狗子无佛性话。念四，补邑庠。有人相劝云：汝求出家，有何利益于人，不如做功名，如陆相公等，行菩萨行，岂不更妙？公遂发愿云：若使我得志，必使昆虫草木，皆得其所，头目髓脑，俱报佛恩。连三科不第，遂隐本处妙高峰，专提话头，时刻不放忽。一日早课，诵《楞严咒》至一心听佛无见顶相，豁然有省，得大庆快，遂有颂曰：顶门出入，应用无情。全凭自己，莫问他人。乃作《据本论》，先老人见之，深为赞叹。有群弟子，来求讲学，公为约云：我的法门，与诸学究不同，要吃斋学课诵，参究性命，一炷香后，方许开讲。诸弟子皆翕然从之，于佛法中，得生正信。三十六，在闻谷师太会下受菩萨戒。后古航和尚，从博山回，公同众于凤凰山下创报亲庵居之，每从请益。公父达宇居士，久依博山，留心参究。一日示微疾，端坐厅堂，亲朋围绕，手捻数珠，念佛而化，众皆叹仰，得未曾有。公益感发，遂矢志出家。先老人本与公先人，缔世外交，最为莫逆，乃以书招之。丙申春，为达宇公营葬毕，即辞家人，直抵鼓山。老人一见，大喜曰：此秀才出家榜样也。即为剃落……余年十八，往游董岩，道过潭阳，晤公于妙高峰，见其儒服而佛行，与语甚欢，知为有道人也。后二十四年，公入鼓山披剃，获与同堂，如隔世再逢，喜出望外。方二年而先师迁化，余忝继席，举公教授新戒，盖以德不以腊也。①

---

① 道霈：《阇黎无一纯公传》，《餐香录》卷2，《卍新纂续藏经》第72册，第623、624页。

此中提及，张达宇居士从博山参学，与道霈恩师元贤"缔世外交，最为莫逆"，居士往生之后，其子矢志出家，元贤遂去信招其子来鼓山，并为其剃落出家，赞其为"秀才出家榜样"，时在顺治十三年（丙申，1656，正所谓"后二十四年"也）。不久元贤即圆寂，道霈继席鼓山，他看重无一的德行委以重任，二人保持着极为深厚的情谊。

二 护法善信

佛教将护持佛法的责任委托给国王大臣，士绅作为儒家思想熏陶培育的社会精英阶层，其生活看似与佛教相远离，而实际上明末地方士绅参与佛教活动是较为普遍的，他们有些出资建造或修复寺院，有些成为僧人皈依弟子，有些乐于与僧人交往探讨深奥的修行问题。元贤的护法善信中有很大部分就是属于地方的这类士绅。

首先，寺院丛林住持虽以"四众推举"为重，但士绅作为护法善信可以推举僧人担任寺院住持，甚至有着决定性影响。元贤的住持"四刹"，尤其是鼓山涌泉寺、泉州开元寺皆是由地方士绅推举。如其住持鼓山涌泉寺就是由林之蕃与曹学佺等共同延请："明年先大夫赴阙，之蕃以计偕从，道由汾常，谒闻大师，始得瞻师道范，遂与曹雁泽宗伯暨诸善信延主鼓山。"[1] 曹学佺（1574—1646），字能始，一字尊生，号雁泽，又号石仓居士、西峰居士，侯官人，闽中十子之首，清兵入闽，自缢殉节，元贤《谢曹能始宪长来山见赠》诗，中有"大法垂秋仅一线，赫赫金汤赖有公"赞之。[2] 林之蕃，字涵斋，闽县人，崇祯进士，即元

---

[1] 林之蕃：《行业记》，《广录》卷30，《卍新纂续藏经》第72册，第576页。
[2] 元贤：《谢曹能始宪长来山见赠》，《广录》卷24，《卍新纂续藏经》第72册，第521页。

贤传记《行业记》作者，其自署为"赐进士出身奉政大夫吏部考功清吏司郎中前本部文选清吏司员外郎浙江道监察御史菩萨戒弟子林之蕃"，是一位居官清廉有声、奉公洁己的士人，《竹间十日话》记其事云：

> 崇祯癸未进士林之蕃，字函斋。曾祖堪，祖材，字楚石，见郡志及《明史》。父弘衍，援忠谏荫官，备兵温台。公以名进士，观政户部，出为浙令，有清操。甲申变革，闭户断荤，发大誓。唐藩入闽，故相国胤冈朱公、石斋黄公造庐请共事，公谢以时世。二公辛以御史举荐，公扶病强应，退隐吴航唐屿。值海氛恶，徙归，居嵩山藏山堂，以画兰竹自况。与方密之、金道隐、鼓山为霖和尚为禅悦交，当轴谋劝驾，累以衰老辞，其所著诗文散见各书。①

林之蕃有《呈赠永公大师》等与元贤往来，元贤八十寿诞林之蕃居士偕同福州城内外诸山大德为之祝寿供斋，② 足见二人关系之密切。而正如《竹间十日话》所载，他与元贤弟子道霈为禅悦交。道霈于康熙十年（1671）秋辞去鼓山住持，此前他就与林之蕃商议是否请觉浪道盛弟子石潮大宁续任鼓山住持：

> 至辛亥秋倦于接纳，适法侄石潮宁公入山省觐，乃为林公孔硕议曰：昔博山老人开法此山，雪关继之，先师重兴，某忝继之。浪杖人曾住此山，未有继之者。今宁公是其的嗣，愿请继席，以续浪

---

① 郭柏苍：《竹间十日话》，海风出版社 2001 年标点本，第 13 页。
② 元贤：《广录》卷 4，《卍新纂续藏经》第 72 册，第 404 页。

公一脉。某疲津梁，因得休退，是公之赐也。公欣然力荷其事。①

此中提及博山开法鼓山，事在天启七年（1627），继之者为其弟子雪关禅师；而浪杖人即觉浪道盛（1592—1659，字觉浪，号杖人），东苑系元镜法嗣，其于崇祯十四年（1641）由护法曹学佺等延请住持鼓山，当时的理由是元贤久住真寂未归。以上几次鼓山住持的变更都与大护法有关，可见曹学佺、林之蕃等护法居士在鼓山住持之席人选安排上所具有的重要影响。②

其次，士绅参与寺院的修建、大型法会等活动。寺院修建方面，如鼓山涌泉寺禅堂，"大中丞邵公捷春之所建也"③。元贤翠云庵是由当地黄氏族人捐地五亩而成，黄氏"皆醇醇儒生，有长者风"④。还有就是大型法会的参与，特别是大悲忏法会等活动："大司空汉奉郑公、恤部苏门黄公、仪部联岳朱公及诸缙绅，为祝釐于建州净慈禅院，修大悲忏法圆日请普说。"⑤ 此外，元贤往秀水迎请方册藏经，就是由滕秀实居士"慷慨挥金"资助的。⑥

一般来说，这些出资的护法居士作为寺院的"大功德主"很容易就会形成凌驾于僧团或僧人住持之上的心理，而这是佛教传统以僧伽为中心的原则所不允许的——但在明末应是十分常见，这也是元贤强调出家

---

① 道霈：《旅泊幻迹》，载《还山录》，鼓山刊本。
② 这种影响的评估要根据具体的情况而言。就道霈辞去住持一事，其间就有很多矛盾集中在此。详见拙著《为霖道霈禅师》，厦门大学出版社2010年版，第121、122页。
③ 元贤：《重建鼓山涌泉禅寺记》，《广录》卷15，《卍新纂续藏经》第72册，第470页。
④ 元贤：《翠云庵记》，《广录》卷15，《卍新纂续藏经》第72册，第469页。
⑤ 元贤：《广录》卷6，《卍新纂续藏经》第72册，第418页。
⑥ 元贤：《请方册藏经记》，《广录》卷15，《卍新纂续藏经》第72册，第467页。

人应保持僧格的原因。元贤对于滕秀实居士之赞颂即指明了护法居士在这方面应有自知之明:"素封之家,多不乐施与,即乐施与,亦多恃财自矜,好谀悦佞,或逐势炎凉,随时上下,虽有施与,而实德则病矣,唯公则异于是。"①

最后,士绅们往往拥有较好的文化素养,他们对于元贤这样一位由儒生而入佛的僧人抱有浓厚的兴趣。

一方面,他们之间往往有诗词的唱和。鼓山诸僧以元贤最有诗才,流传下来的诗也最多。仅据《鼓山艺文志》和《闽僧诗钞》等收录的元贤诗统计,共有24首(还有一联残句),其中与士大夫唱和的就有7首,如《谢曹能始宪长来山见赠》等。当然,《广录》卷二十四、卷二十五、卷二十六所收绝不止此数。在士人的诗集里,也有许多给元贤的诗,如林之蕃《呈赠永公大师》,徐惟起《答永觉禅师次韵》等。② 元贤诗清淡空灵、富于禅思。最著名的莫过于《秋兴》:"悄然坐荒坞,风清况益清。茶烟迷竹色,梵韵杂蛩声。树古足蝉噪,帘空挂月明。更阑发深醒,孤鹤岭头鸣。"③

另一方面,元贤会通儒释,时常向这些士绅探讨理学问题,这点在元贤与泉州诸士绅的书信来往中尤为明显。元贤《与蒋八公太史》云:

儒释虽分途,而终无二性,但儒用之以经世,释用之以出世。经世故,止谈人道,止谈现在;出世故,广谈十界,备说三世。其

---

① 元贤:《祭滕秀实居士》,《广录》卷16,《卍新纂续藏经》第72册,第477页。
② 马海燕:《诗文、茶与牡丹:鼓山僧与明清士子的交游》,《福建宗教》2006年第4期。
③ 元贤:《秋兴》,《广录》卷24,《卍新纂续藏经》第72册,第525页。

教似分，而实合也。居士独能广涉儒释，精研一性，在温陵可多得哉。但夫子所言性与天道，决不可闻，所以重默识，欲无言，大有深意。此一着子，更愿留神，庶几孔子心肠，释迦命脉，总在居士手中耳。①

在此，元贤认为儒释虽然分途，但终无二性，只是释不仅能经世还能出世，有高于儒家一着也。元贤《与黄季弢先生》中更直言不讳，对理学之弊加以批评，其言曰：

温陵一郡，贤豪最多，科甲最繁，独于理学一门，大为欠事。前辈虽有虚斋紫峰诸老，用心最苦，然皆缚于训诂义学，其于根本之地，实自茫然矣。今老居士独能主张理学，肩道南之一脉，诚可谓空谷中跫音也。但更须知有离文字出知解一着子，不然，虽日讲良知明至善，亦何以异于训诂之学哉。②

众所周知，泉州乃是海滨邹鲁，故有"满街都是圣人"之誉。此中黄季弢先生即是当地理学名家，元贤对其尚且如此，更何况其余。

当然，元贤也会直接向这些学禅的士绅指点一二。黄季弢、曾二云、吕天池、张二水（即张瑞图）、傅幼心都是泉州当地著名士绅，是

---

① 元贤：《与蒋八公太史》，《广录》卷12，《卍新纂续藏经》第72册，第449、450页。
② 元贤：《与黄季弢先生》，《广录》卷12，《卍新纂续藏经》第72册，第450页。

迎请元贤入泉州开元寺的主要护法居士，① 他们也是敦请和协助元贤撰修《泉州开元寺志》的主要人物。② 其中张瑞图地位最为显赫，他是万历三十五年（1607）进士，授翰林院编修，后以礼部尚书入阁，晋建极殿大学士，加少师，善书法，与董其昌、邢侗、米万钟齐名，有"南张北董"之称。值得特别一提的是，张瑞图与明末著名的传教士利玛窦有过接触，他对天主教应有一定的了解。③ 元贤有《与张二水相国》二书，其一云：

> 某冒据紫云，结制两期，但虚费舌头而已，非独无一人稍通其意者，即求一真实参究之士，亦不可得。盖我宗门下，无意识领略底禅，无逐段商量底句，直要渠向全无缝罅处透入，通身脱落后承当，其或未能顿领，始有看话头等法。盖是死尽其偷心，庶几天光自发也。近日宗风大变，率尚虚头，师徒授受，专学答问，学拈颂，文字稍通者，则冬瓜印子付之，自误误他，甚至饮酒博奕戏笑猖狂，自谓我宗下人，不受绳检，不拘小节，视吾辈所劝勉，直以为老婆禅而已。呜呼！宗风欲灭，魔鬼兴妖，静言思之，良可痛哭。但某力绵识劣，不堪大任，故思打退鼓，屏息于青山白云之中，煨折脚铛度日而已。兹归鼓山，未及躬叩，谨以寸楮布谢。④

---

① "是冬张二水相国吕天池侍郎仰师道化，率众请入泉州开元寺。师知机缘已稔，始开堂结制，四众云集，怀中瓣香，特为无明老人拈出。明年，相国二云曾公时分宪泉南，访师为建殿开元，以《楞严》义奥，请师疏之。"林之蕃：《行业记》，《广录》卷30，《卍新纂续藏经》第72册，第576页。

② 元贤：《泉州开元寺志序》，《开元寺志》，《中国佛寺史志汇刊》第2辑第8册，台北明文书局1980年版，第5、6页。

③ [法]谢和耐：《中国与基督教》，耿昇译，商务印书馆2013年版，第31、32页。

④ 元贤：《与张二水相国》，《广录》卷12，《卍新纂续藏经》第72册，第449页。

元贤第一次于泉州开元寺结制在乙亥冬（崇祯八年，1635），第二次为崇祯十五年（1642），从此信所言"结制两期"来看，则元贤此信当作于崇祯十五年第二次结制后返回鼓山之际。此信中元贤除了向张瑞图感慨宗风之颓败外，也显露出自己在泉州的弘法并不如意，特别是"非独无一人稍通其意者，即求一真实参究之士亦不可得"一句，这样露骨的批评实际上也把张瑞图、黄季叕、曾二云等泉州佛教学人都包括在内了。当时泉州的学佛者主要以净土修行为主，禅、教（天台、华严等）诸宗虽有学者，但已是难以为继了。①

三 同参弟子

这方面主要以出家人为主，弟子指的是元贤的剃度弟子、参学弟子（含嗣法弟子②）、受戒弟子（含付戒弟子③）等；为便于说明，此处"同参"的含义较为宽泛，凡亦师亦友或不在各类弟子之列的皆归于此。

元贤之弟子，据《行业记》载："所依从率三百余人，问道受戒者，不啻几万人，得度者共若干人。"④ 部分如参学弟子古樗（也是元贤付戒弟子）、剃度弟子纯一等前已述及，兹不一一列举，详见附录一。

此中本立上人值得特别提及，他与元贤关系十分密切。本立，建阳人，原为圣泉寺僧，元贤年长其十一岁。⑤ 后追随元贤，元贤《送本立

---

① 马海燕：《略论明末清初的闽南佛教》，《闽台文化的多元诠释》第 2 册，厦门大学出版社 2013 年版，第 457—468 页。
② 嗣法弟子仅一人，即道霈，详下章再论。
③ 付戒弟子仅六人，另加道安为七人，详下章再论。
④ 林之蕃：《行业记》，《广录》卷 30，《卍新纂续藏经》第 72 册，第 578 页。
⑤ 元贤七十五岁时，本立六十四岁。见元贤《送本立上座归潭阳》，《广录》卷 24，《卍新纂续藏经》第 72 册，第 522 页。

上人归山序》介绍其生平云："建阳本立上人者，其殆庶几焉。上人初受业于圣泉，来从余游，始发大志，及谒寿昌老人，遂谢绝外缘，誓明己事。次入博山，陶炼益久，仍适越抵吴，遍参云栖、显圣诸大老，久之返锡闽中。"① 本立参学多方，也曾参于无明慧经、博山无异等人座下。从元贤《与建阳萧儆韦明府书》及《沈槐庭居士归西记》等来看，本立与元贤净土社那些故旧都是相识的，时常作为信使为他们往来传递消息。

附录一之中，一些人物虽然仅仅出现一次，但并非一定属于次要人物。② 例如，元贤同参中有两位最值得注意，一是支提寺樵云律师，二是如是法师。

樵云律师，闽南民间俗称"龙裤国师"③，元贤有《祝支提樵云老师八十寿》诗。④ 明末四大高僧之一的蕅益智旭曾为之撰写塔铭。蕅益大师《灵峰宗论》卷八之三《樵云律师塔志铭》云：

予在江外，即闻樵云关主，以苦行实修，为八闽敬仰。戊寅冬，渡洪塘，趋温陵，担役愚夫，皆能言其为众之切，自课之勤也。未几，闻讣，恨缘薄，不及一晤，赋短章哀之。越二年庚辰，予至漳南，高足如田，遵遗命营全身塔于石室之岭，请予铭。按师

---

① 元贤：《送本立上人归山序》，《广录》卷13，《卍新纂续藏经》第72册，第455页。
② 有些人物《广录》中未必提及，如据闽南永春发现的一块古代和尚塔墓的铭文记载，该墓主人为铁山和尚，安溪人，生于万历三十五年（1607），曾"上鼓山依永觉和尚座下"，可见他也属于元贤参学弟子之一。见林少川《泉南到处少林风》，《闽南》2015年第6期。
③ 念西法师：《龙裤国师传》，漳州南山寺印本。
④ 元贤：《祝支提樵云老师八十寿》，《广录》卷24，《卍新纂续藏经》第72册，第521页。

为澄邑新安周氏子，出家漳之开元寺，法名真常，樵云其别号也。儿时以瓦缶竹木列为瓶锡，父知其志，舍入寺。寺为罗汉琛禅师道场，师剃度时，即有慕琛之心。谒南山闲寂老人，禀尸罗要旨，咨净土法门。既于堆云岭头建亭施茗，每经残月下，一虎当途，师以杖叩云：此往来要道，慎毋面目憎人。虎驯去。次于三台石室，瓦釜绳床，课经枯坐。阅三载，拟欲他往，闻空中有声留之。乃启建佛殿，结构僧寮，额其岩曰闲云石室，盖闲寂老人曾于此栖迟故也。闭关峭坐，寝食俱忘，道风日著，檀信日归，嗣是设华严堂，辟接众舍，延待十方，尽心尽礼，爰感五台无静律师，为不请友，飞锡关前，为师圆具。从此茸三山之大藏，兴支提之辟支，参无尽法师于天姆，觐普门大士于普陀，乃至游历南华，肖六祖栴檀之像，复归石室。又以行脚多年，律学疏旷，北登五台，重咨心地，然后开甘露戒品于温陵古莆诸处，而一以净土为指归。师一生笃实苦行，普心接纳，于禅讲名流，尤虚怀靡间，盖其乐取人善，年弥高而德弥谦。故不必挥麈竖拂，已可扶宗教之衰矣。世寿八十有三，法腊五十有奇。剃度若干人，戒子不啻万指。①

由此可知，樵云律师俗姓周②，出家于漳州开元寺，法名真常，别号樵云，以苦行闻名，后入主支提山华严寺，八十三岁圆寂。关于其律师身份，林观潮先生曾指出："后来樵云'又以行脚多年，律学疏旷，北登五台，重咨心地'，这说明樵云北上五台学律，养成律师资格。此

---

① 蕅益：《樵云律师塔志铭》，载《灵峰宗论》卷8，莆田广化寺印本，第662、663页。
② 按：民间传说其俗姓郭，见念西法师《龙裤国师传》。

后樵云回到福建，才能'开甘露戒品于温陵古莆诸处'，即在泉州、莆田等处开坛传戒。"① 明末五台山主要是以古心系的律宗授戒法系人物为主。② 就目前资料及研究而言，只能说樵云大概是属于律宗授戒法系的律师，因为樵云在律宗方面具体的师承关系尚未确知。但他至少是属于从古心系律师受具者。③ 樵云受戒弟子众多，不过，清代支提山华严寺僧以临济法派为主，他们主要是从鼓山受戒。④

另一位如是法师，笔者以之为革新授戒法系的代表人之一。如是，讳宏思，一字诵帚，晋江人，出家于泉州开元寺。元贤有《答如是师》云：

> 金仙一别，屈指十霜矣。忽辱华翰慰谕，知高谊不忘念不慧也。但过誉种种，令人增愧，兼承珍锡，顶戴曷宁，承谕：邪风流布，莫甚今日，此实法门之深忧。奈不慧人微望轻，德凉智浅，又安能回狂澜于既倒乎？区区之望，实愿诸贤竞起，共扫魔踪，庶几再见汉官威仪也。泉城诸友，既能共究台宗，扶佛正法，诚为不易，此又法门之深庆也。但台宗最为精密，未可草草，亦必须兼善他宗，方可独崇本旨，其尤可痛惩者，不可堕在义学社火里，必当

---

① 林观潮：《明末闽南高僧樵云真常律师》，《闽南佛学》第7辑，宗教文化出版社2010年版。

② 马海燕：《五台山"宗师"考论》，《五台山研究》2014年第1期。

③ 在明清时期，律师特别是传戒律师一般都有传承，即"戒本"的授受，樵云没有这方面的记载。樵云最早从闲寂老人学习尸罗要旨，闲寂老人即闲寂和尚，万历《漳州府志》卷三十三有传，多叙其义学方面的造诣，称其"遍访丛林，研心藏经，得声闻之学，十余年乃归"，与他律学有关的介绍仅有"自号闲寂和尚"，"和尚"之称乃律师所尊，目前无资料显示闲寂老人有律宗方面的师承。见万历《漳州府志》卷33，厦门大学出版社2012年版，第2192页。

④ 关于此，详见本书第三章第三节。

冥修内观，以求正悟可也。若观谛未忘，坐在玄妙窠臼中，则圆顿之旨，止是路途茶饭，况内观全无，但逐语言生解，只在争竞是非上过日，岂是大丈夫之事哉。余每谓，天台一宗，自四明之后，变成义学，竟不知智者亲见灵山一会是何境界，可不悲哉？惺谷师刚肠直履，固所素闻，但当相见时，乃己事未明，而急于判论是非，未免至明人前，有三尺暗也。所遗笔记，或此之类，则足下不可不再审也。伏惟慈炤，不宣。①

内中提及，元贤与如是师其实十年前在金仙庵之时即已经相识。还有一位刚肠直履的惺谷师，其与如是都是蕅益大师的至交。惺谷，讳道寿，温陵何氏子，俗名启图，曾参学博山无异门下，后"东游武林，访无尽法师于天台"，与蕅益智旭大师为"共缔千古盟"的至交，被其赞为"最奇人也"，《灵峰宗论》有传及《刻惺谷禅师笔语序》等。② 对于如是法师，蕅益曾作《诵帚师往生传》云：

> 师讳宏思，一字如是，晋江溜粤人。族姓陈。髫年入郡之开元寺，礼湛然精舍肖满全公为师。薙发后，喜诗文，不理钱谷，气节昂然，缁素咸敬惮之。年二十七，忽发出世心，盟月台心默师及惺谷何居士，为生死交。朝夕参究大事，忘形破格。风雨寒暑，弗替也。时温陵佛法久荒，闻熏乏种，师独与惺谷鼓舞数人，谒博山无

---

① 元贤：《答如是师》，《广录》卷11，《卍新纂续藏经》第72册，第448页。
② 蕅益：《璧如惺谷二友合传并赞》，载《灵峰宗论》卷8，莆田广化寺印本，第629页；蕅益：《刻惺谷禅师笔语序》，载《灵峰宗论》卷6，莆田广化寺印本，第485页。

异禅师，受具戒。苦参无字，胁不着席者三年。异师悯其勤，恐致病，说调琴喻劝之。稍稍宴息，终不解衣。师志远大，纵有省悟，不自足，亦不轻举似人。同辈视师若木讷，师固是非了，洞如秦镜矣。离博山、游浙直，习教观于幽溪。鉴末世暗证之失，遵永明角虎之训，遂神栖安泰，期以万善同归。追惺谷薙草，师以受惺谷教益最深，欲推为先腊。且博山受戒不如法，遂舍前所授；礼季贤师为和尚，觉源、新伊二法师为阿阇黎，次惺谷进比丘戒，兼进菩萨大戒。结夏，听予律要。次年，惺谷师西逝，师以全公年迈，归侍。创八关社，接引居士，从此温陵缁素，始知有如来正戒。师自视欿然，惟明师良友是念……①

此中值得注意者有二：首先，如是与惺谷二师皆有志于研究天台之学，这就不难理解元贤《答如是师》中何以要对他说及台宗修学之难；其次，如是师曾于博山无异处受具，但因为他认为"博山受戒不如法，遂舍前所授"，自己用新方法来重受比丘戒、菩萨戒。此事在蕅益大师《退戒缘起并嘱语》中亦曾言及："三月尽，惺谷同如是昉公从金陵回，至龙居，请季贤师为和尚，新伊法主为羯磨阇黎，觉源法主为教授阇黎，受比丘戒。"② 实际上，博山无异的戒法来源与元贤是一致的，都是源于莲池大师。如是批评博山戒法，蕅益传中"从此温陵缁素，始知有如来正戒"等同时也就是对元贤戒法的否定——如前所述，元贤在泉州也有开坛传戒。

---

① 蕅益：《诵帚师往生传》，载《灵峰宗论》卷8，莆田广化寺印本，第632、633页。
② 蕅益：《退戒缘起并嘱语》，载《灵峰宗论》卷6，莆田广化寺印本，第449、450页。

此外，虽然《广录》中未曾提及元贤与蕅益大师的交往，但二人之间实际上有一定联系。蕅益（1599—1655），俗姓钟，字蕅益，别号八不道人，江苏吴县人，博通禅台诸宗，学问博洽，世所罕匹，是明末四大高僧中最后一位，可以说身兼三大师之长："思乐土可归，羡莲师而私淑；纲宗急辨，每怀紫柏之风；护法忘身，愿续匡山之派。"① 笔者以之作为革新授戒法系的主要代表人物。蕅益《灵峰宗论》卷五有《与永觉禅师》：

  法运日讹，老成凋谢。兽蹄鸟迹，交于中国。乳臭小儿，竟称宗主。拈花微旨扫地，至此不惟可悲，亦可耻矣！唯老师耆年硕德，坚握寿昌"不肯"二字心印，不必频呻哮吼，狐狂已为丧气。兹者泉南隙地，膻风虽已时来，毒气幸未深入。老师正应久住此方，防护外邪，养育善种。但令二三志士，得接老师法脉，将来魔党败后，泉南佛国，一灯可遍布天下也。不肖幻缘所牵，未能执巾瓶，犹冀法驾早临，庶获一晤慈颜，兼欲委陈生平苦心，故敢冒昧，辄助劝请。②

将蕅益此信结合《诵帚师往生传》来看，蕅益所言虽然是对元贤的赞许，但这仅限于寿昌一脉的"传灯"而已，也就是说，他只是认为元贤在闽南地区弘扬禅法方面尚属大有作为，至于戒法（传戒）等方面他大概就是有所保留了。

---

① 蕅益：《毗尼事义集要缘起》，载《灵峰宗论》卷6，莆田广化寺印本，第446页。
② 蕅益：《与永觉禅师》，载《灵峰宗论》卷5，莆田广化寺印本，第394页。

第四节 弘化特点

历史上，每一位高僧大德在弘法方面都有其特色，这既与弘化者自身的素养及性格特征有关，也与特定的社会形势、时代风潮密切关联。明末佛教界有所谓"四大高僧"出世，四大高僧者，云栖袾宏（莲池大师）、紫柏真可、憨山德清、蕅益智旭四人。其中，元贤与蕅益之交往已如前述。从资历上说，蕅益对元贤尚须以晚辈自居，而对于另外三位大师（尤其是莲池、紫柏）元贤始终以师礼恭敬之，他们对元贤的弘化有着深刻的影响。

一 末法良规

元贤弘化的总原则是不贪进，不过侈，取其中道。元贤曾说："古人应世之法，必静以守之，渐以需之，量力以行之，使我之力量常有余，则不困不穷，事乃克济，若好大喜功，急于有为，则力小而任重，鲜不仆矣。"① 又云："丧己而为人，吾宁避人而守己，非以守己为贤也，守己犹可以为人，丧己必巧于误众，是肆其恶也。轻用而多取，吾宁寡取而俭用，非以俭用为贤也，俭用犹可以养廉，轻用必曲于干众，是长其贪也。"② 他虽然性格孤僻，以傲骨凛然著称，但其行事实际上是较为谨慎的，强调坚守本分衲僧的职责。

首先，这主要体现于他对社会时局的政治态度和应对方式。元贤可以作《崇祯皇帝遐升礼忏疏》《崇祯皇帝遐升礼忏表》，但此仅是"晨

---

① 元贤：《续呓言》，《广录》卷30，《卍新纂续藏经》第72册，第574页。
② 元贤：《呓言》，《广录》卷29，《卍新纂续藏经》第72册，第567页。

昏致祝之勤",而非"股肱效忠之力"①;他也可以秉持强烈的民族意识,对鼎革之际的异族统治、对清兵的屠城杀戮表示不满,可以在沦陷之后"掩扉撤座,竟不上堂拈香"②,甚至于说出"满朝袍笏迎新主,一领袈裟哭旧王"③,但鼓励僧人拿起武器参与战争,绝非其所愿,其作《僧兵叹》对僧人"摇头掉臂出兰若,日思争战类修罗,袈裟直付东流水,身披铠甲肩荷戈"④加以劝诫。他的"真忠孝""真节义"还是以僧人的方式加以表达,如拜经礼忏、赈灾救济、收葬骸骨(特别是抗清志士的遗骸)等。

其次,元贤这种原则乃是以莲池大师为榜样。元贤在"禅本寿昌、戒本真寂"之外,其最奉为楷模的就是莲池大师。在元贤《续呓言》中,他更明确说末法之世为僧弘化应取则于莲池大师:

> 末代弘法,魔事必多,贪进者必取辱,过侈者必招非,知此,即为摄伏魔军之第一策。如万历间,达观、憨山二老,皆名震一时,以不达此意,卒至罹祸,岂可曰无妄之灾,而尽委之命乎?唯云栖老人,谨密俭约,一步弗苟,故虽享大名,而善始善终,绝无魔事,真末法之良规也。⑤

在讨论达观、憨山二老罹难事件之前,且看元贤对二老的态度。真

---

① 元贤:《崇祯皇帝遐升礼忏疏》,《广录》卷17,《卍新纂续藏经》第72册,第487页。
② 李元仲《史感》中对元贤的评价谈及。见黄曾樾先生《永觉和尚广录探微》。
③ 据说此是元贤所作诗句。见黄曾樾先生《永觉和尚广录探微》。
④ 元贤:《僧兵叹》,《广录》卷24,《卍新纂续藏经》第72册,第522页。
⑤ 元贤:《续呓言》,《广录》卷30,《卍新纂续藏经》第72册,第574页。

可（1543—1603），俗姓沈，吴江（今属江苏）人，字达观，晚号紫柏，世称为紫柏尊者。元贤《广录》中多次提及紫柏老人，因其倡刻方册藏经，元贤对其还是较为仰慕的，如《请方册藏经记》中对其人品评议说："吾观紫柏之悲心热肠，如惜命根，如救头然，而后人乃若秦人视越人之肥瘠，非徒无益，且因以为利焉。人品之相悬，何至此乎？"① 元贤还有《达观大师赞》《读紫柏老人集有感》等对其评价甚高："其骨若刚，其气如虹。肩荷大法，力振颓风。如护君父，岂顾厥躬。虽罹其难，法门之忠。"② "志弘大法早捐躯，一片苦心如赤日。"③ 而对于憨山德清，元贤不仅无"赞"，而且似乎对其所作《无明和尚塔铭》表示不满。元贤《无明和尚行业记》引语中言："后执事者，请塔铭于憨山大师，述先师入道机缘，率多失实，胸中殊芥蒂。"④

达观、憨山罹难在明末属于轰动一时的事件，社会上各种传闻皆有。⑤ 有传言憨山与紫柏之间关系较为紧张："憨山大师名德清，其行辈稍后紫柏，而相厚善，后以争名利稍疏。"⑥ 达观之祸是因为"妖书之祸"⑦，《万历野获编》卷二十七《紫柏祸本》言之甚详：

---

① 元贤：《请方册藏经记》，《广录》卷15，《卍新纂续藏经》第72册，第467页。
② 元贤：《达观大师赞》，《广录》卷21，《卍新纂续藏经》第72册，第504页。
③ 元贤：《读紫柏老人集有感》，《广录》卷24，《卍新纂续藏经》第72册，第520页。
④ 元贤：《无明和尚行业记》，《广录》卷15，《卍新纂续藏经》第72册，第472页。
⑤ 有关憨山德清事件的研究可以参阅江灿腾《晚明佛教改革史》（广西师范大学出版社2006年版）第二编内容。
⑥ 《万历野获编》卷27，《明代笔记小说大观》第3册，上海古籍出版社2005年标点本，第2626页。按：以下所引《万历野获编》关于憨山与紫柏的关系论述，只是作为参考，说明当时社会上有这类传言而已。而据其他文献或学者论述，二人关系十分密切，有着深厚的情谊。参见赵伟《崂山道教与佛教研究》，人民出版社2015年版，第214—216页。
⑦ 元贤：《请方册藏经记》，《广录》卷15，《卍新纂续藏经》第72册，第467页。

紫柏老人气盖一世，能于机锋笼罩豪杰，于士大夫中最赏冯开之祭酒、于中甫比部。于即冯礼闱弟子也。紫柏既北游，适有吴江人沈令誉者，亦其高足也，以医游京师且久。值癸卯秋，中甫以故官起家至京，时次揆沈归德为于乡试座师，其时与首揆沈四明正水火，而于于师门最厚。时，太仓王吏部冏伯，与于同门，日夕出入次揆之门，四明已侧目矣。会江夏郭宗伯以楚事劾首揆待命，郭与于同年中莫逆，于之召起。王、郭俱有力焉，因相与过从无间，首揆益不乐。沈令誉因王、于之交，亦得与郭宗伯往还，每众中大言以市重。适妖书事起，巡城御史康丕扬捕令誉，搜其寓，尽得紫柏、王、于二公手书，入呈御览，上始疑臣下与游客交结，并疑江夏矣。紫柏书中又云："慈圣太后欲建招提见处，而主上靳不与，安得云孝？"上始大怒，狱事遂不可解，然未尝有意杀之也。紫柏自以狴犴法酷，示寂于狱，槎归屡示灵异，比及荼毗，得坚固子无算，今遗塔在径山中峰，沈令誉者亦从轻典放归，足征圣主之无成心矣。①

按，万历二十八年（1600）达观因为为南康太守吴宝秀奔走营救，得罪权贵与宦官，万历三十一年（1603）遂有"妖书"之祸。所谓"妖书"指的是《国本攸关》一文，其副题为《续忧危竑议》，事关太子改立及宫廷内部纷争，忌恨者乘机诬陷达观就是妖书的造作者，遂被

---

① 《万历野获编》卷27，《明代笔记小说大观》第3册，上海古籍出版社2005年标点本，第2625页。

捕入狱。① 此卷《憨山之谴》亦言及憨山罹祸之一端：

> 紫柏名振东南，缙绅趋之如骛，憨自度不能胜，乃北游至山东莱州即墨县之大劳山，有一废兰若，因葺而居之。道俗皈依，名其地曰海印，渐成大丛林。大榼辈慕之，争往顶礼。时，慈圣太后官近幸张本者尤尊信，言之太后，内出全藏经赐之。时分赐者不止劳山一处，张本遽填海印寺给与，一时缁素俱艳妒之。适即墨有无赖羽人耿义兰者，诡云其地曾为道院故址，今宜复归黄冠，其意不过需索金帛耳。憨既不酬，且诟辱之，义兰忿甚，遂入奏于朝，又捏造道官故名，自称道童。上大怒，命缇骑逮德清至京治之。拷掠无算，尽夷其居室。憨系狱良久，后始谪发粤中充戍，而张本者至以诈传懿旨论死。盖主上素信竺乾，但事涉官闱，必震怒不解，加等大创。此乙未年事也。②

在同卷《禅林诸名宿》中还比较了莲池、紫柏与憨山三大师的弘化风格：

> 竺乾一时尊风，尽在东南，最著则为莲池、达观两大宗主。然二老行径迥异：莲专以西方直指化诱后学，达则聪明超悟，欲以机锋言下醒人；莲枯守三条，椽下跬步不出，达则折芦飞锡，所在皈

---

① 潘桂明：《中国禅宗思想历程》，今日中国出版社1992年版，第556、557页。
② 《万历野获编》卷27，《明代笔记小说大观》第3册，上海古籍出版社2005年标点本，第2626、2627页。

依。二老各立教门,虽不相下,亦不相笑。其后达老示寂狱中,莲柎膺悼叹……憨山归自粤中,声誉转盛,来游吴越,一时俊少,以得奉盘匜、涤溲器为幸,而大家妻女檀施,悲泣求片语拔度而不得,盖雪、憨所至皆然。雪先下世,憨则至今神旺如盛年,乃謦欬间,多趋缙绅谈时局,以是信向者愈繁。又作达老塔铭,语含讥讽,识者遂微有后言。①

从上可见,三大师中,紫柏、莲池德高望重,二人惺惺相惜,风格虽然迥异,彼此却是莫逆,时人对于憨山德清则多有贬语,甚至有以之为妄自尊大、嫉妒前贤者。值得注意的是,此中憨山所作《达观塔铭》饱受争议,可见《无明和尚塔铭》受到质疑绝非个例。

正是汲取三大师在弘化方面的经验和教训,因而元贤认定莲池大师谨慎俭约的方式最为适宜,这种风格也在鼓山系第二代道霈禅师及其后人中得到继承,② 可以说是鼓山法系之所以能够绵延至今依然兴盛不衰的秘诀了。

二 弘化特点

在不违背总原则的情形之下,元贤的弘化主要可以归结为如下四个特点。

(一)以道为本,以通为末。所谓"道"即成佛之道;所谓"通"

---

① 《万历野获编》卷27,《明代笔记小说大观》第3册,上海古籍出版社2005年标点本,第2628、2629页。
② 道霈弘化的特点在于具有鲜明的山林佛教特色,他重视信仰,规范丛林,包容内敛,圆融无碍,宣扬感应,普化世间。见拙著《为霖道霈禅学研究》,宗教文化出版社2012年版,第248—257页。

即神通。元贤论述"道"与"通"的关系说：

> 释氏之学，道其本也，通其末也。法当务道，道成而通发矣。若意在求通，则必失道。道失而通得，是为魔事，况通亦必失乎。故正见者，宁得道而无通。非厌通也，法不可务也。且通之法，大略有五：有修大乘而得者，有修小乘而得者，有修凡夫乘而得者，有修外道法而得者，有因宿习感报而得者，大小不同，邪正亦异，未可概而齐之。是篇如瑞岩扣冰，则古圣垂迹，无可异者。其余或偏获小果，或尚滞凡夫，或落鬼伦，或出外种，或亦大权菩萨，方便摄化。既有数种差别，不容概抑，讵可俱扬？在俗之士，固莫能辨。出俗之英，应知所务。若徒见异迹而生欣，必将流邪辙而莫返，可不慎欤？①

元贤认为，道为本，神通为末，学佛应以解脱成佛为追求，不可意在贪求神通，如此就是本末倒置。具足正见者，宁得道而无通，也不可得通而无道，堕入魔事，也就是禅宗常说的"只贵汝知见，不贵汝行持"，行持再好，知见有误即是邪路、魔道。当然，元贤也不是完全否定神通，他认为得神通有五种方式，其中有邪有正，不可一概而论，只是一般人无法明晰辨认，故而为僧者应为世间俗人作榜样，不可徒慕神通误导他人。

元贤如是说，亦如是行，其被世人誉为"古佛再来"，他的弘化活动中常有"神通示现"，但是他不会轻易向人言及这类事迹。《行业记》

---

① 元贤：《达本论》，《广录》卷19，《卍新纂续藏经》第72册，第493页。

记载元贤灵异事迹如下。①

序号	灵异事件	详细情形	备注
1	拄杖驱虎	天启丁卯（七年，1627），居建安荷山。一日山门外经行，虎突至，行者惊仆地。师以拄杖指之，虎翻身咆哮而去。	
2	鼓山现瑞	甲戌（崇祯七年，1634）师住鼓山。四月十一日，甘露降山门松树上。师作偈曰：圣瑞端宜降大都，穷山何得独沾濡。晓来扶杖三门外，笑看松头缀玉珠。是年九月十九，甘露复降。师再偈曰：玉露霏霏又一番，满林花木尽同繁。丁宁莫道甜如蜜，恐惹游人入石门。	
3	潮水复涌	师之往温陵也，吕先生率开元僧众至洛阳桥相迎，时潮水已退。及师到，潮水复涌。众皆愕然，有僧问：潮汐之期，千载不爽，今日因何再至。师曰：问取主潮神。僧曰：莫是为和尚否。师曰：莫涂污老僧好。	
4	真人求戒	泉州有神，曰吴真人，即晋许旌阳弟子吴猛，南安产也，泉人多祀之。丙子四月，师说戒于开元寺。神先一日，见梦于祝曰：可为我备千钱，我欲往开元受戒。明日神乘板舆至寺，以轿竿书地，求法名并五戒，师为起名道正，授三皈五戒而去。神善医，病者多往请之。自受戒后，不受请，有入庙祀者，悉不用荤酒。壬午春，师再至泉，真人复来，乞菩萨戒，其邻村有神张相公者，亦同来求戒。师为起法名道诚，俱受菩萨戒云。	授戒（菩萨戒）

---

① 林之蕃：《行业记》，《广录》卷30，《卍新纂续藏经》第72册，第577、578页。

续表

序号	灵异事件	详细情形	备注
5	得偈复阳	安平尤氏母名道乔，受师五戒，一夕病终，冥官问：汝生有何德业。乔曰：曾到开元，受永大师五戒。官曰：汝五戒无大毁，当生善处，可为我到永大师处，请一偈来。乔遂甦，遣其子来请偈，师与偈曰：分明有个西方路，只在当人一念中。看破身心同马角，剑树刀山当下空。乔得偈，复瞑目而逝。	授戒（五戒）
6	受戒祛邪	戊寅（崇祯十一年，1638）师在杭真寂院。时归安诸生茅蔚起家，素不奉佛。一夕梦鬼使来追，蔚起苦辞不往，使曰：我暂去看可转移否。至十余日，鬼使复来曰：事决不可转移，但宽汝七日，收拾可也。明日，蔚起径到真寂，求救于师。师曰：余何能救汝，但汝能蔬食乎？曰：能。汝能发无上心，受菩萨戒乎？曰：能。遂与授戒而归。居一月无事，父母复强以酒肉，一日因大醉，为鬼摄入冥司，司让之曰：汝能发心，受永大师戒，故我不取汝，今日因何，自遭堕落。蔚起诉谓：我非敢破戒，我母只得我一人，恐蔬食体弱，强令开之，今后誓不复犯。冥司许之，乃醒自刻其事以传。	授戒（菩萨戒）
7	入冥救人	辛巳（崇祯十四年，1641）夏，师在金华普明寺。时岁大饥，居民绝食者众。兰溪赵姓者，家贫以烧石灰为业，卖灰一窑，以其半来设斋，师叹其不易。后秋病疟，一日死去，自午至戌复苏，自言初去时茫茫，不知何往，后历高山数重，忽遇永觉和尚，问：汝何以至此。对曰：不知。曰：汝欲归否？对曰：欲归甚急，但不识路。曰：汝但随我来。走数里，和尚指曰：此金华府也。又数里复指曰：此兰溪县也。又数里复指曰：汝家也。以手推之，遂醒。时人甚传其事。师曰：我岂能入冥救人，皆由渠一念善根故现斯事。	

续表

序号	灵异事件	详细情形	备注
8	宝善祈雨	癸未（崇祯十六年，1643）夏，师居剑津宝善，值大旱，凡三月不雨，草木如焚，人心惶惧，有司遍叩灵祠，俱不应。备兵使者孙公，遣中军官，诣宝善，求师祷之。师为上堂云：诸仁者，风从何来，雨从何起。电王飞出黑云头，问渠毕竟何所止。婆竭罗龙王行雨时，但动一念，娑婆世界，雨悉周遍，仔细看来，也不离这里。这里是甚么所在，还知么？拈拄杖云：老僧拄杖子化为龙，吐雾兴云，遮天掩日，大布滂沱，尽阎浮提，悉皆周遍，大众且道，承何恩力。卓拄杖，下座。实时雨若盆倾，水满三尺，是岁大稔。	
9	寇不敢犯	丁亥（顺治四年，1647）寇掠鼓山，以篮舆舁师至半岭，众忽颤仆，遂送师还山。其船泊江，干樯亦为雷所轰，寇恐不敢再犯。	
10	梵僧木碗	有梵僧，自迦毗罗国来，献师木碗一口。师二时常用之，癸巳春正月，方丈边榭火，唯木碗不坏，次日得于灰烬中。	

以上共记载元贤隐居荷山及弘化鼓山、泉州、杭州真寂、金华普明寺、宝善庵等地的十个灵异事件，元贤都"诫勿许传"。天启七年（1627）隐居荷山，元贤《丁卯仲春居荷山，有感而赋》中仅有"虎饥吼出重云外"[①] 句，未谈及伏虎事；《广录》卷二十二有《安平尤母道

---

① 元贤：《丁卯仲春居荷山，有感而赋》，《广录》卷25，《卍新纂续藏经》第72册，第526页。

乔死入冥司，冥司令归请偈》；①《广录》卷十七有《建州孙道台请祈雨疏》，内中提及："今岁入夏以来，亢旱日久，本府道台孙某率诸僚属，遍祷群祀弗得雨，乃差官赍香入山，命某代请。"② 提到孙道台因为遍祷群祀（谓去各种神庙祈祷）而无果。实际上，与元贤的神通或有关的感应事迹绝不止此十个，例如，前述元贤初得爱徒道霈之时曾经田生"瑞莲"，亦属此类。

值得注意的是，以上十个神迹事件中明显与授戒有关的就有三个，且对象都是居士，以菩萨戒为主。这充分说明元贤戒法的特征及其在佛教修行方面的成就。其中为吴真人授戒一说，更引人深思。

这段材料中，元贤展示了佛教不同于民间保生大帝（即吴夲，吴真人）、张相公③诸神信仰的地方，那就是重视"戒"的授受。佛教认为，持戒功德不可思议。吴真人、张圣者在一般人眼中是高不可攀的，而在佛教徒看来他们只不过是饱受轮回之苦的芸芸众生之一。此中特别提及"荤酒"入庙之事，一方面是由于元贤认为"五戒者，一不杀生，二不偷盗，三不邪淫，四不妄语，五不饮酒，前四戒，此方世法及转轮王法亦皆不许，后一戒，唯佛独遮，以酒能乱心，增长放逸，前之四戒亦因而破，故独遮也"④；另一方面，当时闽南寺院中俗人可以公然携酒入寺，足见当时闽南寺院管理混乱，僧人自治权旁落。⑤ 元贤为吴真人等

---

① 元贤：《广录》卷22，《卍新纂续藏经》第72册，第512页。
② 元贤：《建州孙道台请祈雨疏》，《广录》卷17，《卍新纂续藏经》第72册，第487页。
③ 是否是法主公张圣君，待考。
④ 元贤：《律学发轫》，《卍新纂续藏经》第60册，第555页。
⑤ 参见林观潮《闽南佛教》，见詹石窗《闽南宗教》第2章，福建人民出版社2007年版，第126页。

的授戒故事，实际上并非如一般所认为的仅是出于"美化高僧形象的用意"，更不是"佛教徒有意铺张其归入佛门的事迹，强调佛道融合，意在为佛教弘法增加气势"云云，① 它凸显的是佛教戒律（三皈五戒菩萨戒等）的神圣性，是佛教区别于乃至优越于民间诸神信仰的所在，更是佛教高僧、有识之士提出的改造民间迷信之风、推行正信佛教的一条道路，是关乎佛教兴衰存亡的生命线，这也是历代佛教大师重视在闽南弘传律学的缘由所在。

在其他弘法著述中，元贤也会以灵异事件为人解释佛教因果，说明业报不虚，其《续呓言》云：

> 泉千户王某，一夕梦有人告曰：我张籍也，今身为鹿，不幸见获于人，人以苞苴宦门，今转寄侯之女弟尼，候其救脱，毋我杀。王少寤，思之，不省张籍为何人。既而复寐，又梦籍哀恳甚至，乃心异之。早作，以告女弟尼，尼曰：有之。乃以兄之言告于宦，乞全其命。宦不可，竟杀之。呜呼！张司业其至是耶。司业当时以才学自负，虽与昌黎交，而不肯师昌黎，今乃陷身于鹿，何耶？为鹿而求免于杀，亦不可得，又何耶？盖杀业所牵，流入异类，酬还宿负，无术可免，吾不知张司业之苦何时艾也。悲哉。②

要之，元贤并非反对神通，毕竟神通灵异作为一种弘化手段能够引

---

① 参见林观潮《闽南佛教》，见詹石窗《闽南宗教》第 2 章，福建人民出版社 2007 年版，第 128 页。
② 元贤：《续呓言》，《广录》卷 30，《卍新纂续藏经》第 72 册，第 575、576 页。

发世人对因果法则的敬畏及修行得道者的仰慕，便于末法众生发起修学的信心，但这绝不是修行者追求的主要目标。

（二）崇德严身，以儒辅教。前已述及，元贤提倡维护僧节，即要求崇尚道德，以德严身。元贤认为寺院场地宽窄广狭不重要，关键在得人心，应使"人心有佛"，其言曰："厥德弗修，则虽疆宇尽复，又将何以居之乎？若能懋修厥德，则虽敝寮老屋，尽可跏趺，固不止蜗庐草舍仅容七尺而已也。"① 他感慨法运下衰，圣贤隐伏，但认为真正志道之士绝不会被外面的社会变迁所牵动，有志者虽居陋巷、遭逢乱世亦可以成就道行："呜呼！此岂可以局志道之士哉？凡有待于外者，时与势得而局之；无待于外者，非时与势可得而局也。故春秋虽厄，不能局仲尼；陋巷虽贫，不能局颜渊；首阳虽困，不能局伯夷叔齐；是在有志者之自立耳。若夫规厚殖、逐荣名，旦夕孳孳，不能以时势自安，是惑之甚者也，悲夫！"②

也正基于此，元贤认为僧人如要入世住持佛法、建寺安僧，首先必须修道立德，道充德立方可入世："古人道充德立，方堪垂手，愚钝如贤，而急于接人，有自点耳。况今天下所少者，非精蓝也，为名之囮，为利之罥，润后学之贪，夷前修之化，莫此为甚。吾所以疾驰而不敢一顾者，非违前佛之制，废百丈之规，盖欲以不接接之也。"③

而在一个以儒家思想为主流的社会中，佛教为求生存与发展必须有所适应，毕竟在中国社会背景之下，任何教理都会有政治牵涉，宗教权

---

① 元贤：《温陵开元寺志论》，《广录》卷19，《卍新纂续藏经》第72册，第495页。
② 同上。
③ 元贤：《呓言录》，《广录》卷29，《卍新纂续藏经》第72册，第567页。

与世俗权不是截然分开的。元贤时常会通儒释，其《辅教论》昌明儒释分途并进之说：

> 论曰：儒释分教，门户迥别。大儒融之以神理，则千差顿忘；小儒局之以格量，则一尘成碍。此大儒所以辨不禁而自泯，小儒所以谤欲息而不能也。昔自六朝以来，谤佛者不少，皆以私意揣摩，自成水火。其于我佛之藩，尚隔万里，即如昌黎一人，毅然以道统自任，而《原道》诸篇，特昏昏醉梦语耳。至于宋室诸儒，实非昌黎之比，第于梵经，皆粗浮一往，不能深穷其旨，故困于知解，而不信有绝解之境，束于人伦，而不知有超伦之事，所以有异说之纷纷也。兹录诸儒则不然，并皆遍参诸老，深耽禅悦，未尝株守本局。夫诸公皆天挺人豪，地纵神智，而卒不能谤佛，则佛之决不可谤明矣。彼黄口浅学，毫无所窥，而借口前贤，妄生横议，抑何其不思之甚也。[①]

总体而言，元贤对宋代诸儒较为肯定，因为在元贤看来这些宋儒往往出入佛老，能够深究其旨，而唐代韩愈等人仅从伦理方面批评佛教，高下浅深自有天壤之别。但须注意者，元贤既名之曰"辅教"，孰为主孰为次应是一目了然的。

（三）方便多门，文疏法事。目前学界一般以为明清佛教是中国佛教的衰退期，其重要依据就是大部分僧人沦为应赴僧，忙于经忏法事。但实际上，很多学者对经忏法事的理解及其在佛教活动中地位的认识是

---

① 元贤：《辅教论》，《广录》卷19，《卍新纂续藏经》第72册，第493页。

不恰当的。① 佛教毕竟乃是宗教，而经忏法事是佛教僧人基于佛教信仰、履行宗教职能的正当活动，对此，元贤的意见可为明证。他说：

> 禅林之有疏语，非佛制也，亦非祖制也。但此土有僧以来，引群生以归佛海，其间表事陈情，则必有藉于疏，故疏之为用，其来已久。在唐宋时，丛林中特重是职，非才学兼优者，莫与其选。入明以来，僧中堪此职者实鲜，但因袭陈文腐语，苟且应酬而已。予昔在众日，每任是职，苦于无旧可因，故率多杜撰应酬，积之既久，不觉成帙。有好事者，谬相珍重，抄录以传，盖三十余年矣。近见有俞君时笃，乃为镂板于武林，而泉南诸善友，亦复继武林，而杀青焉。不过谓其事虽细而用实难废，辞虽鄙而意亦可达，此诸君流通之意也。若诸大丛林中，必有奇杰之士，启口尽珠玑，挥笔成风云，又安用此哉？漫题数语，以引其首。②

此中元贤直言自己"昔在众日，每任是职"，故而撰写了许多"疏"文以备法事活动之用，后结成《禅林疏语》流通于世。他认为"疏"之用虽非佛制、祖制，但中土佛教行之既久，足可以之作为接引众生归入佛海的方便。

此外，元贤还有很多募缘使用的疏文。如《广录》卷十七收录多篇，其中既有建寺、化田、造像、请经、募米等募缘疏，也有涉及盂兰盆法会、中元水陆斋会、净土忏会等法事活动疏。于此可见，鼓山也曾

---

① 应区分应赴经忏和寺院内举行的经忏，一般丛林规约只是反对外出应赴经忏而已。
② 元贤：《禅林疏语序》，《广录》卷14，《卍新纂续藏经》第72册，第464页。

频繁举行各类法会，特别是在此遭逢世难、江山鼎革之际，为死难者超度而建盂兰盆等各种大型佛教法会正是僧人职责所在：

> 慨自人事非一，天命靡常，乾坤值否泰之交，民物当鼎革之会，兵戈劫起，尽教血染青山，鲸浪祸生，忍见尸沉黑海，况疾疫继至，每闻哭泣之声，饥馑荐臻，难免沟壑之殍，下民无自活之计，鬼录多枉死之冤，唯仗我佛之良猷，可解斯民之毒苦。目连饷母，乃中元赈济之期；僧伽自恣，实诸佛欢喜之日。亲恩固堪仰报，滞魄亦可兼超。经演十玄，圆顿之妙门可入；忏宣十卷，梁武之遗教犹存。设兰盆于日中，圣凡普供；施甘露于景暮，神鬼同归。是为大圣之慈航，亦增下凡之厚祉，那个作佛，同怀普济之思；谁人无亲，共存追远之念。唯愿挥彼阿堵物，正宜圆此菩提心。①

再如《广录》卷三语录提及泽普上人请元贤升座说法，荐度建州被屠杀的全城生命："建州全城生命，尽为大兵所屠，泽普禅人悯而荐之，仍请老僧升座演法。"② 此事当在顺治五年（1647）四月初四日之后。当时元贤于此前一年从建州归鼓山。而就在顺治四年七月四日建州爆发了以王祁为首的抗清起义。王祁，字知止，曾在建宁净慈寺出家为僧，后联合当地民众和从江西来的棚民军奉着明宗室郧西王朱常湖起兵，很

---

① 元贤：《鼓山建中元广荐会疏》，《广录》卷17，《卍新纂续藏经》第72册，第486页。

② 元贤：《广录》卷3，《卍新纂续藏经》第72册，第400页。

快攻克建宁，邵武、松溪、崇安各地也被义军收复。① 顺治五年（1647），清兵于四月初四日攻克建宁城并开始了惨无人道的全城大屠杀，建州城内百姓不论官民妇孺，无一幸免，此事道霈《悲思堂记》言之最详。② 于此，更可见元贤、道霈等虽然有着强烈的民族意识，心中痛恨清兵的凶残，但其悲愤还是以佛教之方式加以表露。

（四）广行救济，关切民生。元贤倡导"净慈法门"，以念佛化导人心，以慈悲救济社会。③ 如前述，面对时局危难，民生之艰，连出世的僧人亦难免遭遇苦难，故而元贤不平则鸣，其言："夫贤本缁衣末流，只宜屏息深山，甘同寒蝉，何故嗷嗷向人，若孟轲之好辩，贾谊之痛哭哉，岂多生习气未能顿降，抑亦有不得已而一鸣者乎。"④

元贤许多文字描绘了当时社会中各种的天灾人祸，对于民众的苦难，他深表关切。《续呓言》中言及闽中竟然发生"杀人而食"之事："杀人而食，江北尝闻之，江南所未闻也，今已见于闽中矣。易子而食，古语尝闻之，未闻母食其子也，今亦见于闽中矣。呜呼！天亲之爱，莫如父子，而母之爱子，尤甚于父，虽虎狼犹然，至于今日，则人反不如

---

① 谢国桢：《南明史略》，吉林出版集团2009年版，第108、109页。
② "今皇清定鼎，于顺治三年丙戌八月大兵开闽，四民向化，鸡犬不惊，郡邑城市安堵如故。明年丁亥七月四日，突有王祁，不知何省人，潜居闽中谋不轨，胁郧西王起自古田，拥叛民数千，夺城据之……凡八阅月，江浙兵攻不下，明年戊子二月，朝旨命五部堂统大兵十余万八门围攻，郊外团掘陷坑，飞鸢莫度，一无脱漏者。众炮震地，箭落如雨，凡四十余日，未尝暂息……至四月初四日城陷，四面火发，兵士蜂起，充塞城中，竞相屠戮，男女老幼，身碎锋镝之间，骨穿矢镞之内，其中有比邻约纵火而举家自焚者，有挈妻携子同赴池井者，有率亲属闭门自经者，有稚子少妇生离死别掠之而去者，更有义士烈女守死不回、甘蹈白刃水火而不辞者，烈焰亘天七日夜不息，玉石焚尽靡有孑遗，尸积如山血流成河，无论民寇良贱父母弟兄宗族姻亲朋友知识，杀业所感同熟一报之中。"见道霈《悲思堂记》，《还山录》卷4，《卍新纂续藏经》第72册，第668页。
③ 关于此，详见本书第四章第一节。
④ 元贤：《续呓言》，《广录》卷30，《卍新纂续藏经》第72册，第570页。

虎狼矣，岂非旷古以来一大变哉。"① 元贤《丁亥夏五月，淫雨如注，江流大涨，芝城为之半淹，至七日始退，赋以志》记载丁亥（顺治四年，1647）夏五月建州城为洪水淹没的天灾，中有"老僧虽在洪流外，日望洪流不尽愁"句。②《重阳有感》记载丁亥（顺治四年，1647）秋七月福州的战况："丁亥秋七月，海兵来福州……至重九，兵犹未释，登高胜事尚何言乎，乃为赋二律。"③ 中有"临风那有登高兴，独痛黎蒸借活难"之句。④《世难》六首，其一言："世难如今苦莫疗，兵围十月尚难休。资生竟取沟中瘠，千佛闻之尽泪流。"⑤ 此外还有《饥馑行》《福城叹》等，所言都是民间之疾苦。⑥

　　元贤除以诗文表达对时局和民生的关切外，他还积极组织鼓山僧人投入艰难的救济活动之中。《行业记》载："庚寅收无主遗骸千余瘗之。"⑦ 此是顺治七年（1650）之事也。又言："甲午著《心经指掌》，收遗骸二千八百余。"此是顺治十一年（1654）事也。又言："乙未春兴化、福清、长乐罹兵变，饥民男妇，流至会城南郊，羚聘之状，人不忍见。师乃敛众遣徒，设粥以赈，死者具棺葬之，凡二千余人，至五十日而止。"⑧ 此是顺治十二年（1655）之事。以上元贤发动鼓山僧众救济灾民之事并非《行业记》的虚构或夸饰，顺治十二年事在海外散人《榕城纪闻》中也有记载："五月，福兴泉漳四郡皆饥，泉漳兴化福清流民

---

① 元贤：《续呓言》，《广录》卷30，《卍新纂续藏经》第72册，第575页。
② 元贤：《广录》卷25，《卍新纂续藏经》第72册，第529页。
③ 同上。
④ 同上。
⑤ 元贤：《广录》卷26，《卍新纂续藏经》第72册，第534页。
⑥ 元贤：《广录》卷24，《卍新纂续藏经》第72册，第521、522页。
⑦ 林之蕃：《行业记》，《广录》卷30，《卍新纂续藏经》第72册，第577页。
⑧ 同上。

男女大小日以千至，官发米济之，初作厂于南台分给，因至者多，官府怠玩，分流民于各僧寺，令僧人给之，流离转徙，鲜有活者。鼓山和尚发心托钵济饥，每日至渡船迎候饥民，设厂煮粥施之。病者予药丸，一月余，主事者染气皆病死。"① 因为救济难民，主事僧人有染病而亡者，足见当时鼓山僧人救济饥民的大无畏精神！

综上所述，作为佛教的僧人，元贤强调自我修养与社会弘化并重，其立场一以佛教僧侣的本分为中心，视域不局于现时现世的是非成败，而是涵括三世的时空。元贤曾说："旌旗蔽空，尸骸遍地，此吾之悲也，非吾之忧也。白刃环躬，饘粥弗继，此吾之穷也，非吾之忧也。所忧者，魔鬼入室，祸起萧墙，将来之事，有大不可言者在耳。"② 也就是说，元贤悲天悯人而入世弘化的目标不在实现纯粹的世俗物质层面的救济，他更看重的是深层次的信仰问题，关心佛教正法的存续，他的入世不离出世，从未忘却佛教所独具的超越情怀。

---

① 海外散人：《榕城纪闻》，《台湾文献汇刊》第 2 辑，第 14 册，第 148 页。
② 元贤：《续呓言》，《广录》卷 30，《卍新纂续藏经》第 72 册，第 574 页。

第二章　禅宗法脉与禅法

第一节　曹洞法脉之传衍

鼓山涌泉寺自开山以来，禅风不绝，据虚云《增校鼓山列祖联芳集》所载，从唐开山灵峤禅师始至增校者虚云禅师为止，凡有名讳可考者前后共计一百三十代。①《增校鼓山列祖联芳集》以博山禅师为界，但实际上，一般所谓的曹洞宗鼓山系并非从博山无异开始，而是以永觉元贤禅师为开创祖师的。

一　鼓山法源

明代禅宗五宗之中唯有临济、曹洞二宗子孙繁衍，其余三宗名存实亡。道霈曾言："梁普通间，菩提达磨自南天竺国来，倡为禅宗，不立文字，直指人心，见性成佛，其付法偈曰：'我本来兹土，传法救迷情。一华开五叶，结果自然成。'嗣是六代传衣，五宗竞出，由唐历宋其化

---

① 实为一百三十一代，因为第一代是从兴圣国师开始，开山不计在内。见虚云增校《增校鼓山列祖联芳集》，鼓山刊本。

大焉。五宗者，沩仰、云门、法眼三宗与宋运俱终，其传至今日者，唯临济、曹洞二宗。"① 明代曹洞宗主要有两大系，即云门系和寿昌系。云门系以湛然圆澄（1561—1626，字湛然，号散木道人②）为代表，寿昌系以无明慧经为代表。

关于元贤之禅法传承，其自言"禅本寿昌，戒本真寂"③。寿昌即寿昌无明慧经禅师（1548—1618），字无明，崇仁裴氏子，是明代中兴曹洞宗的重要人物之一。道霈为元贤所作《最后语序》肯定了无明慧经以及元贤在曹洞中兴中的地位说：

> 其洞上一宗亦已久衰，至万历间寿昌无明老祖杰出，始中兴于世，寿昌入室弟子凡数人，其最著者博山无异和尚与先师鼓山永觉老人。……呜呼！达磨一宗传至今日而弊已极矣，老人出而挽之以力行，镇之以正大，绳之以纲宗，验之以言行……盖知当今之世少林一线之脉不至坠地者，唯老人是赖耳。④

慧经得法自蕴空忠和尚，蕴空和尚得小山密印，小山是元初雪庭裕的后人。雪庭禅师为曹洞宗重要中兴祖师，主要活动于宋末元初，《补续高僧传》卷二十二《元雪庭裕和尚传》云："裕和尚，字好问，人以雪庭称之。……即为祝染受具，与双溪广公同执事。观方至燕，依万松

---

① 道霈：《最后语序》，《秉拂语录》卷2，《卍新纂续藏经》第72册，第589页。
② 或作"散水道人"，当误。见吴立民《禅宗宗派源流》，中国社会科学出版社1998年版，第472页。
③ 道霈：《塔志》，《秉拂语录》卷2，《卍新纂续藏经》第72册，第591页。
④ 道霈：《最后语序》，《秉拂语录》卷2，《卍新纂续藏经》第72册，第589、590页。

老人最久，声光郁然起，学者归之。世祖居潜邸，命师入少林作资戒会，寻又被太宗诏住和林，兴国辛亥，宪宗征至北庭行在所，累月问道，言简帝心，洎世祖践祚，命总教门事，赐号光宗正法，为师建精舍于故里，曰报恩，给田产，命僧守之。至元八年春，诏天下释子大集于京师，师之众居三之一。"① 小山（1500—1567）讳宗书，号大章，顺德府南和县人（今河北南和县）；常忠（1514—1588），字蕴空，建昌府（今属江西）人。

当然，以上传承是由鼓山系所述的传承，② 元贤曾说：

> 我曹洞一宗，盛于唐，衰于宋，至元似复盛而实衰，其故盖难言之也。自元朝初，雪庭裕公奉诏住少林，天下学者，翕然宗之。历传至万历改元，小山书迁化，诏幻休润补其席，四方之腰包而至者，如鸟投林，如鱼赴壑，而润公乃讲习评唱为事，大失众望。时有蕴空忠和尚，先事小山老人有年，受其密印，归隐盱江之廪山，天下不得而物色之。寿昌先师，从其薙落，后蒙记莂，始为弘扬，既得博山来公继之，其道遂大行于世。③

对于无明慧经得法本源的记载更为详细的有道霈《廪山祖堂记》，为便于说明，兹录其全文如下。

---

① 《补续高僧传》卷22，《卍新纂续藏经》第77册，第513页。
② 关于该传承的争议详见本书第四章第二节《源流诤》。
③ 元贤：《博山语录集要序》，《博山语录集要》，《卍新纂续藏经》第72册，第383页。

夫佛祖出世务在择法严明，得人真正，庶佛种不断，正法常存。嘉隆间宗风衰替，宇内不闻名字，吾祖廪山崛起西江，而寿昌承之，其道遂洋溢于天下，譬如江出岷山其始泫然滥觞，漫衍而至楚则为际天之云涛，盖有本者如是耳。祖讳常忠，号蕴空，宜黄黄氏，冠岁出家于邑之曹山，孑影参方，勤求至道。依少室小山书和尚凡十余载，乃承印记，后归隐新城之廪山，修杜多之行，随机演法，人无知者。时寿昌师翁无明老和尚年方二十有一，发意出家，念无可师之者，至廪山参礼，一见心折，曰：是吾师也。遂从剃染，祖知是法器，乃以本分炉鞴陶铸之。师翁一日与诸兄弟论《金刚》义甚快，祖曰：宗眼不明，非为究竟。师翁即问：如何是宗眼？祖拂衣而起。翁甚疑之，后凡有请益，祖但曰：吾不知，汝自看。益增迷闷，偶阅《传灯》，见僧问兴善如何是道，善曰大好山，疑情顿发。一日因开田搬石豁然大悟，如梦忽醒，乃述偈呈祖，祖曰：悟即不无，要受用得着，不然则汞银禅也。师翁再拜受教，遂礼辞，结茅于峨峰，形影相吊，克苦履践。一夕，山境喧甚，不觉心动，因忆祖之嘱曰：小境尚动，况生死乎？即秉烛信手抽《传灯》阅之，适值圭禅师为岳神受戒曰：汝能害空与汝乎？遂廓然无畏，山境亦寂。乃曰：圣人无死地，今日果然。遂作偈寄祖，祖曰：此子见地超旷，他日弘扬佛祖之道，吾不及也。师翁隐峨峰，足不下山者凡二十有八载，至年五十余而祖已迁化，塔木亦拱矣。师翁于是出山，应宝方之请，乃先至廪山扫塔，然后入院，有倏然三十年忘却来时道之语。未几，以住山日久，未及遍参为歉，乃北走中原，参无言宗主于少室。主闻绪论乃大赏识，誉之于众，后游台山参瑞峰老人，问古机缘数则，峰一一具答，而复征师翁颂，翁一一颂出，机缘相契，主宾欢洽，有同水乳。乃别归宝方开法，众谓师翁必嗣台山或少林，而片香拈出，乃嗣于祖，众大悦服。盖师翁之于祖也，以心法相符，不在机语相接也。后移寿昌而得博山、鼓山、天界，相继而起，其道遂大震于天下，宗支蕃衍，各化一方，源远流长有自来矣。祖圆寂以来将百余载，众议于祖塔之下创建祖堂，安奉灵仪，以便香火，且立田以充香灯，买山以资樵采，令僧世守之。其倡举者，五世孙大智，经营首事者曰兴运，功竣而运化去，其徒法勤不远入闽，请纪其事以昭后世。霈生也晚，况前事多轶无从考究，但举昔所闻于先师及吾老祖当时接师翁一段因缘，以法锻炼，期于智证，师资雅契，真有刀斧斫不开者，非台山少林可以同日论也。凡后之派下子孙，当仰法先踪，企及往行，毋落今时行户，以玷祖风，庶从上一线之脉不至废坠，则吾宗幸甚。是为记。①

以上道霈所述关于无明和尚生平与元贤修改后行世的《无明和尚行业记》基本一致，而元贤该《行业记》在当时是有过争议的。②《祖堂记》中所谓"廪山祖塔"乃是蕴空老祖之塔，廪山在江西新城（今黎川县），此中"五世孙大智"是指无可禅师，即著名的方以智（1611—1671，字无可、弘智等，号药地愚者），其为觉浪道盛法子，故称五世孙。道霈撰写此记时"但举昔所闻于先师及吾老祖当时接师翁一段因

---

① 道霈：《廪山祖堂记》，《旅泊庵稿》卷4，《卍新纂续藏经》第72册，第710页。
② 详见本书第四章第二节。

缘"，对于慧经得法源流只能"耳闻"（即前引元贤所述寿昌源流），"前事多轶无从考究"，这应是当时的实情，也正因此，不免引发临济宗人对寿昌法脉传承的非议。另，此中所言"后移寿昌而得博山、鼓山、天界相继而起，其道遂大震于天下，宗支蕃衍，各化一方"即寿昌系下三大支系：博山系、鼓山系、东苑系（东苑系以觉浪道盛最为著名，其曾主持金陵天界寺，故称"天界"）。三系皆出自寿昌无明慧经。今人林子青居士对慧经及其门下三系特别是博山、鼓山二系评价甚高，他指出："曹洞无明慧经的门下，出无异元来和永觉元贤，分为博山、鼓山二系。博山系元来传长庆（福州西禅长庆寺——原注）宗宝道独，道独传丹霞（在广东南雄——原注）天然函昰，开广东曹洞的渊源；鼓山系元贤传为霖道霈，续福建曹洞的法脉。元贤和博山的关系，在法门的辈分为兄弟，在戒学的授受为师资，由于这两系师资的大力宣传，使曹洞宗风在明末清初的江西、福建、广东三省呈现泼剌的生气，和江浙密云圆悟一系的临济禅形成对峙的形势。"①

前已述及，元贤于万历四十五年（1617）从无明慧经剃发出家，依其座下参学。当时参学得法的经历，道霈《塔志》中记载甚为详明：

鼓山永觉贤公大禅师者，寿昌无明和尚的嗣也，系曹洞第三十二世云……久之寿昌无明和尚开法邑之董岩，闻其提唱，茫然自失，又叹曰：画饼若为充饥。于是尽弃所习，从寿昌参禅。一日闻僧举斩猫话忽有省，作偈呈昌，昌曰：此事不可于一机一境上取

---

① 林子青：《元贤禅师的"鼓山禅"及其生平》，载《明清佛教史篇》，张曼涛主编：《现代佛教学术丛刊》第15册，大乘佛教文化出版社1977年版，第79、80页。

则，虽是百匝千重垂手直过，尚当遇人始得，所谓不知已在青云上，犹更将身入众藏，是参学眼也。师退而参究益力，至年四十，竟裂逢掖弃妻孥从寿昌落发。师后凡有请问，昌但曰：我不如你。一日值昌田中归，师逆而问曰：如何是清净光明身？昌挺身而立。师进曰：只此更别有。昌便行，师当下豁然如释重负，随后入方丈，礼拜起将通所得，昌遽拈棒打三下曰：向后不得草草。仍示偈曰：一回透入一回深，佛祖从来不许人。直饶跨上金毛背，也教棒下自翻身。师犹疑云：因甚更要棒下翻身。及昌迁化后，依止同门博山无异禅师三载，即从受具。已而辞归闽住山，舟过剑津，闻僧唱《法华经》曰：一时謦欬俱共弹指，是二音声遍至十方诸佛世界，廓然大悟，乃彻见寿昌用处，有偈曰：金鸡啄破碧琉璃，万歇千休只自知。稳卧片帆天正朗，前山无复雨鸠啼。时当天启癸亥秋九月，师年四十有六也。①

此中提及寿昌耕田事。无明慧经之禅风极为朴实，始终坚持禅修与劳作相结合，闻谷大师赞其"五十年中无少歇，锄头下有活生涯"②。元贤《续呓言》亦回忆恩师这种模范精神说："先师粗衣粝食，躬秉耒耜，年至七十，未尝暂辍，时岁大饥，磨麦为羹，率众开田，其田今呼为麦羹坵，盖百丈之后，一人而已。今吾辈直草不踏，横草不拈，安坐享用，每思及此，便觉藏身无地，况敢恣意放逸，陷铁围百刑之痛哉。"③

---

① 道霈：《塔志》，《秉拂语录》卷2，《卍新纂续藏经》第72册，第590、591页。
② 《寿昌无明和尚语录四卷合订》，鼓山刊本。
③ 元贤：《广录》卷30，《卍新纂续藏经》第72册，第573页。

众所周知，僧人参与劳作自给自足之丛林风格始自百丈怀海禅师，而入明以后，不少僧人游走于权贵豪强之中以为依附，或外出应赴经忏专做法事以牟利，僧格丧失殆尽。即便是为了建寺安僧，慧经也能保持孤风峻节，绝不攀缘，元贤回忆说："寿昌先师得旨后，隐峨峰将三十载，始出住宝坊，躬耕陇亩，不事干谒。移寿昌日，里中有张侍郎，为起一缘簿，先师笑而受之，卒不发化主。后十年，巨刹奂然复新，财帛皆不求自至者。呜呼，先师往矣，孤风峻节，谁有能继之者乎。"[1]

总之，鼓山系的曹洞宗传承就是出自这位禅风朴实、特立独行的无明老人，元贤为曹洞正宗第三十二世传人。[2]

二 法授法器

可惜的是，元贤追随慧经的时间并不长，慧经于万历四十六年（1618）即圆寂，故而元贤还从博山无异参学三年，并在其座下受具。关于在博山座下参学的情况，元贤自述说："余因先师迁化后，曾相依三载，虽无所得于师，然三载之中，未见其一语渗入情识，但勉以向上事，则师之有造于余也大矣。"[3]"某于师为法门昆季，而实禀具于师，且相依三载，屡尝法味，有师资之义，不可忘也。"[4] 也就是说，这三年中这位既是同门法兄又是自己戒师的博山无异对其还是深有影响的。

博山对于元贤所开创的曹洞鼓山系影响主要有二。第一，鼓山系虽然是以元贤一脉为中心，但必须承认博山于鼓山涌泉寺有再兴之功，也

---

[1] 元贤：《广录》卷30，《卍新纂续藏经》第72册，第573页。
[2] 关于世系也存在争议，此以鼓山系为准。详见本书第四章第四节《世系之诤》。
[3] 元贤：《博山语录集要序》，《博山语录集要》，《卍新纂续藏经》第72册，第383页。
[4] 元贤：《博山无异大师衣钵塔铭》，《广录》卷18，《卍新纂续藏经》第72册，第490页。

是曹洞宗法系与鼓山结缘的开始。天启七年（1627）博山受请入鼓山，创立规约，立职事，涌泉寺与曹洞寿昌系的法缘由此缔结，一改该寺以南岳系禅师为主流的历史。第二，对鼓山法系的法脉传承方式有一定的影响。元贤曾回忆博山禅师关于授法付法的言论说：

  博山来禅师谓余集生曰：宗门中事，贵在心髓相符，不在门庭相绍，若实得其人，则见知闻知，先后一揆，绝而非绝；若不得其人，则乳添水而味薄，乌三写而成马，存岂真存？故我意宁不得人，勿授非器，不得人者，嗣虽绝而道真，自无伤于大法；授非器者，嗣虽存而道伪，反自破其先宗。有智之士，当知所择。愚按博山之言若此，可谓真实为大法者也。今其嗣虽少，而世犹仰之，如麟如凤，视近日之妄授非人，反辱先宗者，又奚啻霄壤哉。①

也即是说，博山无异禅师反对当世流行的胡乱付法之风，认为宗门中师徒的授受贵在心髓相应，不在门庭的兴盛与否。元贤《博山无异大师衣钵塔铭》中对博山无异的评价也集中在此，他说：

  师慈容满净，道骨坚凝，眉采烨然，春秋在颡，法筵清众，不肃而严，刈麦负薪，无不人人委蛇详叙，若有深湛之思者，为法求人，婆心彻困，而高提祖印，把断要津，相似悟头推入活埋坑里，痛与钳鎚，故三十年中，不少当机，罕闻付法，终不以如来慧命，博禅雏手中瓣香矣。有所请益，唯勉以真参实究，深戒知解，如鸩

---

① 元贤：《广录》卷30，《卍新纂续藏经》第72册，第575页。

毒焉。其说法之语，如雷震，如电激，如云蒸，如瓶泻，如海若弥漫，莫可涯涘，三百年来，实鲜匹其林者。当此魔罗竞起之日，瓜印之徒，尘沙蔽日，使无有力抗之者，将大地僧伽，尽化为波旬孽子，而师独能唱道于晦冥否塞之秋，有若还鲁阳之三舍焉，其卫道之功，岂在禹下哉。①

博山此论不仅为元贤所尊奉，而且付诸实践，其参学弟子虽众，但嗣法弟子唯有一人，即为霖道霈，而且时年八十方才付法，这中间对道霈经历了数十年的锻炼与考验。现代虚云禅师《增校鼓山列祖联芳集》未明元贤之苦心，竟然将"第九十七代惟静禅师"列入"洞宗三十三世"，并以鼓山监院一脉"受法永祖（引者按：即元贤）"，"于为祖（引者按：即道霈）为昆季行焉"②。也就是说，虚云将惟静（讳道安）、一脉（讳道源）特别是惟静列入鼓山曹洞系嗣法弟子之中，这是不符合历史事实的。③

慎择法嗣的作风也传给了鼓山系第二代道霈禅师。元贤八十岁之际方才付法道霈，其为元贤唯一的嗣法弟子，鼓山曹洞正宗第三十三世。元贤圆寂后道霈续任鼓山住持。他曾两度住持鼓山，第一次从顺治十五年（1658）至康熙十年（1671），历时十四年，因目睹丛林规矩败坏，加之觉浪道盛弟子石潮大宁觊觎鼓山住持之位，故而道霈毅然辞山，云游建州各地，十四年后，即康熙二十三年（1684）返回鼓山再任住持，

---

① 元贤：《广录》卷18，《卍新纂续藏经》第72册，第491页。
② 虚云增校：《增校鼓山列祖联芳集》，鼓山刊本，第27页b。
③ 以惟静禅师为例，他绝不是"洞宗三十三世"，这从《丛林祝白清规科仪》中一份祖师供奉单中即可见之，各代住持之下皆列有洞宗世系，唯有惟静禅师下没有。

直到康熙四十一年（1702）圆寂。①

道霈在《答檀园大师书》中引述元贤所传博山话语说：

> 师答曰：博山老人非不求人，只是当时无人可求耳。故宁绝其人，存其道，以待后来，岂如今人之滥相授受便谓之得人，可乎？博山尝谓余集生居士曰：宗门中事，贵在心髓相符，不在门庭相绍，若实得其人，见知闻知，先后一揆，绝而非绝；若不得其人，则乳添水而味薄，乌三写而成马，存岂真存？故我意宁不得人，勿授非器。不得其人，嗣虽绝而道自真，自无伤于大法；授非器者，嗣虽存而道自伪，反自破其先宗，有智之士当知所择。以此观之，则博山当时非无所见而甘作断佛种人，愚见亦尔，故十余载来欲觅一个半个有真心者不可得，又岂肯随波逐浪以佛祖慧命作世谛流布乎？座下有志荷担，切在传持，志固可嘉，然亦当知所择断，不可欲速而落今时之行户也。②

道霈还严厉批评了临济宗人："窃惟我洞上一宗盛于唐，衰于宋，故当时明教和尚有大旱引孤泉之喻，然其人虽落落，一一皆法门龙象。悟门既真，道德大备，投子而下，如芙蓉大洪真歇宏智诸祖，皆足肩任大法传化将来。至于今日济宗，不在言即本宗，往往不问人之可否，唯以得之为胜，充塞闾巷退人信心，正恐绝此一线，不在人少而在人多，

---

① 马海燕：《为霖道霈禅师》，厦门大学出版社2010年版。
② 道霈：《旅泊庵稿》卷4，《卍新纂续藏经》第72册，第710页。

为可忧也。"① 其意谓曹洞一宗虽然宗门寥落，但每一位都是法门龙象，临济虽然遍布天下，但鱼龙混杂，更为可忧。

此外，道霈另专门撰写了《不轻授受论》，该论略曰："夫时有污隆，心无高下，然既入这个行户，苟不求人，出世何益。所谓求人者，师家具择法眼勘辩来机，微细披剥，务使其彻法源底，炉鎚妙密多方成褫，考其德业，验其言行，意在存千圣嫡血于一线，可以为末法人天师者，所谓见与师齐减师半德，智过于师方堪传授，故数十年来未遇机缘且秘其事，忍死待来，吾所期如此耳。"② 论中提及，孤月静主以博山无异开法三十余年最后"究竟未曾付嘱一人"劝说道霈不要"徒蹈博山故辙"，可见鼓山系第一代元贤与第二代道霈都秉持博山无异宗门付法贵在得法器而授之的原则，严于择嗣，反对胡乱付法。

如此严苛的择法、传法原则之下，鼓山系的继任者往往是出类拔萃者，而且更珍惜这种身份，有着勇于担当的法门意识。道霈继元贤之后担任鼓山住持，一直致力于兴复宗门，其主要拟定了三个策略：第一，制定丛林规约，振起鼓山宗风。顺治十四年（1657），元贤临终付法道霈，命其继席鼓山。其接任鼓山涌泉寺住持后，开堂说法，以继先师遗志、光大鼓山禅风为己任，开始整顿鼓山丛林，以图长远发展。顺治十六年（1659）正月，道霈针对丛林弊病，重订鼓山规约（见《丛林祝白清规科仪》），对于寺院常住僧人日常的一言一行都进行了详尽的规定。此次订立规约，引发了丛林内部的纷争，最后导致离山风波，道霈被迫

---

① 道霈：《复弁山且拙和尚书》，《旅泊庵稿》卷4，《卍新纂续藏经》第72册，第709页。

② 道霈：《不轻授受论》，《旅泊庵稿》卷4，《卍新纂续藏经》第72册，第707、708页。

辞去鼓山住持。康熙二十三年（1684）四月二十二日，道霈应邀重返鼓山，针对鼓山丛林的弊病着手进行改革，其整顿丛林之志依然不改。鼓山一系在清初宗风丕振，名震东南，离不开道霈的苦心经营，而寺院规约的制定无疑起到了十分重要的作用。第二，修复祖师塔墓，巩固寿昌法系法缘关系。祖师塔墓可以说是一个宗派的发祥地，也是该宗派最重要的精神家园，塔墓的存在对维持宗派的团结与发展有着积极的意义。道霈非常重视本宗祖庭、塔墓的兴复，以巩固本宗的地位，他曾多次倡募修复祖师塔墓。一次，因为廪山祖师塔墓被毁，无可禅师发起修缮，道霈积极响应，并特意写了《廪山募缘疏》。① 第三，维护本山世系，积极参与清初曹洞内部的"五代叠出诤"。道霈被世人尊为"古佛再世"，在清初曹洞、临济二宗之中人缘甚好，影响较大。鼓山涌泉寺在道霈住持时期宗风丕振，寺宇辉煌，俨然成为东南第一名刹。

此中还有寒辉禅师值得特别一提，他是鼓山元贤、道霈两代祖师座下的参学弟子。寒辉，讳寂焰，福州侯官陈氏子，有《宝福遗语》（康熙三十一年鼓山刊本）行世。② 寒辉禅师曾经参学元贤座下，元贤《示寒辉禅人》中勉其守古人之训，真实求法，并批评当世胡乱付法之事说：

近年以来，世运晦冥，而法运亦湮灭无存矣。以故诸方号为知识者，全无真实为人之心，只图门庭热闹，由此不问可否，乱付匪

---

① 道霈：《廪山募缘疏》，《餐香录》卷2，《卍新纂续藏经》第72册，第630页。
② 郑丽生：《鼓山艺文志长编》卷2，《郑丽生文史丛稿》下册，海风出版社2009年版，第547页。

人。渠虽付至一千二百，总是破灭道法，玷辱宗风而已。汝今既到鼓山门下，切莫思作这样勾当，只宜守着古人之训，参一句无义味话，不管年月远近，直头做去，亦不必用意卜度他，亦不必去问人，但于自己疑情上，切上加切，亦不必愁我根器太钝太利，亦不必要取静避喧，但日用中，常常提起可也。若年久月深，未得开悟，切莫中道退还，自失大法，久久钻研，如水投石，自有穿日。盖此工夫，是将你无始无明，要你当下开交，不是易事。若欲求易，自有诸方在，朝入禅堂，暮得拂子者多矣，何必老僧乎。①

而就是这位寒辉禅师，后来又在道霈座下参学，康熙二十二年（1683）作为"法子"（寒辉是道霈付戒弟子）② 而由道霈推请接任政和宝福寺住持。宝福寺是道霈一手兴建的寺院，他将该寺托付寒辉，足可见他对寒辉才识与修为的认可。

三 一脉绵延

传统上，佛教丛林有所谓传贤、传法、子孙三种传衍方式，鼓山属于典型的传法丛林。③ 鼓山法系的传法派字为："慧元道大兴，法界一鼎新。通天兼彻地，耀古复腾今。"此派字用于该系传人名讳之中，其中慧字辈即祖师无明慧经（讳慧经），元字辈即永觉元贤（讳元贤，字永觉，鼓山曹洞正宗第三十二世），道字辈即为霖道霈（讳道霈，字为霖，

---

① 元贤：《广录》卷10，《卍新纂续藏经》第72册，第443页。
② 《宝福传》，见《宝福遗语》，鼓山刊本，第2页b。按："法子"的含义在鼓山法系中指两方面的谛传弟子：嗣法弟子（曹洞宗）、付戒弟子（云栖戒法）。
③ 净慧：《虚云和尚行业记——纪念虚云和尚圆寂三十周年》，见《虚云和尚全集》第5册，中州古籍出版社2009年版，第25页。

鼓山曹洞正宗第三十三世）。

鼓山涌泉寺之中兴得力于元贤、道霈二祖，宗风丕振，号称东南第一名刹，虚云《增校鼓山列祖联芳集》校记云：

> 鼓山涌泉寺自闽王肇建，历宋至明，兴替代有，而嘉靖中毁于野火，凡经百年，皆住搭白云廨院。无异大师来自博山始倡兴复，草创规划，未久即返场博山，永祖入主，始得四方檀那之助，大加修复，继博山之宏谟，为祖绳武前光，殿宇宗风赖以丕振，兴圣之业益以重焕，固列祖之灵，龙天之佑，永为两祖道德之所感。①

此中"永为两祖"就是永觉元贤、为霖道霈两位鼓山祖师。从《增校鼓山列祖联芳集》《丛林祝白清规科仪》等相关文献来看，鼓山法系自第三代恒涛大心之后可能就已经改变了一脉单传的方式。

恒涛，讳大心，古田宋氏子，十三岁剃度出家，二十岁于黄檗虚白和尚处受具，后参道霈，随侍二十余年，得法为鼓山住持二十七载（1702—1728），雍正六年（1728）圆寂于鼓山。② 恒涛为鼓山曹洞正宗第三十四世，而在其下有两位鼓山住持皆为鼓山曹洞正宗第三十五世，③ 他们分别是：

第九十九代圆玉禅师，洞宗三十五世，讳兴五，俗姓康，福建惠安人，雍正戊申（1728）继席鼓山，至雍正十二年甲寅（1734）得御赐藏经还山，移延平天宁，寻示寂，塔于本山，住持鼓山凡六年。④

---

① 虚云增校：《增校鼓山列祖联芳集》，鼓山刊本，第26页a。
② 同上书，第28页a。
③ 以下各住持曹洞世系《丛林祝白清规科仪》皆同。
④ 虚云增校：《增校鼓山列祖联芳集》，鼓山刊本，第28页a。

第一百〇三代遍照禅师，洞宗三十五世，讳兴隆，莆田陈氏子，二十五岁投恒涛和尚落发出家，后遍参讲肆，乾隆戊辰（十三年，1748）住持鼓山至乾隆二十一年丙子（1756）他往，乾隆二十七年壬午（1762）归山再任住持，乾隆四十年乙未（1775）圆寂于鼓山，前后住山凡二十二年。①

而在圆玉禅师门下，依《增校鼓山列祖联芳集》则有两位明确的嗣法弟子，另有两位不明所嗣。两位明确嗣法于圆玉禅师的是：

第一百代象先禅师，曹洞第三十六世，讳法印，宁化李氏子，嗣法圆玉禅师，雍正甲寅（1734）圆玉禅师北上取藏经由其继席鼓山，时年方弱冠，刻意精进，短于应酬，闭门兀坐，刺血书经，身骨柴立，英年早逝，乾隆四年己未（1739）六月十日圆寂，住山六年。②

第一百〇一代淡然禅师，洞宗三十六世，讳法文，沙县萧氏子，得法于圆玉禅师，乾隆五年（1740）住持鼓山，七年（1742）退居和山，乾隆二十二年（1757）丁丑圆寂于延平天宁寺。③

另有两位不明所嗣的洞宗三十六世：

第一百〇二代常敏禅师，洞宗三十六世，讳法睿，莆田杨氏子，继淡然禅师住持鼓山，至乾隆十三年（1748）退隐。④

第一百〇四代清淳禅师，洞宗三十六世，讳法源，莆田人，乾隆二十一年（1756）住持鼓山，二十七年（1762）圆寂，凡七年。⑤

---

① 虚云增校：《增校鼓山列祖联芳集》，鼓山刊本，第29页b、30页a。
② 同上书，第28页b。
③ 同上书，第29页a。
④ 同上书，第29页b。
⑤ 同上书，第30页a。

不过,《丛林祝白清规科仪》中祖师供奉单上曹洞第三十五世为圆玉兴五禅师与遍照兴隆禅师,第三十六世则略为不同,分别是三十六世象先印公和尚、三十六世东阳初公和尚、三十六世首座清淳厚公和尚、三十六世承祖慧老和尚。① 其中象先、清淳如上所述,无淡然禅师、常敏禅师。承祖慧老和尚不知其详,《增校鼓山列祖联芳集》未见。东阳禅师在《增校鼓山列祖联芳集》中列为洞宗第三十七世,法讳界初。②

此外,《丛林祝白清规科仪》仅至洞宗三十八世道源信老和尚,且独缺洞宗三十七世传人。③ 道源,法讳一信,泉州惠安人。乾隆乙巳(1785)住持鼓山,乾隆六十年乙卯(1795)圆寂。④

从上可见,清代自鼓山曹洞三十七世传人以后就有多种不同说法。而在近现代几位鼓山曹洞法系传人《法卷》中相关世系的差异更是令人不得其解。众所周知,民国佛教界有所谓四大高僧之说,其中圆瑛大师、虚云大师都是鼓山曹洞法系的传人。

圆瑛大师(1878—1953),福建省古田县平湖端上村人,俗姓吴,名亨春。其少习儒业,十七岁即思舍俗出家,十八岁如愿于鼓山剃度,二十岁(光绪二十二年,1897)依鼓山涌泉寺妙莲和尚受具。大师法名宏悟,字圆瑛,号韬光,亦名一吼堂主人、三求堂主人、灵源行者、离垢子等。圆瑛大师出家之后即在各著名丛林中历练,亲近过众多清末民初的高僧。圆瑛大师有着强烈的爱国主义精神,也是新中国佛教界的领袖,1953年被推举为首任中国佛教协会会长,虚云、达赖等担任名誉会

---

① 《丛林祝白清规科仪》,鼓山刊本,第46、47页。
② 虚云增校:《增校鼓山列祖联芳集》,鼓山刊本,第30页a。
③ 《丛林祝白清规科仪》,鼓山刊本,第46、47页。
④ 虚云增校:《增校鼓山列祖联芳集》,鼓山刊本,第30页a。

长，喜饶嘉措等担任副会长。是年 9 月 19 日圆瑛大师于北京安然圆寂。圆瑛大师一生勤于讲经说法，著述颇丰，有独步《楞严》之誉，其《大佛顶首楞严经讲义》为世人所称颂。圆瑛大师弟子中最著名者有慈航法师、明旸法师等。①

慈航法师（1895—1954），福建建宁人，出家于泰宁庆云寺，曾就学于闽南佛学院，为太虚大师弟子，长年弘化于缅甸、马来亚各地，他最早提出"人间佛教"的口号；就是这样一位堪称佛教革新派旗手者却在 1948 年于槟城极乐寺嗣法于圆瑛大师，为鼓山曹洞正宗传人。1954 年，慈航法师圆寂于台湾弥勒内院，1959 年开缸因其肉身不腐而轰动全台。2007 年在两岸佛教界的共同努力下，慈航菩萨圣像回归祖庭活动顺利举办，慈航大师金身回到福建泰宁庆云寺祖庭供奉。据顾毓琇《禅史》一书中曾引述其所见慈航法师嗣法弟子——台湾花莲佛教莲社住持严持复戒法师的《法卷》，其中的曹洞宗法脉传承如下：

为霖道霈—恒涛大心—遍照兴隆—清淳法厚—东阳界初—道源一信—继云鼎善—增辉新灼—圆智通完—能持天性—云程兼慈—净空彻地—悟源地本—圆瑛耀性—慈航古开—严持复戒②

此《法卷》中圆瑛以前的传法世系人物与明旸法师传予本性法师的

---

① 具体可以参见明旸《圆瑛大师年谱》，宗教文化出版社 1996 年版。
② 顾毓琇：《禅史》，上海古籍出版社 2009 年版，第 94 页。

《法卷》相同。①

虚云大师（1840—1959），讳古岩，字德清，号虚云，原籍湖南，出生闽南。出家于鼓山涌泉寺，从妙莲和尚受具足戒。虚云以深入禅定著称，一生中有数次大定境界，而其身经清朝、"中华民国"和中华人民共和国三个历史时期的传奇身世也为世人瞩目。就禅宗而言，虚云大师之最大的功绩在于他以一身挑起五宗法脉，尤其是续起法眼宗、沩仰宗、云门宗三大宗，兴复各地禅宗丛林，在禅宗史上可以说是"前无古人，后无来者"，故有"中国末代禅师"之誉。② 虚云大师著名弟子有净慧法师、一诚长老等。

净慧法师（1933—2013），俗姓黄，湖北新洲人，1951在云门大觉寺从虚云老和尚受具足戒，曾担任虚云侍者，后住持河北柏林禅寺等，担任中国佛教协会常务理事、副会长等职，2013年圆寂。1952年得虚云老和尚付法为：临济宗第四十四世、曹洞宗第四十八世、沩仰宗第九世、法眼宗第九世、云门宗第十三世。③

比照圆瑛大师与虚云大师两系曹洞法脉世系可见，在辈分上，圆瑛大师属于鼓山曹洞"耀"字辈，即第四十六世；虚云大师属于鼓山曹洞"古"字辈，即第四十七世。他们之间主要的差异在于：

第一，圆瑛大师得法自悟源地本，而虚云大师得法鼎峰耀成，耀成得自妙莲地华，④ 净慧法师说："中国佛教丛林晚近以来，按其住持人选

---

① 本性法师：《法卷》，《福州开元寺》，福州开元寺2004年。另见马海燕《为霖道霈禅学研究》，宗教文化出版社2012年版，第39、40页。
② 陈慧剑：《中国末代禅师》，台湾东大图书公司1998年版。
③ 《净慧长老生平》，《禅》2013年第3期。
④ 《曹洞宗派》，《虚云和尚全集》第3册，中州古籍出版社2009年版，第205页；《虚云老和尚南行纪略》，《虚云和尚全集》第6册，中州古籍出版社2009年版，第252页。

产生而分为传贤、传法、子孙三种类型，鼓山即为传法丛林，且临济、曹洞二宗并传。虚老受戒后，颇受妙莲和尚器重，遂于光绪十八年（1892）受临济衣钵于妙莲和尚，为临济宗四十三世；受曹洞衣钵于耀成和尚，为曹洞四十七世。笔者曾亲见虚老接法时法卷二件，虚老接法的年代即根据法卷的记载。"① 可见，虚云的曹洞得自耀成和尚。也就是说，"地"字辈至少有两位传人，圆瑛一系和虚云一系来源不同；而据《增校鼓山列祖联芳集》中，"地"字辈曹洞住持传人在妙莲地华之外，还有宗通地纬、怀忠地圣，独缺悟源地本。②

第二，圆瑛大师一系中，第四十四世为净空彻地，属"彻"字辈；而同样是这位净空法师，在虚云大师一系则被列为第四十三世，为"净空兼印"，属"兼"字辈。③《增校鼓山列祖联芳集》有净空传。

另外，海外也有鼓山曹洞的传法丛林，如南洋鹤山极乐寺、岳山观音寺等都是曹洞宗寿昌系的传法丛林。岳山观音寺为极乐寺下院，创建于光绪三十年（1904），创建者为鼓山善庆老和尚（虚云大师师叔）。④

总之，曹洞鼓山系法脉入清以后传衍分化，子孙众多，已经遍布世界各地，民国以来更是高僧辈出，对中国现、当代佛教的转型与发展深有影响，成为现当代曹洞宗最为重要也最为繁盛的法系之一。

---

① 净慧：《虚云和尚行业记——纪念虚云和尚圆寂三十周年》，见《虚云和尚全集》第5册，中州古籍出版社2009年版，第25页。
② 虚云增校：《增校鼓山列祖联芳集》，鼓山刊本，第32—33页。
③ 同上书，第32页a。
④ 《虚云老和尚南行纪略》，《虚云和尚全集》第6册，中州古籍出版社2009年版，第252页。

第二节　鼓山禅禅法概要

元贤禅法得自寿昌，但有其自身的特色，元贤称此禅法为"鼓山禅"，学者亦有称为"救儒禅"者。鼓山禅重视僧人劳作，讲究真参实修，具有稳健、笃实的百丈精神，在当时狂禅之风较为普遍的社会形势之下，鼓山禅如同一阵清风，荡污涤浊，赢得众多参学弟子的青睐。

鼓山禅禅法之内容主要可以归结为以下三个方面。

一　"一心"圆融

在明清佛教中，"心"与"性"是极为重要的范畴，佛教内部乃至学界对于二者的关系长期以来就有两种不同的看法：或以心、性相区别，如认为心是主体，性是客体，主客分际不同；[1] 或认为心、性相通，二者是一而二、二而一的关系，讲心即是讲性。[2]

就元贤而言，他虽然"老僧开堂二十年来，逢人说心说性，说道说禅"[3]，但他以"说心"为最多，偶尔才论及"性"[4]。例如：

>山河大地，以及无边虚空，谓之万法，此万法全同泡影，虚幻不实，皆不出一心之所变现，但今人皆知一心变现，而不知此心果在何处，以为身内乎？以为身外乎？以为不在内外，将在中间乎？

---

[1] 吴汝钧：《佛教的当代判释》，台湾学生书局2011年版，第427页。
[2] 方立天：《中国佛教哲学要义》卷上，中国人民大学出版社2002年版，第268页。
[3] 元贤：《广录》卷3，《卍新纂续藏经》第72册，第402页。
[4] 论性见元贤《呓言》，《广录》卷29，《卍新纂续藏经》第72册，第565、569、570页。

悉属妄见，无有是处。又况以为心者，念起念灭，倏忽不定，乍善乍恶，变迁靡常，将以何者为心乎？既此等处，各不是心，将以为无心乎？岂有人而无心哉。①

此处元贤说心以"真心"为心，与《楞严经》密切相关。元贤说，要明了佛所说的"一心变现"首先必须知道何为"心"，"此心果在何处，以为身内乎？"身内之心是佛教中"心"的一种常见含义：肉团心，常人一般错以身内状如倒挂莲花的肉团心为心，然依佛教说，此肉团心实是假而非真，全无作用；心不在身内，也不在身外，更不在中间——此所谓楞严"七处征心"；"况以为心者，念起念灭，倏忽不定，乍善乍恶，变迁靡常"，这种心乃是妄想心，妄想心非真心无以破除，不仅凡夫执着于妄想心，权教小乘亦往往以"识"为心，诚如《楞严经》中佛所说："一切众生，从无始来，不知常住真心，性净明体，用诸妄想，此想不真，故有轮转。"元贤在《示黄尔巽居士》中更明确点出哪些不是"真心"，他说：

学无多术，只要识得自己真心而已。今观此身之内，四大假合，日趋于尽，所谓真心者何在？意念纷起，生灭不常，非真心也；或善或恶，迁变靡定，非真心也；又全因外物而现，外物若无，此心安在？非真心也。况此心于一膜之内，不能自见，是暗于内，非真心也。一膜之外，痛疾全不相干，是隔于外，非真心也。若曰回光内照，觉有幽闲静一者，将以为真心乎？殊不知，此幽闲

---

① 元贤：《示王心宰居士》，《广录》卷10，《卍新纂续藏经》第72册，第440、441页。

大乘小乘之不同，约而言之，不过诸恶莫作，众善奉行，自净其意而已。盖吾心本净，而习染弗净，故说戒以防之，总以完吾心之本净也。①

也就是说，戒之要义在于诸恶莫作、众善奉行，自净其意，在"完吾心之本净"，在以心为本净的原则上，禅律本是一家，修禅学律并无不同。

其次，以一心拣别玄佛。元贤《呓言》：

> 宋儒曰《庚桑子》一篇都是禅，其他篇亦有禅语，但此篇首尾都是。呜呼！此宋儒之所谓禅也，岂识禅哉？夫庄生之学，自谓穷玄极妙，而要其旨归，不过安于虚无自然，以为极致。夫道超有无，离于四句，则言虚无者，非道也，乃其境也。彼欲习虚无以合于道，而虚无翻为窠臼矣。道无有自，云何有然，随缘而然，然而非自，则言自然者，非道也，乃其机也。彼欲习自然以合于道，而自然翻为桎梏矣，此庄生之所以为外学也。若吾释之学则不然，不以有心取，不以无心合，其要在圆悟一心而已。悟此一心，则主宰在神机之先，不必言顺其自然也；运用在有无之表，不必言返于虚无也。聪无不闻，而非骈于聪也；明无不照，而非枝于明也；智无不知，而非伤于凿也；圣无不通，而非淫于艺也。岂局局然守其昏默，一以是终云乎哉。②

---

① 元贤：《广录》卷6，《卍新纂续藏经》第72册，第419页。
② 元贤：《呓言》，《广录》卷29，《卍新纂续藏经》第72册，第564页。

元贤在此批评宋儒所谓之禅与禅宗之禅有天壤之别：宋儒之禅不过是老庄玄学而已，玄学顺自然，言虚无，与佛家内学相比此乃是外道之学；禅宗之禅应重在圆悟一心，不以有心取，不以无心合。关于佛家之有无，元贤说：

> 佛氏有无二义与世俗迥别，故世俗少有信者。佛所谓有，必其历劫常存，不可少损者谓之有；佛所谓无，必其刻刻不住，不可常存者，谓之无。故佛之所有，天下莫能无；佛之所无，天下莫能有，乃究竟之实法也。若有质有名谓之有，无质无名谓之无，此世俗之有无也。此有从无而生，亦必复归于无，则现在虽有，刻刻不住，乃知言有者妄也。此无可因有而得，亦可倏变于有，则现在虽无，刻刻不住，乃知言无者妄也。或谓此有固有，此无亦有，立一切有为宗。或谓此无固无，此有亦无，立一切无为宗。或谓宗有者堕有，宗无者堕无，由是立双亦以为宗。或立双非以为宗，或又对此四见，立非四见以为宗，细而分之，凡九十六种，皆外道法也。其病在以见见道，而不知道不可以见见，唯悟入一心，则诸见消灭，诸见消灭，则常光自圆。虽说有也得，说无也得，说亦有亦无也得，说非有非无也得，盖知有底人，语语归根，悉顺正法，殆非世俗所能测也。①

实际上，元贤解读的老庄"有无"是偏于宇宙生成论的范畴，他认

---

① 元贤：《呓言》，《广录》卷29，《卍新纂续藏经》第72册，第561页。

为，庄子没能超越有无对立的二元论，最终偏向于"无"，接近于佛教所批判的"顽空"了。他《呓言》中批评老庄玄学有、无、自然之说者甚多，由此，元贤还批评以禅自负的宋代名人苏东坡："其晚年，乃好长生之术，用冬至日闭关养气，卒以此得病而终，禅也其若是乎？"①

最后，元贤以一心救儒补禅。明末社会狂禅之风盛行，"补禅"重在各类文人禅、外道禅的对治，如前述对宋儒及苏东坡之"禅"的批驳即是；"救儒"则重在对儒家心性论的批评。元贤自儒生而入释，所作《呓言》主要就是汇通儒释，其中关于儒家之说批评甚多，如言：

> 佛氏说唯心，与孔子一贯之旨不同。一贯之旨，意在破随事精察，故曰吾道一以贯之，乃权语也。若深究之，则一是个甚么？贯又贯个甚么？全心造事，全事是心，如金铸像，像非金外，如镜现影，影在镜中，是即唯心之义也。②

在佛教，心与性具有一种存在—本体论的相即关联，心性论与解脱论相互贯通，而儒家之心性论则涉及伦理善恶是非判断及意志抉择，故而沦为佛教所谓的妄心、妄识。③另外，在工夫论上，佛教"全事是心（理）"，而儒家则分为两截，由此，元贤认为儒家"吾道一以贯之"之"道"经不住深究，虽然儒家所宗之心性，有道心、人心之别，但很难做到即人心而复道心，其所谓"一以贯之"的功夫，只是"破随事精

---

① 元贤：《续呓言》，《广录》卷30，《卍新纂续藏经》第72册，第572页。
② 元贤：《呓言》，《广录》卷29，《卍新纂续藏经》第72册，第561页。
③ 陈永革：《晚明佛教思想研究》，宗教文化出版社2007年版，第351、352页。

察"的"权"用而已。在元贤与士大夫来往的信函中,他多次批评儒家学者缺乏"向上一着",所指即这种工夫论上的缺陷。

二 禅病对治与话头禅

(一) 禅病的认识与对治。所谓禅病主要指修禅者所遇到的种种困难,认识禅病就是要对症下药。元贤指出认识禅病的重要意义说:

> 参学之士,当以参禅为贵。参禅之功,必以识病为先。不识病则禅为伪禅,禅既伪,则道为外道。所以争人竞我,贪名逐利,为今日之禅是也。如何是病?老僧开堂二十年来,逢人说心说性,说道说禅,说权说实,说照说用,并是无始劫来深重病根,未能破除。①

此中提及,参禅应以识病为先,否则不识禅病则禅为伪禅,道为外道,然而如何是禅病,元贤以自己为例,逢人说心说性,说道说禅,种种言辞、文字,种种分别,此即意根下事,故而对治之法在于先要意根干净:

> 凡要参禅,须是先要打叠得意根下十分干净,方有趣向分。若意根下有许多不净的意思,纵饶用工真切,而病根必乘间而发,必然别有境界现前,十个五双,落在魔道,虽因缘到时,亦多出世,称善知识,而心必毒如蛇猛,如虎媚,如狐狡,如兔专,逞人我,

---

① 元贤:《广录》卷3,《卍新纂续藏经》第72册,第402页。

妄起生灭，一朝报尽，入地狱如箭射，故知必先要个干净心肠。①

当然，以上是总说禅病及其对治，针对各种具体的情形元贤有四病说、三病说、四种避忌等等，② 其中"十一莫"最为详细：

　　参禅人莫廉纤，公案商量大可怜，一毫头上亲相见，管取鉴地亦辉天。

　　参禅人莫笼统，一喝一棒徒粗犷，堕在孤危死水浸，转身一路多如懵。

　　参禅人莫妄求，万妙千玄尽放休，铁壁银山成粉末，德山临济也难俦。

　　参禅人莫自足，门外草庵休久宿，宝所未归终不了，请君唱个还乡曲。

　　参禅人莫自屈，谁家屋里无真佛，只须一念契无生，兔角杖挂龟毛拂。

　　参禅人莫多知，《五灯》读遍转增迷，泥牛踏破澄潭月，五叶花开别有枝。

　　参禅人莫猖狂，许多歧路会亡羊，历尽千山云水窟，须知更有白云乡。

　　参禅人莫懈怠，百万魔军日相待，时时剔起吹毛利，始识南无观

---

① 元贤：《示印朗上人》，《广录》卷9，《卍新纂续藏经》第72册，第437页。
② 关于此，参见范佳玲《明末曹洞殿军——永觉元贤禅师研究》，博士学位论文，台湾师范大学，2005年，第209—214页。

自在。

参禅人莫他营，营得徒能益死生，衣里藏珠如不昧，遮身一衲有余荣。

参禅人莫嫌贫，贫不极时见不亲，须知彻骨风流事，寒尽元来别有春。

参禅人莫执一，死法相传尽成癖，好汉须如出海龙，五宗门下无踪迹。①

要之，归纳元贤对禅病的认识约略可以总结为七大要项，即不可立心不正、不可用心不专、不可狂心求禅、不可妄心求解、不可一心求悟、不可贪心求橛、不可执心新解等。②

（二）禅者的德行与威仪。如前所述，元贤认为禅教律三宗之中，禅宗最为难，禅宗本是针对上上根者，故而对于禅者的要求也最高。

元贤认为禅者至少应具备以下三方面的德行。

其一，应注重名节。《续呓言》曰："近世禅者，多是大言不惭，不守毗尼。每自居于旷达，不持名节，每借口于圆融，迨一旦逐势利，则如饿鬼觅唾，争人我，则如恶犬护家，圆融旷达之谓何哉？"③

其二，不可贡高我慢。《续呓言》曰："贡高我慢者，总犹我执情深故，横起斯病，为大道之重障。今日学者专尚此习，谓之硬铮，谓之孤峻，及至遇着一点利害，则柔如绕指，全无主宰，此孔子所谓'色厉内

---

① 元贤：《参禅偈》，《广录》卷22，《卍新纂续藏经》第72册，第510、511页。
② 范佳玲：《明末曹洞殿军——永觉元贤禅师研究》，博士学位论文，台湾师范大学，2005年，第212—214页。
③ 元贤：《广录》卷30，《卍新纂续藏经》第72册，第575页。

茬，乃穿窬之小人也'。不知古人全不如此，昔远录公谓演首座曰：但得妙悟，自然心静气和，容敬色庄。五祖演曰：长于包荒，厚于隐恶，谦以交友，勤以济众。大慧戒首座书，尤谆谆以谦虚逊让为劝，诸人既称禅衲，下视流俗，岂可不思并古人哉。"①

其三，应有无私之心。《续呓言》曰："门风之别，所宗有五，其实皆一道也。故真知临济者，决不非曹洞；真知曹洞者，决不非临济。如汾阳昭，虽善三玄，且遣琅琊觉、浮山远，学洞上之旨于大阳；云门虽承雪峰，记莂而后，乃历参洞下诸师，如曹山、疏山、乾峰、九峰，皆有机缘。是知大道唯公，法无偏党，后世妄生人我，割截虚空。嗣临济者，谤曹洞；嗣曹洞者，谤临济，破灭法门，自丧慧命，岂不深可痛哉。今愿诸人，廓无外之观，体无私之照，而斯道幸甚矣。"②

总之，元贤苦口婆心，奉劝禅者身为住持佛法者必须具备僧人的威仪，重视戒律的修持，不可以"宗门只重见地不重操履"为由，放纵行恶。《续呓言》曰：

> 禅衲威仪，非是外修边幅，盖为内检其心，必先外束其身。未有身既放逸，而心能静一者也。所以佛制比丘，威仪必肃，百丈礼法，诸宗共守。宋伊川先生见僧出堂，叹曰：三代礼乐，尽在此矣。由此观之，当日之威仪为何如也。今有等妄人，任情纵恣，决裂礼法，反笑守律仪者为局曲，果何心哉？昔大觉琏动静尊严，圆

---

① 元贤：《广录》卷30，《卍新纂续藏经》第72册，第570页。
② 同上书，第571页。

通讷一见，直以大器期之。黄龙南进止有度，居常正襟危坐，二老岂局曲之士哉？是知轻浮躁动，必非大器。虽得悟入，终亏全德。唯愿学人，毋以小器自安可也。①

有等禅人，言在飞龙之前，行在跛鳖之后，却谓我宗门下，只重见地，不重操履，不知青原下谓之功勋，如臣事君，如子事父，岂敢违背？南岳下谓之牧牛，盖得牛之后，犹须善牧，况未得牛者耶？且衲衣下，善不许着，恶岂可纵，佛祖尚不可为，势利岂可偏逐，此乃无忌惮之小人，托圣言以自文，入地狱如箭射者也。有志之士，切宜自省。②

（三）参话头及其方法。元贤之鼓山禅，如其自述："鼓山禅最简易最直捷，无三湾四曲底禅，无戴花插柳底禅，无奇异古怪底禅，无隐疏秘密底禅。"③ 此说乃是有针对性的，主要是针对各种禅病而发："禅之有病，其症非一，或有堕于孤危者，则以孤危为禅；或有堕于平实者，则以平实为禅；或有堕于险怪者，则以险怪为禅；或有堕于廉纤者，则以廉纤为禅；此皆由其见有偏枯，故情存向背耳。"④

元贤又云鼓山禅：

鼓山禅，与诸方大不相同。诸方要人学偈颂，这里不要人学偈

---

① 元贤：《广录》卷30，《卍新纂续藏经》第72册，第570、571页。
② 同上书，第571页。
③ 元贤：《广录》卷3，《卍新纂续藏经》第72册，第397页。
④ 元贤：《重刻大慧禅师书问法语序》，《广录》卷13，《卍新纂续藏经》第72册，第460页。

颂。诸方要人学答话，这里不要人学答话。诸方要人学上堂小参，这里不要人学上堂小参。所以诸方禅易参，老僧禅难参。老僧只要你向解说不通处，愤愤地，如救头然，如丧考妣，急着力钻研，钻研来钻研去，忽然大地平沉，通身脱落，跳出虚空之外，跨上毗卢之顶，方称真正参学人。若委委琐琐，向他人脚跟后步趋，向他人涕唾下咀嚼，向他人门壁外倚靠，正如生盲倚杖，却道我是临济宗，我是曹洞宗，不知面皮厚多少。古人云，不慕诸圣，不重己灵。若是当家种草，自然不入他家社火。勉之。①

从上可知，元贤之鼓山禅与诸方大不同，主要在于他反对文字禅。元贤《重刻大慧禅师书问法语序》中就将各类评唱文字彻底否定："如天奇之注《颂古》，少林之讲评唱，非特不能无思，皆邪思也；非特不能无言，皆妄言也；非特不能传佛印，且佩魔王之印也。是之谓膏肓痼癖，岂世医所能愈哉。"② 因为反对文字禅，他对著名的觉范禅师提出了批评："洪觉范书有六种，达观老人深喜而刻行之，余所喜者，文字禅而已。此老文字，的是名家，僧中稀有，若论佛法，则醇疵相半，世人爱其文字，并重其佛法，非余所敢知也。"③

元贤所重者在参话头，极力倡导话头禅。所谓话头，话就是说话，头就是说话之前，话头乃是与话尾相对，"一念才生，已成话尾"④。故而话头乃是一念未生之前。一念的生与不生，境界截然不同，元

---

① 元贤：《示善侍者》，《广录》卷10，《卍新纂续藏经》第72册，第441页。
② 元贤：《广录》卷13，《卍新纂续藏经》第72册，第460页。
③ 元贤：《广录》卷30，《卍新纂续藏经》第72册，第572页。
④ 虚云：《虚云老和尚法汇》，黄山书社2006年版，第161、162页。

贤说：

> 一念不生，则全体湛然而不失；一念暂生，则间关万里而难寻；一念不生，则四圣之位无所立；一念暂生，则六凡之影不可逃；一念不生，则我大而虚空为小；一念暂生；则我小而微尘亦大；一念不生，则根尘皆遍于法界；一念暂生，则根尘各局于本位；一念不生，则耳目互用，依正交融；一念暂生，则耳目分司，依正永判；一念不生，则数不能拘，报不能及；一念暂生，则吉凶异域，苦乐殊途；一念不生，则不疾而速，不行而至；一念暂生，则疾而不速，行而不至；一念不生，则不动而敬，不言而信；一念暂生，则动而不敬，言而不信；一念不生，则空色双泯，见化为性；一念暂生，则空色敌立，性化为见；一念不生，则世界可移，虚空可殒；一念暂生，则微尘亦碍，一膜生障。是此一念者，乃生死之根核，亦涅槃之康庄，人能铸有念而成无念，则成佛尚有余事乎？[①]

因为要求"一念不生"，元贤也反对"做工夫"之说："做工夫三字，已是不得已而言之，早是埋没诸人了也，况如今日之谆谆乎？今日诸兄弟不是不识做工夫，正病在讲之太详，识之太早，非预意以迎之，则先念而避之，皆偷心也。"[②]

有偷心正是话头禅的大忌，元贤认为参话头必须断尽偷心。偷心一

[①] 元贤：《呓言》，《广录》卷29，《卍新纂续藏经》第72册，第570页。
[②] 同上书，第566页。

词出自《楞严经》卷六"汝修三昧，本处尘劳，偷心不除，尘不可出"之句，乃是一种心理状态，佛教中常称为计较心、分别心、攀缘心、执着心、生死心等。① 元贤在《示灵生上人》中教授参禅方法，他说：

  近日诸人参禅，称悟者大率在这里作活计，更兼商量公案，习学偈颂问答，以为操履，弄得知解日多，口头渐滑，自谓得大辩才，而去道益远矣。盖参禅只要你忘情绝解，死尽偷心，得个无念心体而已，今转向外边，搬入许多骨董，正所谓只名运粪入，不名运粪出也，如何了得大事？上人若肯相信，但将从前所得所学底，一坐坐断，单单向一句死话头上究，将去这死话头，不可知解处，正与本分事相近，要你向这里，磨来磨去，忽然解心销尽，则本有光明，自然辉天鉴地去也。②

必须指出，参话头也不是一个简单的历程，其间需要经过很长时间的持续努力，绝不是只凭一时兴起而短暂修行即可成就的。③

三　印证与保任

禅者开悟必须经明师鉴别印证，因为担心禅者"见种种异境，或种种异解"却不知道是"妄识作怪"，着入邪魔外道。④ 然而明末以来社会上有一类禅师以"冬瓜印子"胡乱印证，博山元来曾说："沿街遍户，

---

① 圣严法师：《明末佛教研究》，宗教文化出版社2006年版，第61页。
② 元贤：《广录》卷10，《卍新纂续藏经》第72册，第441、442页。
③ 参见范佳玲《明末曹洞殿军——永觉元贤禅师研究》，博士学位论文，台湾师范大学，2005年，第220—222页。
④ 元贤：《示黄孟扬居士》，《广录》卷9，《卍新纂续藏经》第72册，第435页。

皆以棒喝为应用耶？若不审来机，一概用打，是妄立门庭，便成戏论，引动一班狂妄学人，堕落意坑见堑，硬作主宰，错下承当，图彼冬瓜印子，贪人礼拜供养，诳惑无识，各各自谓成无上道，报终决沉生死苦海，正所谓邪师过谬，非众生咎，然在真为生死之人，具眼参方，必不被其所赚。呜呼！时丁末世，贵在辩正邪别真伪。"① 元贤也说："近日禅人，却以先辈之言为不然，唯相与学颂古，学机锋过日。学得文字稍通，口头稍滑者，则以拂子付之。师资互相欺诳，而达摩之旨又安在哉？不特此也，曾见付拂之辈，有颠狂而死者，有罢道还俗者，有啸聚山林劫掠为事者，他如纵恣险恶，为世俗所不齿者，在在有之，灭如来种族，必此辈也。呜呼！危哉。"②

元贤经过禅悟的体验，熟知禅者参究过程中的状态，故而对于禅者的印证把关较为严密，一般不会轻易许可。如道霈参于元贤座下的经历，道霈《旅泊幻迹》云：

　　复上鼓山，老和尚曰参堂去，因领维那职，凡入室勘诘，前所印可者，皆翻案不许，不胜迷闷。一日老和尚谓余曰：子还知病之所在否？余曰：不知。老和尚曰：云门云达得一切法空隐隐地似有个物，岂非子之病耶？余沉吟良久曰：正坐此耳。老和尚曰：无妨放下便稳也。

　　余便礼拜。一日堂中静坐，闻放生所中群鹅噪鸣于耳根中，三真实法，一时现前，动静二相，了然不生。次日，上方丈通所得，

① 元来：《无异元来禅师广录》卷23，《卍新纂续藏经》第72册，第327、328页。
② 元贤：《续呓言》，《广录》卷30，《卍新纂续藏经》第72册，第575页。

老和尚曰：前皆识境，此智境也，宜善保护。遂示偈曰：一番入处一番亲，亲处何妨更转身。彻底穷源何所有，眉下从来是眼睛。余礼拜而退。

又一日，老和尚示众，举庞居士问马祖曰：不与万法为侣者是什么人？祖云待汝一口吸尽西江水即向汝道。庞大悟后来草堂青拈云：许多鱼龙虾蟹，向什么处去？老和尚云：诸人试于草堂语下代马祖下一转语看。余便喝，众下语竟。老和尚复云：诸人各能为马祖出气，老僧看来马祖语亦只得八成，还有道得十成语者么？余下语不契，被老和尚呵出。归堂一夜不安，将抽解，卷帘出堂，正迷闷，不觉撞破石门，乃廓然开解，泮然冰释，即冲口说偈曰：哭不得兮笑不成，触瞎娘生两眼睛。有人问我西来意，拳头劈面没疏亲。又曰：烈焰光中木马飞，得便骑来即便骑。当机觌面无回互，拟议锋芒失却伊。又曰：法法本来法法，拨与不拨俱伤。便欲十成道出，不觉满口含霜。

次日偕同参明一上方丈礼拜曰：某今日有个十成语举似和尚。老和尚云：汝试道看。余乃背身叉手向老和尚云：请和尚鉴。老和尚云：好与七藤条。余便礼拜，复呈前三偈，老和尚颔之，乃嘱曰：此事高而无顶，深而无底，不可以限量心入无限量法，须于一切处及得净尽始可保任。余即再拜顶受。后和尚时出洞上宗旨示之，余一一答颂，皆泯然契合。时年已三十有八矣，明年辞归建宁广福庵掩关三载，密自锻炼。①

---

① 道霈：《旅泊幻迹》，载《还山录》，鼓山刊本。

此中道霈屡屡呈偈，都未被元贤印可，还指出其"病"之所在，劝其"放下"即可。实际上，禅修悟道乃是一个不断否定的过程，"前所印可者皆翻案不许"，由此对禅者形成一种心理或思维上的逼迫，进而突破原来的主客、生死等二分的框架，最后"桶底脱落"，顿见本地风光。道霈之经历正如元贤所说的："参学之士，工夫逼拶到将悟未悟之际，解心未绝，往往巧见横生，此谓之聪明境界，亦谓之树下魔军，便当尽情剪灭，庶进趋有路，而大事可期。若巧见悉灭，向父母未生前，瞠开正眼，悟则不无，若望衲衣下事，犹隔江在，直须向苦辣钳锤下，陶炼一番，然后透向上之玄关，洞千差之门户，而大事毕矣。"[1]

经历过开悟之后，元贤强调保任之工夫，其提示道霈，"此事高而无顶，深而无底，不可以限量心入无限量法，须于一切处及得净尽始可保任"。对于悟后之事，禅宗史上本有"顿悟渐修""顿悟不许渐修"二说，对此，元贤回应道：

或问：顿悟必假渐修，诸师多备言之，唯中峰不许渐修之说，谓习气未除，只是悟心未圆，须力求其彻悟可也。二说未知孰是？曰：悟心既圆，命根顿断，虽有习气未除，但得正见不昧，习气自然渐泯，不可别有修习，譬如伐树者，既断其根，则枝叶虽存，不日消落，不必别有消落之法。若悟心未圆，则命根未断，习气横生，遏治罔效，故须力求其彻悟可也。又详中峰之意，亦非全不许渐修。乃缘当时善知识，才得入头，便云彻证，及乎习气不除，却

---

[1] 元贤：《呓言》，《广录》卷29，《卍新纂续藏经》第72册，第567页。

归于渐修之未到，故中峰吃紧而作是说耳。①

值得注意的是，有学者据此以为元贤只提保任而不提"悟后起修"，即认为大彻大悟之后烦恼习气自然去除，不需要有所谓修行之功了。② 但实际上，元贤此答语的重点并不在于是否认同"顿悟渐修"或"顿悟不许渐修"，从他对中峰之意的分析即可见他对这种非此即彼的争论不感兴趣，他关注的是如何才能算是"彻悟"，或者说是怎么才可以称为"悟达之士"。元贤《净慈要语》卷上云："汝谓悟达之士，惑习永尽，顿同诸佛乎？抑惑习尚在必假渐修乎？"③ 其《示石岐上人》云："盖参禅而不求妙悟，专图拂子以欺人，皆地狱业也。虽已得妙悟，尚当铲除见病，深加保养，方可少分相应，可容易乎？"④ 如果一定要论定元贤对于此事的看法，从其"详中峰之意，亦非全不许渐修"之语来看，他是无可无不可的——应针对禅者的根机及特定情形具体分析。

笔者曾将元贤与道霈之禅学相比照，指出道霈并非因袭元贤之说，他们许多观点有很大不同，甚至完全对立。⑤ 从元贤和道霈禅法风格的差异可知，明清禅宗宗门的传承中曹洞、临济门风界限并不分明，禅法等实质性的内容已未必是"传续"之重心，而法卷源流的授受即宗族法缘关系的确立才是关键所在了。

---

① 元贤：《呓言》，《广录》卷29，《卍新纂续藏经》第72册，第568页。
② 范佳玲：《明末曹洞殿军——永觉元贤禅师研究》，博士学位论文，台湾师范大学，2005年，第227页。
③ 元贤：《净慈要语》卷上，扬州藏经院本，第10页a。
④ 元贤：《广录》卷10，《卍新纂续藏经》第72册，第443页。
⑤ 马海燕：《为霖道霈禅学研究》，宗教文化出版社2012年版，第243—246页。

第三节　两岸鼓山法脉辨

关于博山无异大师前后鼓山禅师的法系归属，虚云《增校鼓山列祖联芳集》总结说：

> 本山之开山灵祖受法于江西马祖道一，系属南岳。开山未久，即遇唐武宗沙汰之劫，毁像灭法，当时贤哲多隐遁空山，灭迹尘世，其嗣法为谁，莫可稽考，凡百有余年而兴圣继起，四传而至了悟大师，其后住持，或选贤于他方，或由官府荐举以至于明性聪禅师，凡可数者九十代，大皆属于南岳。博山无异来祖嗣法寿昌，来主兹山，经明清两代，奕叶相传，则皆曹洞法脉，无有紊乱。前南岳世系代数已无可按，自后从无异来祖始各代住持均列洞上法派，以资后世之考寻，庶不致有乱法胤也。①

以此可见，鼓山禅师在博山无异之前大都属于南岳系，博山以后则属曹洞寿昌系。南岳系与青原系是南宗禅中并驾齐驱的两大系，南岳是指住在衡山般若寺的怀让（677—744），其门下有著名的马祖道一（709—788）；青原是指行思（？—740），其门下有著名的石头希迁（700—790）。随着禅宗的发展，南岳、青原两大系下出现了五个支派：南岳系下有沩仰宗、临济宗；青原系下有云门宗、曹洞宗和法眼宗。②

---

① 虚云增校：《增校鼓山列祖联芳集》，鼓山刊本，第22页b。
② 吕澂：《中国佛学源流略讲》，中华书局1979年版，第234—243页。

也就是说，鼓山禅师在博山以前主要属南岳系，而博山以后则属青原系曹洞宗了，法系属性发生了极大的变化。

一 台湾鼓山临济法脉

有关台湾早期禅宗法脉传承的说法时常是令人费解的。例如，清代佛教寺院中规模较大的台南海会寺，即日后的开元寺，其第一任住持为志中禅师。关于志中法师的法派传承，有学者以志中禅师别号行和，将其对应于禅宗临济宗天童密云门下费隐通容禅师的"行"字辈弟子，称其为临济宗第三十二代传人。[①] 另据郑卓云 1930 手稿本《台湾开元寺志略稿》云："自志中大师开山以来，代代皆禅宗一脉之相承，源源本本以传涅槃妙心系统，则由天童密祖法裔而之南海普济寺传之鼓山涌泉寺。"[②] 该略稿所言"由天童密祖法裔而之南海普济寺传之鼓山涌泉寺"令人不解：大概以志中禅师及其后人为天童一系临济传人，但说普陀山普济寺为临济传承尚有可能，何以又加上以曹洞宗祖庭著称的鼓山涌泉寺？其言莫非以为涌泉寺的临济法脉（在台湾自称来自鼓山的法脉大都属此）都是来自普济寺？

更奇怪的是，鼓山在台湾的法脉是以临济为主。瞿海源在《重修台湾省通志》云："明末来台之僧侣中以福州鼓山涌泉寺临济派僧侣为多。"[③] 对此，有学者引近现代著名禅师虚云的说法："鼓山自明代以来，临济曹洞并传，妙莲老和尚即以临济而接曹洞法脉者也，莲老以两宗正

[①] 何绵山：《台闽佛教源流与互动》，台北"中国佛教会"2010 年版，第 32 页。
[②] 转引自何绵山《台闽佛教源流与互动》，台北"中国佛教会"2010 年版，第 31 页。
[③] 瞿海源编纂《重修台湾省通志》卷 3，台北"台湾省文献委员会"1992 年版，第 78 页。

脉付之老人。"① 但其说值得商榷，慧严法师就认为，鼓山方丈之传承在达本和尚（在任住持1924—1929）之前应都是以曹洞宗法脉为主，两宗并传当是其后之事。② 此说应较为接近事实。

实际上，要搞清楚台湾佛教的禅宗法脉传承，必须深入探讨明清时期鼓山涌泉寺佛教的具体情形，而不能完全凭信清末以来部分人物的回忆或遗存下来的部分史料。在明清佛教中各种弟子是不一样的，以鼓山为例：鼓山自明末永觉元贤开创鼓山禅以来，元贤为曹洞正宗第三十二世，他的弟子众多，据说"所依从率三百余人，问道受戒者，不啻几万人"③。但这些弟子并不都是鼓山曹洞法脉，因为他的法脉传人——嗣法弟子只有霖道霈（鼓山曹洞正宗第三十三世）一人而已，其后也基本如此。

如前所述，明清曹洞宗中自博山、元贤、道霈以来就批评临济宗人（特别是密云圆悟一系，嗣法弟子众多）滥传法脉的做法，秉持"不轻授受"的理念，故而实际上鼓山历代住持基本都是曹洞正宗传承，而且各人的嗣法弟子应该不会特别多。这在鼓山同治九年所刻的《丛林祝白清规科仪》中即有明证：各住持名号前都有冠以"曹洞正宗第几世"，直到第三十六世承祖慧老和尚。可见，要担任鼓山涌泉寺的住持，基本上要求必须是嗣法弟子，这方面诚如慧严法师所说："此说（引者按：指'鼓山自明代以来，临济曹洞并传'的说法）如果是用在整个鼓山丛

---

① 虚云：《虚云老和尚法汇》，黄山书社2006年版，第245、246页。按：此说不确，虚云之曹洞不是来自妙莲和尚。

② 慧严法师：《台湾与闽日佛教交流史》，台北春晖出版社2008年版，第48页。

③ 林之蕃：《行业记》，《永觉元贤禅师广录》卷30，《卍新纂续藏经》第72册，第578页。

林的结构，是可以认同，但如果是指方丈的传承的话，我认为是有待商榷的。"① 也即是说，鼓山丛林之中，僧人们属曹洞宗、临济宗都有可能，但就鼓山住持来说，一定是本系曹洞正宗的传承。

那这当中是否有例外呢？有，但例外的那个住持绝不是临济宗传人，前引《丛林祝白清规科仪》那份历代住持名单中，唯"前住当山惟静安公和尚"没有称呼"曹洞正宗第几世"，他也的确不是曹洞正宗的法脉传人。道安，一名太安，字惟静，泉州晋江人，道霈《惟静禅师遗语序》中叙述其生平，② 其中值得注意者有二：第一，道霈、道安与明一都是一起参学于元贤门下，他们属于同门弟子，而不是学界一般人所认为的道安是道霈弟子③，但最后只有道霈获得了鼓山曹洞正宗的传承，故而元贤圆寂之后，就由道霈继任鼓山住持；第二，道霈因故辞去鼓山住持之位，推选道安继任，但因为他不是元贤嗣法弟子，故而采取另外一种解决办法："适余谢事出山，乃举公继席而嗣戒于先师。"对此以往学界未加留意，实际上，"嗣戒于先师"就是说道安成为元贤的付戒弟子之一。在授戒法脉方面，"受戒弟子"与"付戒弟子"是有所区别的，前者指从其受戒者，后者则与禅宗传法的法嗣相似，师徒间必须有戒本的授受关系，律宗授戒法系、禅宗授戒法系都无例外。鼓山系中，除禅宗曹洞宗一脉的传法外，有非常明确的授戒法系传承。④ 元贤的付戒弟子六人，还应加上道安，他是以元贤"嗣戒"弟子而担任鼓山住持的。

由上可见，明清以来鼓山住持之位，都是由曹洞宗嗣法弟子或者由

---

① 慧严法师：《台湾与闽日佛教交流史》，台北春晖出版社2008年版，第48页。
② 道霈：《还山录》卷4，《卍新纂续藏经》第72册，第667页。
③ 关于这点，见马海燕《为霖道霈禅学研究》，宗教文化出版社2012年版，第9、10页。
④ 关于这点，详见本书第三章第二节。

禅宗授戒法系的付戒弟子接任，其中并无临济宗人。在谈所谓的"鼓山法脉"时应进行严格区分：狭义的鼓山法脉指的是鼓山禅或鼓山戒法传承，这批人物十分有限，他们有"法卷"（禅宗传法中作为嗣法弟子的凭证）、"戒本"（鼓山戒法法系付戒弟子都有戒本师承，律宗授戒法系亦然）传承，明清时期台湾佛教的僧人大都不属于此类；广义的鼓山法脉则指从鼓山剃度、受戒（戒法方面，属受戒弟子，非付戒弟子）或在鼓山参学（禅法方面，但非嗣法弟子），即所谓剃度弟子、受戒弟子和参学弟子，这在台湾就比比皆是了。

二　鼓山涌泉寺与台湾五大法派

日据时期，台湾佛教有所谓五大法派的形成。五大法派是在日本佛教各宗在台拓展布教区域的竞争中逐渐成形的，代表了台湾本土佛教的力量，这五大法派是：基隆月眉山灵泉寺派、台北观音山凌云寺派、苗栗大湖法云寺派、台南开元寺派和高雄大岗山超峰寺派。这些法派的核心人物都与鼓山涌泉寺有着密切的关联。

基隆月眉山灵泉寺派。该派创始人善智法师和善慧法师都是鼓山涌泉寺的戒子。善智（1852—1906），基隆人，曾为斋教信徒，1891年内渡福建，在鼓山涌泉寺出家并受具，在鼓山修学三载，1898年回台。善慧法师（1881—1945）是现代佛教史上著名的僧人之一，他是灵泉寺派实际的创始者，灵泉寺第一任住持，1902年内渡在鼓山从妙莲和尚受具，并于1907年加入日本曹洞宗僧籍。善慧与大陆佛教特别是鼓山佛教往来频繁，1909年聘请鼓山圣恩老和尚来灵泉寺教授佛事道场唱诵仪轨，1912年赴内地游历天童寺、普陀山以及上海、杭州各地丛林，1915年聘请鼓山性进法师入台为僧众讲解丛林清规，他还曾受邀在鼓山涌泉寺担任羯磨和尚，与虚云老和尚一起修订《星灯集》。善慧与太虚、圆瑛、会泉等交谊甚厚。

台北观音山凌云寺派。该派亦名五股观音山派，创建人为本圆法师（1883—1947），法师出生于基隆，1900 年在福州鼓山涌泉寺振光和尚座下受具，并在鼓山潜心修学多年，游历大陆各地丛林，1909 年返回台湾接续宝海和尚创建凌云禅寺。1923 年 11 月凌云寺举办首次传戒法会，为期一周，本圆自任传戒大和尚，羯磨和尚为鼓山涌泉寺圣恩老和尚，教授和尚则是首次入台的圆瑛法师。本圆圆寂之后，由弟子觉净法师、志定法师、玄定法师等陆续接任住持。

大湖法云寺派。该派开创者为觉力（1881—1933），福建厦门人，十九岁在鼓山拜万善和尚为师，法讳复愿，别字圆通，号觉力，是日据时期台湾有影响力的僧人之一。其弟子妙果法师（1884—1963），台湾桃园人，俗名叶阿铭，原为民间佛教教派龙华派的太空（斋教分九品，空空为最高，其下为太空），1911 年在鼓山皈依觉力法师披剃，时年十九岁。二十九岁时在鼓山涌泉寺受具，后弘化四方，曾获得日本永平寺及总持寺赠授金襴袈裟，更受到日本内廷供养，1948 年曾力请慈航法师入台创办台湾佛学院。

高雄大岗山超峰寺派。该派重要人物义敏法师（1875—1947）早年投台南开元寺妙谛上人剃度出家，1896 年二十一岁之际在鼓山涌泉寺受具，戒毕归台在台南开元寺弘法，后与弟子永定法师在大岗山营建超峰寺，经永定法师努力，超峰寺殿宇辉煌，宗风丕振，派下子孙绵延，大岗山派得以闻名。

台南开元寺派。开元寺是台湾历史最为悠久的寺院，自清代以来就是台湾佛教的重镇，具有相当的影响力。开元寺派重要人物中，荣芳法师，字达源，于鼓山涌泉寺受具，同治年间归台担任住持；传芳法师，字清源，因荣芳法师介绍前往鼓山涌泉寺从维修法师剃度，后得戒于福州西禅寺复翁老和尚座下，曾在鼓山舍利窟隐修，1913年返回台湾担任开元寺住持；玄精法师，字法通，早年皈依龙华派，后从传芳法师剃度出家，并往鼓山涌泉寺受戒，1903年担任开元寺住持。

兹将五大法派中与鼓山涌泉寺有关者（部分）列表如下。①

台湾五大法派人物与鼓山涌泉寺关系

出家法名	俗籍	出家或受戒地点	法派、备注
善慧（1881—1945）	基隆人	1902年在鼓山礼景峰和尚出家，受具	基隆月眉山灵泉寺派、创建基隆月眉山灵泉寺
善昌（1884—1973）	台北县人	1918年在鼓山涌泉寺礼景峰禅师为师，受具	基隆月眉山灵泉寺派、曾任灵泉寺副住持、法华寺住持等
德蕴（？—1934）		出家于月眉山灵泉寺，受具于鼓山涌泉寺	基隆月眉山灵泉寺派
德馨（1882—1942）	基隆人	1900年于鼓山涌泉寺礼善智和尚出家，1906年于鼓山妙莲和尚座下受具	基隆月眉山灵泉寺派、曾任灵泉寺住持等

---

① 此表主要依据阚正宗著作中各法派僧人传记而制作。阚正宗：《台湾佛教一百年》，台北东大图书公司1999年版。按：慧严法师曾对日据时期台湾僧侣赴鼓山涌泉寺受戒的情形略作统计，见其《台湾与闽日佛教交流史》第4篇第1章，春晖出版社2008年版，第446—453页。

续表

出家法名	俗籍	出家或受戒地点	法派、备注
德融（1884—1971）	台北汐止人	1907年出家于月眉山灵泉寺，同年在鼓山涌泉寺受具	基隆月眉山灵泉寺派、曾任灵泉寺住持
德钦比丘尼（1888—1961）	彰化人	四十七岁在鼓山涌泉寺求法	基隆月眉山灵泉寺派
普钦（1894—1971）		1911年出家于月眉山灵泉寺，后于鼓山涌泉寺受具	基隆月眉山灵泉寺派、曾亲近圆瑛大师
文印（1913—1975）	台中人	十七岁出家于月眉山灵泉寺，二十一岁于鼓山涌泉寺受具	基隆月眉山灵泉寺派、曾任灵泉寺住持
普弘（1924—1988）		十四岁受戒鼓山	基隆月眉山灵泉寺派、曾亲近虚云大师
本圆（1883—1947）	基隆人	1900年在鼓山涌泉寺振光法师座下受具	观音山派
如净（1890—1963）	台北板桥人	1915年在福州鼓山涌泉寺受具	观音山派
觉净（1892—1963）	中坜人	1909年在鼓山涌泉寺参学，任副寺	观音山派
玄妙（1899—1967）	台北人	曾赴鼓山涌泉寺修学三年	观音山派
常定（1890—1969）		二十岁受戒于鼓山涌泉寺	观音山派
觉力（1881—1933）	厦门鼓浪屿人	1910年任鼓山涌泉寺监院	法云寺开山

续表

出家法名	俗籍	出家或受戒地点	法派、备注
妙果（1884—1963）	台湾桃园人	曾参学鼓山良达禅师多年	法云寺派
妙修（1875—1952）	桃园人	曾赴鼓山涌泉寺受具	法云寺派
达果（1888—1965）	宜兰人	二十八岁参学鼓山涌泉寺	法云寺派
荣芳（？—1882）	高雄凤山人	鼓山涌泉寺受具	台南开元寺住持
传芳（1855—1918）	台南人	1881年赴鼓山涌泉寺出家	台南开元寺住持
玄精（1875—1921）	台南人	于鼓山涌泉寺受具	台南开元寺住持
捷圆（1879—1948）		鼓山涌泉寺受具	开元寺派
得圆（1882—1946）	台南人	1906年于鼓山涌泉寺妙莲和尚座下受具	开元寺住持
彻净（1887—1975）	台南人	曾游历鼓山涌泉寺等	开元寺派
义敏（1875—1947）		1896年于鼓山涌泉寺受具	高雄大岗山派

从上可见，鼓山涌泉寺对日据时期台湾五大法派的崛起与兴盛有着重要的影响：一方面，鼓山涌泉寺作为台湾社会所普遍接受的传统佛教丛林典范，它具有极高的权威性，因此，这些法派的重要人物都是在鼓

山剃度或者受戒、参学的，他们以此获得佛教出家人的正式身份，并得到广泛的认同，为他们树立威望、吸引信众、开拓道场、传法续派奠定了基础；另一方面，他们积极推动台湾与内地佛教的广泛交流，特别是邀请鼓山涌泉寺僧人入台教授佛事仪轨、传戒仪轨以及丛林规范等，这有利于遏制台湾佛教的日本化倾向。1945年之后，随着台湾社会形势的剧变，特别是1949年以后大批江浙籍僧人入台，五大法派势力逐渐衰微，开始转入民间。①

三 相关文献的检讨

目前学界关于在台鼓山法脉的研究基本上根据台湾各寺、各法派自己的资料而加以说明，对于鼓山佛教的研究也大都参考虚云等人重新编订的鼓山文献，这就存在极大的问题。

一方面，台湾人士对鼓山的认识是有偏差的，其表述带有较多理想化的成分。例如，李添春在其《台湾佛教的特质》一文中谓"鼓山寺自古以来，标榜为十方丛林，非子孙丛林，不问住持属临济、曹洞或其他任何宗派，苟是高僧硕德则迎之为住持，是为惯例"②。这绝不是事实。还是以清初道安法师为例，道霈辞去鼓山住持之后，道安继任住持，但中间经历了一些波折。当时同属曹洞宗但属东苑系（与鼓山系并行的支系）的石潮大宁觊觎鼓山住持之位，对此，道霈公开的说法是："浪杖人曾住此山，未有继之者，今宁公是其的嗣，愿请继席，以续浪公一

---

① 以上具体参见何绵山《台闽佛教源流与互动》，台北"中国佛教会"发行2010年；阚正宗《台湾佛教一百年》，台北东大图书公司1999年版；慧严法师《台湾与闽日佛教交流史》，台北春晖出版社2008年版；江灿腾《台湾佛教史》，台北五南图书公司2009年版。

② 慧严法师：《台湾与闽日佛教交流史》，台北春晖出版社2008年版，第47页。

脉。"① 道霈似乎本着公心而推荐大宁担任住持——这大概也是李添春所谓鼓山自古标榜是十方丛林作风的根据——但实际的情形是大宁因遭遇鼓山僧众的反对而未能如愿，最后还是由同属元贤一系（鼓山系）的道安继任。② 这次风波可能形成了鼓山其后以子孙继承丛林住持为主的惯例，此种风气在虚云、圆瑛等大师之时依然如此——正因为虚云、圆瑛等都是鼓山法脉传人才有资格担任鼓山住持。

另一方面，虚云是鼓山戒法变革的重要人物，他在鼓山曾经遭到极大的反对，甚至可以说是被"驱离"的。他在鼓山之所以勤于整理旧籍，从事法系考证，有其特别的目的。最具典型意义的是，虚云在《增校鼓山列祖联芳集》中把律宗授戒法系古心律师的得意弟子澄芳律师列为鼓山涌泉寺"第九十代住持"③。而此说并无根据，完全是出于他在鼓山进行戒法变革的现实需要而已——他在为将鼓山戒法从云栖戒法变为宝华山系戒法寻找历史或法脉上的依据。④ 可见，虚云大师虽然值得尊崇，但其说并非都是可靠的，特别是关于鼓山的"旧时传统"方面，其说更须存疑。

此外，台湾临济法脉自称源自鼓山，这在福建也有其例。实际上，据"民间佛教"研究学者之论，福建闽南各地不乏自称来自鼓山涌泉寺的临济法脉。例如，今版《德化县志》据清乾隆版《九仙临峰谱》记

---

① 道霈：《旅泊幻迹》，载《还山录》，鼓山刊本。
② 关于这个争斗可以参见拙著《为霖道霈禅师》，厦门大学出版社2010年版，第121、122页。
③ 虚云增校：《增校鼓山列祖联芳集》，鼓山刊本，第22页b。
④ 关于此，可以参阅马海燕《明末五台山澄芳律师生平略论》，《五台山研究》2013年第3期；马海燕《论〈律门祖庭汇志〉的史料问题、宗派意识及其影响》，《佛学研究》2014年半刊。

载："明弘治年间，由福州鼓山（原书注：禅宗派）宗密①第四徒僧道盛（原书注：号一斋）来德化主持大白岩，授徒十八人，万历年间往九仙山灵鹫岩，自成九仙派系。"②依此，则临济九仙法派源自福州鼓山涌泉寺。

而据《龙湖灯谱》（以下简称《灯谱》），此一斋和尚即德化龙湖寺第十九代真谅和尚，其为第十八代住持一泉和尚（讳明真）第四徒。③《灯谱》中未言其来自鼓山。耐人寻味的是，灯谱中论及一斋和尚特别提道："一泉公四徒，初演九仙，即今法裔昌炽，虽曰派宗临济而各分统绪，是以无相承一脉亲爱之义也。"④可以想见，九仙派系的隆盛是当时众所周知的事实，但它与龙湖派系之间或许因为某种原因发生分歧（所谓各分统绪，是在追溯源流问题上?），以至于最后公然分道扬镳了。《灯谱》中狮子岩系玄驭和尚弟子照显，"与师康熙庚戌年（1670）反拜大仙峰九仙派"⑤，所谓"反拜"无疑具有"背叛师门"之意，足见二派关系形同水火了。

此中《灯谱》前有乾隆九年（1744）《龙湖传谱小引》，雍正十三年（1735）《临济龙湖传灯宗谱序》及雍正乙卯年（十三年，1735）《金碧峰盛派修谱启言》。据内文，该谱始作于第十七代觉空和尚，讳净果，生于明正德戊寅年（十三年，1518），卒于万历元年（1573）。因其"念渊源不忘所自，龙湖之灯谱于是乎作"⑥。其后屡有增补，清初"请

---

① 查乾隆《鼓山志》及虚云《增校鼓山列祖联芳集》（鼓山涌泉寺刊本），无此人。
② 德化地方志编纂委员会：《德化县志》第33篇第1章第1节，新华出版社1992年版。
③ 龙湖寺印：《碧水三代祖师》，第69、72页。
④ 同上书，第72页。
⑤ 同上书，第128页。
⑥ 同上书，第68页。按：或云天启间（1621—1627）觉乘和尚延张惟井先生修谱。见龙湖寺印《碧水三代祖师》，第5页。还有高士赖绍翁参与修谱，见龙湖寺印《碧水三代祖师》，第11页。

名儒到寺"①加以修订。在佛教中,"临济法派"与"嗣临济之法"是有区别的。②从《灯谱》记载来看,该《灯谱》基本属于龙湖寺剃度法派,而非传法法派。该《灯谱》中明显提及的一条传法法脉,即万寿寺绍演和尚,讳寂恺,后受法一绍和尚,再讳明就,此人"状貌佛祖(引者按:应是指三代祖师)遗风"③;而狮子岩达先和尚,讳通素,后嗣法于绍演和尚,更讳实素,谱中载其付法偈一首。④一绍和尚于何处得法不知其详。

龙湖寺的临济法派起自明代嘉靖年间(1522—1566),其续临济法派的因缘,据《前修龙湖法灯宗谱序》言:"至嘉靖间,天庆耀请经南畿,嗣碧峰金之徒,为碧峰嗣孙,则为临济派中矣。"⑤《临济龙湖传灯宗谱序》亦言:"自天庆和尚请经南畿,得碧峰金宗旨而衍四四语以立名,法性至亘空约之十二代,自重兴雪净公十三代、天庆从十六代始依此而瓜瓞者,不犹见其亲亲之义乎?"⑥而且值得一提的是,天庆和尚长徒觉非和尚亦出力不少,他"力赞其师往京取四大部经镇压荧惑之威,认五宗派续临济之灯"⑦。

可以确定的是,龙湖寺临济法派始自明代嘉靖年间第十六代住持天庆和尚。关于此次续脉临济、入京取经的过程,其传中所云甚详:

---

① 龙湖寺印:《碧水三代祖师》,第1页。
② 这点详见费隐通容《五灯严统解惑篇》,《卍新纂续藏经》第81册,第318页。
③ 龙湖寺印:《碧水三代祖师》,第111、112页。
④ 同上书,第138、139页。
⑤ 同上书,第19页。
⑥ 同上书,第6页。
⑦ 同上书,第67页。

俗大田石鼻头。员统公长徒。生正德戊子年①二月十一日申时，卒嘉靖乙未年（1535）十月□（引者注：原书空格）日，承事住持十七年，得贤徒觉非共裹岩务，寺因被火而即重建鼎盛，复去南京请经，得四大部经，镇光山门，复拜临济派下碧峰金和尚之徒孙，即衍十六字派传芳云：智慧清净，道德员（引者注：通圆）明，真如性海，寂照普通。②

可见，龙湖寺临济承自碧峰金和尚，其字派为："智慧清净，道德员（引者按：通圆）明，真如性海，寂照普通。"自天庆和尚之徒起，其法讳中即用十六字派中的"净"字，如长徒觉非和尚，讳净休；次徒觉性和尚，讳净光；三徒觉嵩和尚，讳净恺；四徒觉空和尚，讳净果。③不过，觉空和尚以下，十八代住持一泉和尚，讳明真，其为"明"字辈，④十九代真海和尚、真峰和尚、真慧和尚等为"真"字辈，⑤二十代净觉和尚，讳如智，其为"如"字辈；⑥二十一代觉衷和尚，讳性亮，为"性"字辈。⑦也即是说，派字中"道""德""圆"三字空出，这当中应是有所遗漏。

龙湖寺临济法派源于碧峰金和尚（1308—1372⑧），此人在元末明初

---

① 正德无戊子年，天庆和尚具体生年不详。
② 龙湖寺印：《碧水三代祖师》，第66页。
③ 同上书，第67、68页。
④ 同上书，第69页。
⑤ 同上书，第70、71页。
⑥ 同上书，第72页。
⑦ 同上书，第75页。
⑧ 此据宋濂所撰《寂照圆明大禅师壁峰金公舍利塔铭》，碧峰禅师卒于洪武壬子（1372），世寿65岁，则其生当元武宗至大元年（1308），见廖可斌《〈三宝太监西洋记通俗演义〉主人公金碧峰本事考》，《文献》1996年第1期。

颇负盛名,其为南岳下二十二世,临济宗杨岐派无用宽下如海真法嗣,据《八十八祖传赞》卷四《金碧峰禅师传》云:

> 寂照圆明禅师,讳宝金,① 号璧峰,干州永寿人。姓石氏,父母俱崇善,时有沙门以观音像授其母张氏,嘱曰:谨事之,当生智慧之男。未几果生师,白光烨烨照室。幼多疾,父母疑之曰:此儿宜师释氏耶?年六岁,遂舍依云寂温法师为弟子,及长受具,遍诣讲肆,穷性相之旨。久之曰:是可以了生死耶?遂弃去。时如海真禅师开法于蜀。师往诣,示以道要。师大起疑情,久之有悟。呈真,真大斥之曰:必使心思路绝,大法可明。师益加精进,三年胁不至席。一日闻伐木声,汗下如雨,急往求证于真,真犹诘十数遍,一一无滞,乃印可之。后至五台秘魔崖,知为前身住处,遂栖止。久之声光日露,四方闻而至者,将集千人,师不拒也。至正间,顺帝遣使诏至京,甚敬之,命住海印寺,力以疾辞,赐"寂照圆明"之号。大明太祖,即位燕都,手诏师。师应天时,见上于内殿,问佛法大意,上设普济会于钟山,选高行僧十人莅其事,师偕楚石琦与焉,宠赉甚渥。未几示微疾而化,茶毗获五色舍利,齿舌数珠皆不坏。②

碧峰门下法派繁盛,枝叶繁衍甚多,此非虚语,其著名的弟子有四

---

① 讳宝金,又有作性金者,因碧峰立派字二十字,为"性空原朗耀"等,其为"性"字辈。见《宗教律诸宗演派》,《卍新纂续藏经》第88册,第559页。
② 《八十八祖传赞》卷4,《卍新纂续藏经》第86册,第644页。

位：宝衲头、广尚士、道衍、道永等，其中道衍就是著名的姚广孝。①据《宗教律诸宗演派》，碧峰金禅师第七世后分派甚多，其中龙湖寺十六字派源自碧峰下第七世突空智板禅师："临济下二十五世（碧峰下第七世②）突空智板禅师演派十六字：智慧清净，道德圆明，真如性海，寂照普通。"③ 智板禅师生平不详，其为碧峰下第七世。倘若以龙湖寺天庆和尚长徒觉非和尚为"净"字辈推论，则天庆和尚为"清"字辈，其在南京接受临济正宗传承的恩师应为"慧"字辈（碧峰下第八世），或即突空智板禅师（"智"字辈）弟子，也即是说，天庆和尚可能是碧峰金禅师第九世传人。此外，从字派演辈来看，龙湖寺的派字与其他地方的临济碧峰派字也正相应。例如，龙湖寺"真"字辈法师生活在明嘉靖、万历年间，如第十九代真慧和尚，生嘉靖丁酉（1537），卒于万历甲辰（1604）。④ 据《涌幢小品》卷二十五《普陀》条记载，当时普陀有前、后两寺，前寺住持曰"真表"，此人虽领丛林，破戒骄纵，万历十年（1582）曾被徒众告发。⑤ 该寺住持应属临济"真"字辈，与龙湖寺同辈正当同时。

据清代悟波所作《支提山华藏万寿寺宗谱源流考记》，支提山临济法派出自圆慧和尚，其为"临济正传十五世性金字碧峰和尚派下第七世

---

① 《碧峰寺起止纪略》，《金陵梵刹志》卷39，南京出版社2011年版，第600页。
② 支提山华藏寺宗谱亦追溯自碧峰和尚，其祖讳圆慧，号大迁，其徒下弟子为明、真、如、性、海等辈分，足见圆慧为碧峰下十六字派中的"圆"字辈。然清代悟波法师称圆慧为"碧峰和尚派下第七世孙"。笔者以为此"第七世孙"乃是就智板禅师以下来计算的，智板为第一世，到"圆"正好为第七世，而不是说圆慧是碧峰和尚下第七世——那就是与智板同辈了。见袁冰凌编著《支提山华严寺志》，福建人民出版社2013年版，第76、77、167页。
③ 《宗教律诸宗演派》，《卍新纂续藏经》第88册，第560页。
④ 龙湖寺印：《碧水三代祖师》，第71页。
⑤ 见《明代笔记小说大观》第4册，上海古籍出版社2005年版，第3737页。

孙"，亦以碧峰"性金"为祖师。① 该法派也不是临济传法法派。

　　从上可见，福建各地临济法派多自称源自碧峰禅师门下，而德化九仙派的宗祖鼓山与龙湖法派宗祖碧峰之间，似乎还有许多未解之谜。台湾之临济法派是否也是如此，有待进一步研究。总之，关于在台鼓山临济宗法脉的具体来源是值得再深入探讨的话题。②

---

① 见袁冰凌编著《支提山华严寺志》，福建人民出版社2013年版，第167页。
② 这方面的讨论如慧严法师《明末清初闽台佛教的互动》，《中华佛学学报》1996年第9期。

第三章　授戒法系与戒法

第一节　云栖戒本之流传

明代戒法的中断主要是源于政府的严禁开坛。由于戒坛传戒的中断，诸方得以各自传戒，各种授戒法系随之出现。元贤说："万历末年，诸方得自说戒。"[1] 观衡法师在其《三堂传戒仪序》中也提及："南坛寝息久矣，北坛世宗年间尚大开法施，末年为当事奏之，亦禁矣。从此诸方，或三人五人，十人百人，聚为一众，开坛传戒。"[2] 此中南坛指的是杭州昭庆律寺戒坛，北坛在北京。

一　戒坛古本与云栖戒本

实际上，明朝政府并不是一开始就严禁佛教开戒坛的，《帝京景物

---

[1] 元贤：《续呓言》，《永觉元贤禅师广录》卷30，《卍新纂续藏经》第72册，第574页。

[2] 颛愚：《紫竹林颛愚和尚语录》卷上，《云居法汇》第10册，大象出版社2014年版，第158、159页。

略》卷七《戒坛》条记载明正统（英宗，1436—1449）中，万寿寺（即戒台寺）如幻律师在此开坛传戒，戒坛的布置整齐有序。不过遗憾的是，"坛今久不开。每四月八日，芦棚满山，集僧无赖者，妓无赖者，给钱拥醉入，士庶群姗之。"① 圆澄在其《慨古录》中明确提到："自嘉靖间迄今五十年，不开戒坛，而禅家者流，无可凭据，散漫四方。"② 各地戒坛严禁时间当有所先后，据《大昭庆律寺志》卷八，昭庆律寺在嘉靖三十四年至四十一年（1555—1562）间曾有数次开坛传戒。

嘉靖时期禁锢戒坛的主要原因大致有二：一是佛教自身的问题。三峰法藏《弘戒法仪》中说："因北戒坛有宦官增设妓女为秃兵，了心一葭，猥亵熏炙，致坏佛体，且复靡费国帑，故有禁开戒坛之论。"③ 元贤也说："至于潭柘、昭庆二戒坛，其流弊有不忍言者。若不奉明旨禁之，后来不知成何景象也。"④ 可见当时有部分佛教僧人不能严守戒律，生活腐化，且干犯时禁，嘉靖朝诸多大臣的上疏中也屡屡提及佛教寺院广聚僧徒，动辄修建坛场，受戒说法，男女混淆，藏污纳垢；⑤ 二是明世宗个人的信仰取向导致对佛教的打压。虽然明朝初期，佛道二教皆受到皇室的尊崇与扶持，嘉靖以前，历代明朝皇帝基本上佛道兼崇，且大部分倾向于佛教者多，然而世宗继位之后，在偏尚道教的基础上进而排斥佛教了。⑥

---

① 刘侗等：《帝京景物略》卷7，上海古籍出版社2001年版，第451页。
② 圆澄：《慨古录》，《卍新纂续藏经》第65册，第369页。
③ 法藏：《弘戒法仪》，《卍新纂续藏经》第106册，第1040页。
④ 元贤：《续呓言》，《永觉元贤禅师广录》卷30，《卍新纂续藏经》第72册，第574页。
⑤ 刘晓玉：《明清之际律宗中兴运动考察》，河南人民出版社2014年版，第169、170页。
⑥ 杜常顺：《明朝官廷与佛教关系研究》，中国社会科学出版社2013年版，第145页。

古心一系的授戒法仪基本是沿袭南戒坛的"古本"。续藏本《传戒正范》第四卷后附《觉源禅师与本师借庵老和尚论传戒书》言：

> 今《传戒正范》中，摘去求授人具足羯磨一条，直是减损律制，如周室班爵之制，诸侯恶其害已，而皆去其籍。传戒之摘去此一羯磨，何以异于战国之诸侯坏周制乎？幸古本尚在，犹有可考。凡司传戒者，用其法，去其弊。斯可传佛心印，幸毋效其尤也。①

《百丈清规证义记》中辨明《三坛传戒正范》由来时提及"古本《正范》"：

> 证义曰：三坛传戒正范，原系律藏。由律藏文富，古人撮其要文要义，成兹正范。无奈年久有讹，华山见祖重将古本正范较定刻行耳。杭州新板，题上加见祖二字，失考。按：见祖自述《一梦漫言》中有云：崇祯十年，余在丹徒海潮庵三昧和尚座下受戒，无钱请律读，终日默坐单上，听同戒众读律，不犯堂规，引礼呵曰：见月，此处非坐不语禅，为何不请律熟念云云。至临背时，执签九人，至教授师前，拜已。余一气朗声背终云云。据此见祖自说，可知见祖受戒时，亦从此正范事仪而行也。②

在古心另一位嗣法弟子三峰法藏的《弘戒法仪》中则更明确说自己

---

① 《传戒正范》，《卍新纂续藏经》第60册，第677页。
② 仪润：《百丈丛林清规证义记》卷7，《卍新纂续藏经》第63册，第472页。

"得昔律师之具足戒式于南坛"①。其《弘戒法仪目录》中很多皆注明"出戒坛古本":

授在家二众三归依法仪第一（补述以三归为入法之首故）；

审在家出家求授五戒八戒并求剃度十戒等遮难法仪第二（补述以必先审忏前愆故）；

授出家在家五戒八戒法仪第三（出戒坛古本补赞附补授八戒法）；

沙弥得度法仪第四（出百丈清规补赞）；

将登坛授具足戒预问难法仪第五（出戒坛古本补赞引启请结辞）；

或将出家或将授具戒俱应先授四依法仪第六（出戒坛古本补前后文，此法应在未受具前说。又律中因外道止堪二依，退失出家之利，佛许在白四羯磨后说亦得）；

将欲登坛授具先整授沙弥十戒初禀堂头和尚法仪第七（出戒坛古本补赞）；

次差阿阇黎授沙弥十戒法仪第八（出戒坛古本补赞）；

将授具足戒先差教授师授持衣教钵法仪第九（出戒坛古本补赞及印心文）；

将登坛授具足戒先策发沙弥法仪第十（出戒坛古本补赞）；

登坛授大比丘具足戒白四羯磨法仪第十一（出戒坛古本补请仪祝圣文）；

---

① 法藏：《弘戒法仪》，《卍新纂续藏经》第60册，第576页。

比丘白四羯磨受具足戒已次当差阿阇黎与说随相法仪第十二（出戒坛古本补赞及引请文、开导文、结文。按：比丘律授戒以白四羯磨为主，随相乃结戒后所出故，不应在坛上说戒相。又和尚至尊前羯磨问难尚出阿阇黎之口，岂说戒相而非阿阇黎事耶？幸毋失此体，当尊律制，及昔律师说戒本文为是）[1]

总之，以上都提及各种"古本"，古心一系戒法应与南戒坛（杭州大昭庆律寺）有较深渊源。也正因此，辅仁在《律门祖庭汇志》中才说古心"登坛说戒，祥光烛天者三昼夜，天下推为第一戒坛，律风丕振，撰《传戒正范》《仪轨》等书，以授十二弟子"[2]。他把《三坛传戒正范》等传戒仪轨归于古心律师承前启后的再造之功。

还有一位被笔者定为革新授戒法系代表人物的观衡法师（字颛愚，俗姓赵，明末高僧），其制订有《三堂传戒仪》，该传戒仪"缘于竹林大师教衣钵作法，其本自北戒坛传来，更参于诸方科式"[3]。足见他使用的是北戒坛传戒仪本，并以之为基础进行革新。

在明清佛教文献中，明显提及"戒本"者主要有二：一是所谓律宗传人见月读体的《一梦漫言》及该宗文献《律宗灯谱》《南山宗统》等，其所传为"紫衣"与"戒本"；二是禅宗传人永觉元贤及其弟子为霖道霈的语录及传记，他们所承的是"云栖戒本"。当然，依笔者之见，

---

[1] 法藏：《弘戒法仪》，《卍新纂续藏经》第60册，第576页。按：括号内按语为原书按语。

[2] 《承恩寺缘起碑板录、律门祖庭汇志、扫叶楼集、金陵乌龙潭放生池古迹考》，南京出版社2011年版，第57页。

[3] 颛愚：《紫竹林颛愚和尚语录》卷上，《云居法汇》第10册，大象出版社2014年版，第159页。

正如禅宗的"正法眼藏"演变为"法卷",见月、元贤所接受的"戒本"其意义应更类似于禅宗传法的"法卷",是作为嗣戒弟子的证明暨传戒和尚传戒资格的证明。

云栖戒本则来自莲池大师。前已述及,莲池袾宏与紫柏真可、憨山德清、蕅益智旭被称为"明末四大高僧",其中,莲池、紫柏、憨山同处于万历年间。莲池(1535—1615),别号莲池,浙江仁和人(今杭州),三十二岁出家为僧,晚年长期驻锡杭州云栖寺。莲池大师面对政府严禁佛教寺院开坛传戒的情形制订了一种随顺时宜的学戒模式。莲池《云栖共住规约》"学戒式"云:

明旨既禁戒坛,僧众自宜遵守,然止禁聚众开坛说戒,不禁己身依戒修行也。兹议各各自办二部戒经,各各自于佛前承领熟读坚持,即是真实戒子,他日坛开,随众往受,证明功德,倘其久竟未开,亦何忝真实戒子。[1]

又憨山大师《云栖莲池宏大师塔铭》言及云栖制订学戒事宜说:

师悲末法,教纲灭裂,禅道不明,众生业深诟重,以醍醐而贮秽器,吾所惧也,且佛设三学以化群生,戒为基本,基不立,定慧何依?思行利导,必固本根。第国制,南北戒坛久禁不行,予即愿振颓纲,亦何敢违宪令。因令众半月诵《梵网》戒经及比丘诸戒

---

[1] 莲池大师:《具戒便蒙》,《莲池大师全集》第 3 册,上海古籍出版社 2011 年版,第 1821 页。

品。由是远近皆归。师以精严律制为第一行，著《沙弥要略》《具戒便蒙》《梵网经疏发隐》以发明之。①

莲池戒法的传承通过其弟子以戒本授受的方式延续。所谓"戒本"，它与"律本"有所不同，其文字更为简约，仅是条列罪相，可作为学律的入门，如义净《南海寄归内法传》云："次即本师为指戒本，令识罪相，方教诵戒，既其熟已，诵大律藏。日日诵过，旦旦试之，不恒受持，恐损心力，诵律藏了，方学经论。"② 莲池大师亦云："大比丘具足戒，若《僧祇》《根本》《五分》《四分》之类，各部下四五十余卷，太繁难通，故译者各约之以为戒本，钝者犹以为繁，乃更约之。"③ 足见戒本乃是律本的简约化，但戒本并非仅出于译者的简化，中土僧人在原有律本译本的基础上进行简化者也可称为"戒本"，如怀素"详捡律本，参验戒心，依于正文，录之如左"，集成了《四分比丘戒本》。④

二 云栖戒本在寿昌各系之流传

首先是博山系。该系由无异元来所开创。元来弟子遍布海内，慕名参访者不可胜数，所谓"朔既燕都，南尽交趾，望风而至者，岁以千计"⑤。据《博山和尚传》云：

---

① 憨山：《憨山老人梦游集》卷27，《卍新纂续藏经》第73册，第656页。
② 《南海寄归内法传校注》，中华书局1995年版，第129页。
③ 莲池大师：《具戒便蒙》，《莲池大师全集》第2册，上海古籍出版社2011年版，第705页。
④ 怀素集，后秦三藏佛陀耶舍译：《四分比丘戒本》，《大正新修大藏经》第22册，第1015页。
⑤ 《博山和尚传》，《无异元来禅师广录》卷35，《卍新纂续藏经》第72册，第379页。

> 闻鹅湖心大师，以云栖宏大师神足，授律鹅湖，往受菩萨毗尼。……厥后三礼云栖，云栖遇和尚殊优至，因书"演畅真乘"数字赠之。……乃迁博山。博山故韶国师道场，荒废日久。寺僧皆肉食者流，广文君倡诸缙绅，偕寺僧请和尚。和尚至，则诛茅为屋，仅足容膝，而禅律并行，蹶然兴起，鹅湖闻和尚居博山，即以授戒仪轨畀之。①

在《宗鉴法林》《五灯全书》《五灯严统》等禅籍中都将养庵心禅师归于尊宿，即嗣法不详者，② 但其为"云栖宏大师神足"，无可怀疑。元来法嗣寿昌，律传鹅湖（从"以授戒仪轨畀之"可见，主要是戒法方面的传授），其戒法与莲池大师一脉相承。从元来受戒的弟子很多，其中著名的有永觉元贤（鼓山系）、觉浪道盛（东苑系）、宗宝道独（博山系）、诵帚等。其中，诵帚虽然从博山受具足戒，但因为他认为"博山受戒不如法，遂舍前所授"，自己用新方法来重受比丘戒、菩萨戒。

博山系作为曹洞法脉，当然是以禅法闻名，但该系也是禅律并开，它在律学方面（主要是戒法）的法脉与禅法是并行的：

> 或谓波罗提木叉，不为宗通者说，而师自打落鼻孔，身心羯磨，次第具足，性遮皆净，持犯兼忘，尝之卒然，窥以阒尔，鬼神不得见其隙矣。故师于超华极庵洪公、鹅湖养庵心公，皆用和尚

---

① 《博山和尚传》，《无异元来禅师广录》卷35，《卍新纂续藏经》第72册，第378页。
② 如《宗鉴法林》卷1，《卍新纂续藏经》第66册，第274页。另在《五灯会元续略》卷2有《广信府鹅湖养庵心禅师》略传，见《卍新纂续藏经》第80册，第497页。

礼，而鹅湖虚座元者十载，亟以属焉。师是以三觐云栖祖翁，得其殊目，特书演畅真乘之榜，而师念戒为师故，徙五台之派，系籍云栖，其后又以得法因缘，兼为寿昌衍嗣故。出师门者，源一而委二。①

所谓"师念戒为师故，徙五台之派，系籍云栖""源一而委二"都点明了博山确实有戒法方面的传承。值得说明的是，这里的"五台之派"与五台山律宗授戒法系无关，因为博山禅师曾经"遇五台静庵通和尚，乞为剃落"②，并随之修学五年，其所言即此事。

博山系下弘赞对戒法应进行了相应的改革，这从其对同戒录的设计中即可见之。弘赞（1611—1685），俗姓朱，广东新会人，参博山弟子道独禅师（1599—1660），得其印可，为嗣法弟子，后住广州南海鼎湖山宝象林，一生律学著述颇多，有《沙弥律仪要略增注》二卷、《四分律名义标释》四十卷、《归戒要集》三卷等。③

弘赞在《比丘受戒录》中批评当时的同戒录云："今时诸方丛林，各各亦有戒录，而不叙得戒原由，持犯枢要，唯录三师七证，乃至同坛同期受戒人、监院、副寺、知客、司库等名，诚没交涉。如欲录者，当录和尚五位阿阇黎生年、戒腊、生处者可也。"④对照现存的律宗授戒法

---

① 《中兴信州博山能仁禅寺无异大师塔铭并序》，《无异元来禅师广录》卷35，《卍新纂续藏经》第72册，第381页。

② 元贤：《博山无异大师衣钵塔铭》，《永觉元贤禅师广录》卷18，《卍新纂续藏经》第72册，第490页。

③ 王建光：《中国律宗通史》，凤凰出版社2008年版，第478页；吴立民主编：《禅宗宗派源流》，中国社会科学出版社1998年版，第479、480页。

④ 弘赞：《比丘受戒录》，《卍新纂续藏经》第60册，第707页。

系、禅宗授戒法系同戒录执事名单（详见下节），以弘赞批评的"乃至同坛同期受戒人、监院、副寺、知客、司库等名，诚没交涉"来看，说明他主要是针对当时寺院丛林所流行的两大授戒法系尤其是律宗授戒法系同戒录而言的。其革新以后的同戒录表格样式如下：①

授十戒和尚諱　　號　生　　年　　月
日　時係　　　府　　縣人族姓
於　　年　　月　　日從　　　山
和尚受大戒

授大戒和尚諱　　號　生　　年　　月
日　時係　　　府　　縣人族姓
於　　年　　月　　日從　　　山
和尚受大戒

一授十戒阿闍黎諱　　號　生　　年
月　　日　時係　　　府　　縣人族
姓　於　　年　　月　　日從　　　山
和尚受大戒

---

① 弘赞：《比丘受戒录》，《卍新纂续藏经》第60册，第707页。按：为保存原样，使用繁体字。

| 二羯磨阿闍黎諱　　號　生　　年 |
| 　月　　日　時係　　府　縣人族姓 |
| 　　於　　年　月　日從　　山 |
| 和尚受大戒 |

| 三教授阿闍黎諱　　號　生　　年 |
| 　月　　日　時係　　府　縣人族姓 |
| 　　於　　年　月　日從　　山 |
| 和尚受大戒 |

| 四依止阿闍黎（比丘三藏未通，五夏未滿，一夜不得無依止。必須依一有應解律者宿）諱 |
| 　　號　生　　年　月　日 |
| 時係　　府　縣人族姓　於 |
| 　年　月　日從　　山　　和尚受大戒 |

| 五授經阿闍黎（從彼受習經律文義之師）諱　　號　生 |
| 　年　月　　日　時係　　府 |
| 　縣人族姓　於　　年　月　日 |
| 從　　山　和尚受大戒 |

弘赞所设计的同戒录样式既不同于律宗授戒法系，与鼓山禅宗授戒法系同戒录亦不相同：① 增加了"授十戒和尚""授十戒阿阇黎"等；其他授戒法系同戒录主体部分是同期受戒人，而弘赞删削之。由于该同戒录目前未见实样，其在当时施行的具体情形不得而知。

其次是东苑系。该系的开创者是晦台元镜。元镜（1577—1630），字晦台，号镜如，建阳人。参慧经禅师得悟，为曹洞宗第三十二世。主要弘法于福建建州东苑，法席繁盛，被誉为"武夷第一代禅祖"②。元镜以隐修为主，但他"有寿昌为真父，有龙湖为真子"③，足以名扬海内，此中"龙湖"即该系著名人物、元镜嗣法弟子觉浪道盛。

东苑系祖师元镜禅师没有博山元来、鼓山元贤那种明显的戒法传承，也没有从其受戒的人物记录。其门下弟子中，大多数人不是从博山受戒就是从鼓山受戒，如觉浪道盛就是从博山受戒："丙辰，觉浪盛公因董岩亲依博山大师受具，后特往江西，参寿昌和尚，道经书林，访故人余继泉，因遇师。"④

从《天界觉浪盛禅师全录》中相关文字来看，觉浪禅师所住持之丛林似乎也具备了为人授戒的资格，他应该有自己的戒法传承。其中，觉浪禅师与孤舟和尚的关系就值得特别关注：

处州龙泉西寺孤舟榕和尚从浦城吴山出家，受鹅湖戒，以梵行

---

① 关于此见本章第二节。
② 吴立民等：《禅宗宗派源流》，中国社会科学出版社1998年版，第485页。按：世系原书作"第二十七世"，此从鼓山。
③ 《东苑镜禅师语录序》，《晦台元镜禅师语录》，《卍新纂续藏经》第72册，第217页。
④ 《武夷第一代禅祖东苑镜公大师塔铭并序》，《晦台元镜禅师语录》，《卍新纂续藏经》第72册，第225页。

作佛事，感化甚远。初住庆源忠堂岗，师适大父逝有感，走到山求出家，师不肯为，父母不听，师苦求依止，舟曰："你且将为僧事习学熟，待有机缘，则现成也。功课及律仪须先精之，则听教参禅，无往不利。"不阅月，为家人执归，而感其抚教特甚。壬戌，在博山时，师亦来设供，因随之到鹅湖峰顶见养庵老和尚，机缘甚惬，喜慰之极，又随同到龙泉西寺度夏。舟师力命为众受戒，力辞不敢，因代为之羯磨开示。①

此中提及觉浪见鹅湖大师和龙泉寺传戒一事。龙泉寺戒法出自鹅湖，与博山系的戒法是同一渊源。另外，关于觉浪会见鹅湖大师之事，觉浪有《养庵老和尚忌辰》涉及。② 一般来说，在禅师的《语录》中专门为某位祖师忌辰撰写相关文字，代表两人之间有着很重要的师承或法脉关系。例如，在博山元来语录中有与鹅湖、慧经忌辰有关的文字，鼓山元贤语录中也有与闻谷、慧经忌辰的文字。觉浪在元镜之外，也作了关于鹅湖忌辰的文字，说明他与鹅湖应有法脉上的联系。可以推测，东苑系的戒法传承始自觉浪道盛，觉浪则推源鹅湖大师，也属云栖戒法无疑。

要之，以传戒、受戒这一佛教出家人最为重要的仪式活动来说，它并非所谓"律宗"的专属，很多的"律师"也不需要归属于所谓的"律宗"，这种身份只是在特定场合、特定仪式之中有其意义罢了。从三

---

① 《天界觉浪盛禅师全录》卷16，《禅宗全书》第59册，北京图书馆出版社2004年版，第542页。
② 《天界觉浪盛禅师全录》卷14，《禅宗全书》第59册，北京图书馆出版社2004年版，第517页。

大授戒法系特别是禅宗授戒法系的出现来看，明清佛教中所谓禅宗、律宗、天台宗等宗派的分界其实是不显明的，他们更注重法派的传承，一切以法派的正当性为焦点，这也正是明清佛教的重要传统之一。

三 戒牒所见各系差异

戒牒又称护戒牒，是佛教中确定其特定身份的重要物件。长期以来，学界因为漠视授戒法系的存在，误以为明清以来各种戒牒都是一种统一的制式，至多在文字上略有删减而已。这大概源于传统学界对于"正统"的迷信，即误以为当时官方有指定或规范佛教传戒方面的事务。但实际的情形并非如此，据卜正民的研究，万历之后，"在明代接下来的七十年中，国家也没有尝试更进一步去规范佛教"①。"晚明国家对佛教是一种相对的漠不关心。它任由僧人限额制度废弃，度牒制度废弛及僧录制度衰败。佛教寺院的活动，是独立于国家之外的。"② 实际上，戒坛禁令开放之后，各地的传戒，寺院拥有完全自主权，这就为各种戒法的产生提供了机遇。到了清朝时期，清政府也没有恢复对佛教的监管机制，③ 传戒事务中古心一系也不是全然一家独尊。

授戒法系的差异在戒牒上有着具体的表现。根据《大昭庆律寺志》所载清代《护戒牒文》及《台湾文献丛刊》所录清代福州西禅寺《护戒牒》，④ 其内文比照如下：

---

① ［加］卜正民：《明代的社会与国家》，陈时龙译，黄山书社2009年版，第229页。
② 同上书，第230页。
③ 同上书，第234页。
④ 吴树虚：《大昭庆律寺志》，杭州出版社2007年版，第92、93页；《台湾私法人事编》，收入《台湾文献丛刊》第117种，台湾银行经济研究室1958年版，第256、257页。

律宗授戒法系与禅宗授戒法系戒牒文字对照表

	《大昭庆律寺志》所录清代《护戒牒文》	福州西禅寺清代《护戒牒》
第一部分	敕建大昭庆律寺护国万寿戒坛，钦承历朝圣旨。按唐麟德二年，诏终南山道宣律师于净业寺建石戒坛，受具足戒。又，宝历元年，敕两街建方等戒坛，择戒行者为大德。又，大中二年，敕上都、东都、荆、扬、汴、益等州建方等戒坛，为僧尼传受戒法。宋祥符二年，诏京师太平兴国寺立奉先甘露戒坛。① 又，庆历二年，诏允堪律师于杭州大昭庆寺建坛开戒，天下诸路皆立戒坛，凡七十二所，京师慈孝寺别立大乘戒坛。	原夫释尊设教，不外戒定慧三学，然定由戒入，慧由戒发；若不学戒，则定慧皆邪，总成魔外而已。故凡出家为僧，必须首崇戒法，不可斯须有失；如破魔军之利剑，如护慧命之铠甲，诚能如是，方可仰参三宝之教。钦奉历朝圣旨传戒。按唐麟德二年，诏终南山道宣律师于净业寺建坛受具足戒；宝历元年，敕两街建方等戒坛；大中二年，敕上都、东都、荆、扬、汴、益等州为僧尼传受戒法；又祥符二年，诏天下诸路皆立戒坛，凡七十二所；

---

① 《宋会要辑稿》认为是大中祥符三年，但笔者所见各寺戒牒，皆云大中祥符二年。《宋会要辑稿》云："东京于太平兴国寺置坛，大中祥符三年，赐名奉先甘露戒坛（后慈孝建大乘祭坛）。诸州各置坛，听从地便往受。"见郭声波校点《宋会要辑稿·蕃夷道释》，四川大学出版社2010年版，第650页。

续表

《大昭庆律寺志》所录清代《护戒牒文》	福州西禅寺清代《护戒牒》
明洪武十年，礼部尚书张吕本等奉圣旨：天下各寺院僧人、行童，愿要游方参学，共相明经义，传诵戒律，所遇官司，毋得禁他。又，永乐五年，谕行脚僧人受戒，依善知识住处结坛说戒，讲演经典，若遇关津把隘，官员人等不许阻挡，任地集众，教化善法，如朕亲临，教训圆明无如佛上法宝，永为定例。又万历四十一年，御马监太监张然传奉圣旨：诏大沙门如馨律师，钦赐紫衣钵盂锡杖，于四十二年四月初一日至初八日，恭就五台山敕建圣光永明禅寺，传受千佛大戒。又，明末甲申年，敕大沙门寂光于南京大报恩寺演教传戒。至大清启运，于顺治十七年，世祖皇帝遣内使，敕降礼部制：受戒牒受戒僧人，凡传持戒律，原期广布佛法佐助太平，尔既习戒律，听教参禅，或在寺院，或在山林，须讲明经义，精严戒律，俾释教修明，僧规整饬等因在部，钦此钦遵。	明洪武十年，敕天下寺院僧人愿要游方参学禅教，或在寺院山林讲诵经律，所遇官司毋得禁他；永乐五年，诏行脚僧人依善知识住处受戒，若遇关津把隘官员人等不许阻挡，任他教化，流通善法。国朝光绪二年，蒙圣王敕赐怡山长庆禅寺御藏经全藏永镇山门，诏建传受具足三坛，按《梵网经》云：释迦牟尼佛初坐菩提树下，成无上觉，已初结波罗提本，又孝顺父母师僧三宝，孝名为戒，亦名制止，若受佛戒者，国王、王子、百官、比丘、比丘尼、优婆塞、优婆夷及一切人、非人等，但解法师语，尽受得戒，故知千佛流传，唯此一法为入道之基，六度之首，诸佛成道之根本，菩提修行之径路也。

第二部分

续表

	《大昭庆律寺志》所录清代《护戒牒文》	福州西禅寺清代《护戒牒》
第三部分	今于浙江省大昭庆寺万寿戒坛，依律开演戒法，内有某甲（籍贯）依某出家，于某年某月某日受某戒，弘传戒法，用报国恩。为此具牒各给一道，随身收执，游方参学。凡遇关津把隘处，执此验实，须至戒牒者。南山教主第一代澄照道宣律师，昭庆建坛真悟允堪律师，《资持记》主大智元照律师，中兴昭庆第一代宜洁书玉律师，本坛嗣法传戒和尚某，羯磨阿阇黎某，教授阿阇黎某，尊证阿阇黎某，年月日给。右牒给付某戒弟子某甲收执。	前据僧宗成，字妙慧，系福建省泉州府惠安县张氏子，年三十岁，投兴化府莆田县迎曦亭出家，礼瑞霖为师。年三十五岁来山，四月初四日授沙弥戒；初六日受比丘戒；初八日受菩萨戒。以此流通戒法功德，上祝今上皇帝圣躬万安，天下太平，民丰物阜，俾佛道同皇恩浩荡，金轮与法藏昌隆，填给戒牒，听许游方参学，勿令放逸，须至牒者。得戒大和尚传曹洞正宗第四十九代湛源禅师，羯磨阿阇黎性坚，尊证阿阇黎奕果、道妙、永静、宝池、至贵、能悯、体清，教授阿阇黎碧岳、引请大德净光、瑞光、宗智、景山、圆成、祥海镜泉。大清光绪二十九年岁次癸卯四月初八日付菩萨戒弟子宗成受持。本山监寺圆瑞、转福、镜明、西根、智照、珠光、英仁、志泉刊。
判定结论	此属律宗授戒法系戒牒	此属禅宗授戒法系戒牒

从护戒牒文来看，二者虽然都论及戒坛设置情况，但律宗授戒法系的戒牒更重视律宗（特指古心一系）的传承，特别提到古心律师在五台山圣光寺传受千佛大戒（即颇具历史意义的"重开皇戒"）一事（见牒文第二部分）；禅宗授戒法系的戒牒牒文则较为简单，特别引述《梵网经》要义，律宗祖承方面非其所重（见牒文第二部分）。

更值得注意者，律宗授戒法系得戒和尚为"本坛嗣法传戒和尚某"，而禅宗授戒法系则是"传曹洞正宗第四十九代"的"禅师"，且戒期只有短短几天（"四月初四日授沙弥戒；初六日受比丘戒；初八日受菩萨戒"）；律宗授戒法系戒牒中未言及当次传戒时日（上表戒牒所言"于四十二年四月初一日至初八日"传授千佛大戒，这个戒期是特殊的），但从《一梦漫言》等记载来看，其戒期一般都不少于30天，有的甚至长达数月之久。①

《一梦漫言》中三昧和尚传戒情况略表

序号	开戒时间	开戒地点	页码	附录（戒期时长）
1	崇祯十年二月初八至四月八日圆戒	丹徒县海潮庵	三四	两个月
2	崇祯十年四月二十日至七月十五日圆满	扬州石塔寺	三八	近三个月
3	崇祯十年八月十五日至十一月十五日圆满	泰兴县毗尼庵	三九、四十	三个月

---

① 马海燕：《明清以来两岸佛教戒法源流探索》，《宗教学研究》2014年第1期。

续表

序号	开戒时间	开戒地点	页码	附录（戒期时长）
4	崇祯十年十二月初一至正月十五日圆满	高邮承天寺	四一	一个月多
5	崇祯十一年正月二十日至三月中圆满	扬州善庆庵	四二	近两个月
6	崇祯十一年四月初八日至圆满	邵伯镇宝公寺	四二	不详
7	崇祯十一年六月中至七月十九日圆满	淮安清江浦檀度寺	四三	一个月
8	崇祯十一年十月十五日至十二月初一日以后圆满	南京报恩寺	四三	不详，但至少一个月有余
9	崇祯十二年二月初八至四月初八圆满	江阴十方庵	四六	两个月
10	崇祯十三年春期四月八日圆戒	（宝）华山	四八	不详
11	崇祯十四年正月十五日至五月十五日圆满	松江超果寺	四九	四个月
12	崇祯十四年五月二十八日至七月初一圆满	常熟福山广福寺	四九	一个月多
13	崇祯十四年腊月初八至十五年正月初十圆满	栖霞观音庵	四九、五十	一个月
14	崇祯十六年三月初一至圆满	扬州兴教寺	五一	不详
15	崇祯十六年九月初一日至十月初八圆满	太平府白苎山	五二	一个月

续表

序号	开戒时间	开戒地点	页码	附录（戒期时长）
16	崇祯十六年十月初一至十七年二月初八圆满	南京报恩万佛阁	五二	四个月
17	崇祯十七年二月初至四月初八圆满	苏州北禅寺	五二	两个月
18	崇祯十七年七月十五日至十月十五日圆满	南京大报恩寺	五二	三个月
19	崇祯十七年十二月十五日至弘光元年二月初十圆满	绍兴大能仁寺	五三	近两个月
20	弘光元年三月初一至五月二十日	嘉兴三塔寺	五三	近两个月，因清兵入，速圆戒

当然，以上两种戒牒中也有一致之处，即都提及洪武十年、永乐五年皇帝保护佛教的诏书。这点正好印证了卜正民在《明代的社会与国家》第七章中的相关论述，他说："他们更喜欢将寺院与国家间的关系描绘成相互依存的关系。为此，他们经常引用早期的一些保护佛教的谕令。"[1] 这也显示出当时各授戒法系虽然各自说戒，但都十分谨慎，引用早期的一些保护佛教的谕令，以此避免不必要的麻烦或者平息一度潜在的指控。[2]

此外，有必要提及"宗师"这一特殊名称，它只在律宗授戒法系的

---

[1] [加] 卜正民：《明代的社会与国家》，陈时龙译，黄山书社2009年版，第231页。
[2] 这点是对卜正民之论的合理引申。见[加] 卜正民《明代的社会与国家》，陈时龙译，黄山书社2009年版，第231页。

戒牒中出现。清末光绪年间五台山戒牒①及浙江普陀山戒牒中就有"宗师"身份人员，如普陀山戒牒："本坛传戒和尚真悟大和尚、羯磨阿阇黎银山嗣和尚、教授阿阇黎定性修律师、尊证阿阇黎三愿照宗师、广月圆宗师、三礼照宗师、性因宏宗师、惟清体宗师、妙峰雅宗师、东为妙宗师、引请阇黎显梁大师、卓峰和尚、肖岩法师、邱光大师、右牒给付菩萨戒弟子法名广心收执。"②"宗师"所指的是弘扬戒律且负责授戒事宜的律师身份。清代《大昭庆律寺志》卷八《僧伽》，该卷分为《宗师》《阐法诸师》《行师》等，此中"宗师"是与"阐法诸师（即法师）"并称的，《宗师》一节所录都是弘律的律师身份。其中有云："寺以律名，宗由律显。持律说戒之宗师，名实两符，洵昭庆之主人矣。"③又该志卷九《住持师》云："于中德行著闻，众推登坛说戒者，即是宗师；能弘经阐法者，即是法师。若时逢废寝，禅堂定有主者，名曰住持。"④卷九有悟堂和尚，"先以腊行住兹山，授四众毗尼为宗师"⑤。

综上所论，明代严禁戒坛导致戒法中断，这为各种授戒法的出现提供了契机。明清佛教三大授戒法系中，律宗授戒法系、禅宗授戒法系有固定的传戒道场、传戒法脉传承，革新授戒法系则是分散的，他们中大部分不满或不认可以上两大法系的授戒法。各授戒法系在戒法来源、授戒仪轨、传播区域等方面都有着极大的差异，它们在律宗中断之后都有着承续律宗正统的诉求与理想。从传戒活动的分布来看，律宗授戒法系

---

① 马海燕：《五台山"宗师"考论》，《五台山研究》2014 年第 1 期。
② 《台湾私法人事编》，收入《台湾文献丛刊》第 117 种，第 258、259 页，台湾银行经济研究室 1958 年版。
③ 吴树虚：《大昭庆律寺》卷 8，杭州出版社 2007 年版，第 98 页。
④ 同上书，第 117 页。
⑤ 同上书，第 120 页。

占据主流，其流行的地区主要包括江苏、浙江、湖南、河北及山西、北京等，涵盖了中国汉传佛教大部分区域；禅宗授戒法系在曹洞宗寿昌系鼓山支系、博山支系、东苑支系丛林中传承，其分布区域主要是福建（包括台湾）、江西和广东等地。当时诸方得以各自传戒，以古心一系为律宗正统乃是后世"发明"的传统。

第二节　鼓山戒法源流考

鼓山系除禅宗曹洞宗的法脉传承之外，它还有授戒法系的传承，这个传承即来自云栖莲池大师。鼓山涌泉寺民国六年（1917）刊印《敕赐鼓山涌泉禅寺戒坛同戒录》前另有"记录侍者古来敬录"的前言，其中提到："本山自国师而后禀莲池大师之戒，以永祖为莲池大师戒孙，永祖约其义而祖述之，诸佛子远来受戒，不可不知，其颠末如此。"[1] 可见，涌泉寺自元贤以来就成为东南福建包括台湾著名的传戒道场，其所使用的戒法乃是有别于宝华山一系的云栖戒法，这种格局一直持续到民国时期。

一　元贤以前鼓山戒法

据乾隆《鼓山志》卷四，在明代曹洞宗寿昌系诸师如博山无异、永觉元贤等入主鼓山之前仅有出家人在此剃度，未发现有在鼓山受具的记载。值得注意的是，明代博山禅师以前的鼓山住持僧人，虚云《增校鼓山列祖联芳集》在《鼓山志》基础上有所增补，特别是列入澄芳律师。

---

[1]《台湾宗教资料汇编》第1辑，第23册，台北博扬文化事业有限公司2009年版，第145、146页。

如果此说属实，那鼓山涌泉寺与律宗授戒法系（五台山圣光系）就有着很深的渊源了！

澄芳律师，讳远清，安徽新安人，明代中兴律宗大师古心如馨的得意弟子，律宗圣光系第一世，是促成五台山重开"皇戒"的重要人物。令人费解的是，如此著名的佛教人物，在乾隆《鼓山志》以及明末以来鼓山历代诸师语录中都不曾提及。按《增校鼓山列祖联芳集》，澄芳为鼓山涌泉寺"第九十代住持"，"讳性清，又名远清，安徽新安人，具奇姿，谢俗后得戒于慧云律师，后五台研律藏，奏建戒坛。嗣慧公席，万历中，奉命住鼓山"①。

澄芳是古心嗣法弟子之一，开创律宗圣光系，"圣光"即指太原五台山圣光永明寺，是澄芳长期住持的寺院。该系传数世后法脉不明。与之相比，由同属古心嗣法弟子的三昧寂光所开创的宝华山千华系则子孙绵延，世系清晰，故而清代所编律宗宗谱如《南山宗统》《律宗灯谱》等都以千华系为主。实际上，澄芳对律宗中兴的贡献绝不比三昧逊色，他最大的功绩莫过于协助古心在五台山重开皇戒，"此举（引者按：即指开皇戒之事）昉自清师，诚所谓法道一时，师资赞扬，以光法化，世所稀有"②。重开皇戒之所以如此重要，这涉及明代佛教的一段特殊历史。

按古心一系文献所述，明代政府曾下旨严禁佛教寺院开坛传戒导致很长时期内出家人无处求戒的情形。五台山的重开皇戒，为出家人受戒提供了机遇，这是令当时佛教徒欢欣鼓舞的事情！《南山宗统》言及澄

---

① 虚云增校：《增校鼓山列祖联芳集》，鼓山刊本，第22页b。
② 福聚编辑：《南山宗统》，宗教文化出版社2011年版，第24页。

芳参与重开皇戒之事云：

> 清既得戒已，如获至宝，即还五台，遂精研律部，善达开遮。清犹忆古有戒坛，自明统已来，戒坛封锢，清欲兴此举，何由得便。幸值内宦与清契阔，言及于此，清尤善文笔，略书开建戒坛梗概，是以内宦奏书帝阙，帝览本大悦，斯乃神宗在位，万历年间，奉旨南来诏慧云律师，敕两街及内使御马监太监张然等赍敕并衣钵、锡杖，大开皇坛，说戒三年，于五台山敕建圣光永明禅寺，仍赐紫衣金帛，师资一时恩荣受渥。①

澄芳在明末五台山重开皇戒事件中有着突出的贡献，这是当世古心一系诸师所公认的，如与澄芳同列古心门下嗣法弟子的法藏在其《弘戒法仪》中亦言：

> 近幸神宗圣明英拔，于晚年深知佛戒有裨世道，乘五台僧远清之奏，慨赐衣钵锡杖斋钱若干缗，敕中贵张然传旨，许山中说戒，据此则国家何尝必禁僧于山中师资传戒为非是者哉。②

澄芳之所以被归于鼓山，可能源于《南山宗统》，该书卷三"金陵天隆寺慧云馨律祖法嗣"下目录中赫然写着"涌泉澄芳清律师"，不过

---

① 福聚编辑：《南山宗统》，宗教文化出版社2011年版，第24页。
② 法藏：《弘戒法仪·授戒辨第二十四》，《卍字新纂续藏经》第106册，第612页。

传记中的标题又改称"太原五台山永明寺澄芳律师"了。① 在澄芳的弟子中，也有一位"涌泉守愚宜律师"②。因无传记文字，其生平事迹不详。查《律宗灯谱》卷二关于澄芳的目录与文字，均没有再出现"涌泉"二字，而都是与"永明"（即太原五台山永明寺）有关。③ 但"涌泉"所指肯定不是鼓山涌泉寺，更可能是五台山涌泉寺。④

再看乾隆《鼓山志》卷四对鼓山历代住持的记载。由于该志记录的明代僧人住持共7位，从第60代到61代住持之间有170年的时间空缺，所以虚云要进行增补。他在《增校鼓山列祖联芳集》的"第七十六代简翁禅师"条下出校记云：

《联芳集》记载止于简翁文丐，《鼓山志·沙门志》中简翁后即无异大师，考简翁顺世于明英宗天顺改元丁丑（原注：即景帝景泰八年，是年英宗复辟改元），无异大师住持在熹宗天启七年丁卯，其间相隔凡一百七十年，此一百七十年中，山寺住持名氏山志皆缺而不书，径以简公为六十代、无异大师为六十一代，恍惚间无两公前后相继者，然于山寺史事大为缺点，大约修山志时，因前明嘉靖二十一年二月十三日寺毁于火（邑人黄用中有诗纪事），至无公天启七年修复已百。七年，其寺中典籍忘失，无可稽考，至今日久，更难追溯，但又不能使之终于缺乏。余前年入主兹山，始于山中各处遍求塔墓，陆续得八十四代民中公等，凡十一人，及见诸碑记、

---

① 福聚编辑：《南山宗统》，宗教文化出版社2011年版，第21、23页。
② 同上书，第26页。
③ 恒实源谅：《律宗灯谱》，宗教文化出版社2011年版，第20、23页。
④ 马海燕：《明末五台山澄芳律师生平略论》，《五台山研究》2013年第2期。

载籍慧钦等三人,共一十四人,按其年代先后次序录之,定其代数,以补前志之缺,并存先代住持之名,俾他日之人不致数典忘祖云耳。①

此中虚云提及,"始于山中各处遍求塔墓,陆续得八十四代民中公等,凡十一人,及见诸碑记、载籍慧钦等三人,共一十四人"。虚云增补澄芳的资料应该是根据"载籍"或者五台塔铭,其"载籍"应即是《南山宗统》《律宗灯谱》之类,如果是,这些书中并无澄芳"万历中,奉命住鼓山"之说;其在五台之塔,据《清凉山志》卷三《远清律师传》(记载与《南山宗统》等大致相同)末云:"世寿僧腊,均无可考。唯灵塔一区,长峙五台。"② 该志并未录塔铭,具体不得而知。

笔者认为,以澄芳住持鼓山涌泉寺之说实是源自《律门祖庭汇志》。《律门祖庭汇志》,又名《金陵马鞍山古林律寺祖庭汇志》,清末民初辅仁法师撰,现收入《南京稀见文献丛刊》出版。辅仁法师(1862—1929),讳仁友,江苏东台人,曾住持并兴复古林寺。辅仁善文,经多方收集史料,于光绪二十八年古林寺重建竣工之际编印《古林中兴律祖事迹考》一书,此书即《律门祖庭汇志》的基础。

《律门祖庭汇志》提及澄芳律师,作"澄芳性清律师",并注明:"一名远清,命住五台山永明寺、鼓山涌泉寺。"③ 澄芳讳"性清",此说在《增校鼓山列祖联芳集》之外,仅有《律门祖庭汇志》提及;二是

---

① 虚云增校:《增校鼓山列祖联芳集》,鼓山刊本,第19页a、b。
② 印光重修:《清凉山志》卷3,民国二十二年排印本,第148页。
③ 《承恩寺缘起碑板录、律门祖庭汇志、扫叶楼集、金陵乌龙潭放生池古迹考》,南京出版社2011年版,第55页。

澄芳"奉命住鼓山",显然出自《律门祖庭汇志》的"命住鼓山涌泉寺"。另,虚云《法系考证》有《古林庵慧云古心如馨律师》,称其为"律宗古林第一世"。小传中特别提到,古心律师"得法十二人,大启律门"①。另有《明鼓山澄芳性清律师》,言澄芳"嗣慧公席,后命住鼓山"②。这些都与《律门祖庭汇志》相同,应该正是受到此书的影响。

可见,将澄芳律师归入鼓山住持之列并不可信。虚云如此大费周章地进行所谓的"法系考正",必是出于其特殊的目的。

二　元贤及其云栖戒本传承

元贤之所以能够得到莲池大师的授戒法传承,这与闻谷广印有关。闻谷广印(1566—1636),字闻谷,讳广印。俗姓周,今浙江嘉兴人。十三岁出家杭州开元寺,后于云栖具戒,又在云栖莲池处受菩萨戒,朝夕请益,遂尽得云栖之道。闻谷是元贤一生中极为尊敬和爱戴的禀戒恩师,元贤曾为之作各种塔铭、赞等纪念文字,其《真寂闻谷大师塔铭(并序)》介绍其生平云:

> 按状,大师讳广印,字闻谷,掌石其别号也。檇李嘉善人,姓周氏,父珊,有隐士风,母赵氏,梦玄武神仗剑,率诸甲士,拥护其门,觉而生师。……七岁从塾师受小学,即能通其义,父命习儒,不愿。常瞑目端坐,诵秘密伽陀,年十三,父知其志,乃舍送杭之开元寺,为驱乌。寺为空谷隆禅师道场,师既剃度,慨然有慕隆之志。一日见壁间法界图,问其师曰:十界从心生,心从何处

---

① 《文记》,《虚云和尚全集》第2册,中州古籍出版社2009年版,第163页。
② 同上书,第167页。

生? 其师不能答。时西蜀仪峰和尚，结茅于清平之阴，往叩之。……年二十四，仪峰和尚归蜀，师乃离受业，入云栖进具。二十六，从介山法师习台宗，期年臻奥，介异之，每开讲，必征师为座元。二十七，会城当道，请云栖大师，开法净慈，时万众围绕，龙象蹴踏，特举师为维那，时头角已浸浸露矣。数年来，昼则听讲，夜则坐禅，功夫并进，未能纯一，及参无幻禅师，勉以绵密工夫，师乃谢去讲肆，摄静于西溪法华山，单丁四年，或数日不食，或一坐连朝，因参请渐多，恐废己事，乃曳杖而去，乞食民间。寻上双径，结茅于白云峰下，影不出山者六载。……于是出山至云栖，受菩萨戒，朝夕请益，遂尽得云栖之道。至宜阳，参龙池幻有和尚。……主丛席二十五年，建道场二所，度弟子，千有余人，其得戒弟子，万有余人。若夫彤弓紫绶屈节而问道者，则不下数百人也。生于嘉靖丙寅六月十六日，寂于丙子十二月十七日，世寿七十有一，僧腊五十有八。至丁丑年九月初六日，弟子奉全身塔于孔青之阳。其所编集有《宗门警语》二卷，门人录其《遗语》，凡四卷。①

于此可见，闻谷老人参学多方，曾于莲池大师出受具足戒、菩萨戒，其主要道场就是杭州真寂寺。该寺由闻谷大师集合同志四十八人草创，得到当地士绅护法的支持而建成，并移真寂废寺旧额名之。该《塔铭》后元贤言及自己与闻谷大师的师生情缘说："先是某癸酉春，一见

---

① 元贤：《广录》卷18，《卍字新纂续藏经》第72册，第488—490页。

师于建州，遂有水乳之契，因付以大戒。"① 在历次说戒中他更是自述戒法源流说：

老僧昔年在宝善庵中，受闻谷大师委曲一场，将个云栖戒本子相付，今年复到宝善，四方大众，寻腥逐臭来，请老僧说戒，将谓老僧有戒与诸人说耶？不知此戒，不是老僧底，亦不是闻大师底，亦不是云栖老人底，亦不是南山律师底，乃至亦不是释迦牟尼佛底，只是诸人自心本具底。②

元贤法嗣道霈在为其师所作《塔志》中也说："至五十六岁，因谒闻谷大师于宝善，一见契投，力劝出世，乃以所传云栖戒本授之……师尝曰：'禅本寿昌，戒本真寂'，未可诬也。"③ 也就是说，元贤禅法源于寿昌无明慧经禅师，授戒法则得自闻谷广印，远承云栖莲池一脉。

在授戒法脉方面，"受戒弟子"与"付戒弟子"是有所区别的，前者指从其受戒者，后者则与禅宗传法的法嗣相似，师徒间必须有戒本的授受关系，律宗系、禅宗系的授戒法系都无例外。鼓山系中，除禅宗曹洞宗一脉的传法外，就有非常明确的授戒法系传承，这是我们可以断定禅宗丛林中授戒法脉存在的铁证。

元贤的付戒弟子，据《行业记》载："所依从率三百余人，问道受

---

① 元贤：《广录》卷18，《卍字新纂续藏经》第72册，第490页。
② 元贤：《广录》卷5，《卍字新纂续藏经》第72册，第414页。
③ 道霈：《秉拂语录》，《卍字新纂续藏经》第72册，第591页。

戒者，不啻几万人。得度者共若干人，付戒弟子六人，跬存思公、雪樵涪公、藻鉴真公、莫违顺公、警心铭公、宗圣善公。"① 此六人，另据《广录》卷二十三《付戒》六首：

跬存禅人
鼓山妙挟茗溪戒，末法堤防此最先。
欲架岑楼原有本，莫言灵岳重单传。

洞生禅人
鼓山妙挟茗溪戒，穿衣吃饭仿祇园。
须忆涅槃最后嘱，莫使波旬入此门。

藻鉴禅人
鼓山妙挟茗溪戒，石女吹笙识者希。
持说还须知此意，莫使天花点衲衣。

莫违禅人
鼓山妙挟茗溪戒，虚空把住得人憎。
须信毗尼皆妙行，头陀迦叶首传灯。

警心禅人
鼓山妙挟茗溪戒，五篇七聚总玄玄。
岂比近时狂乱汉，足缠魔罥口谭禅。

宗圣禅人
释子妄分禅教律，看来总是一心光。

---

① 元贤：《广录》卷30，《卍字新纂续藏经》第72册，第578页。

首弘戒法为前导，广引群生到觉场。①

此六首诗由元贤各予六位付戒弟子，前五首每首首句均是"鼓山妙挟苕溪戒"，"苕溪"即是真寂（代指闻谷广印），乃鼓山戒法之源。如前所述，元贤付戒弟子实际上还应加上道霈同门惟静道安禅师，其接继道霈住持鼓山之时曾"嗣戒于先师"。

以上七位付戒弟子中，除藻鉴、道安、宗圣生平较为详尽之外，其余诸人生平资料较为有限。藻鉴、宗圣都住持过宝善庵，②道安在道霈之后曾住持过鼓山涌泉寺，三位都曾得到道霈的推崇，道霈分别为他们的《语录》作序。如道霈《天宝藻鉴禅师语录序》：

> 昔铁关禅师于镆干山中拾得一块钝铁，入闽居天宝，牢铸祖关，把断凡圣，唯逆川顺善识机宜，横身掇入，父唱子和，格古调高，极一时宗风之盛，迄今三百有余年，人亡政息，未有继起之者。藻鉴和尚乘愿而来，据铁关座，唱新丰曲，金针玉线，妙叶旁通，海口澜翻，灵机圆活，盖一言半句皆自平生遍历诸方苦心苦行实地中来，虽色泽未敷，而得者已争宝之矣。然化门既旺，百废咸举，众皆以为铁关再来。无何，遽偃法幢，未获尽展厥蕴，众又惜之。其子文觉海久侍巾瓶，嗣灯继席，恢弘其师之道，又哀其遗语，镌板流通。呜呼！若文可谓善得师心，克绍前烈者矣。一日捧

---

① 元贤：《付戒》，《广录》卷23，《卍字新纂续藏经》第72册，第516页。
② 见本书第一章第二节。

录见示，敬为书诸首简。①

道霈《宝善古樗禅师语录序》：

近年以来宗门扫地极矣，盲盲相牵，投坑赴壑，言之令人恶心，闻之令人洗耳。余当时不觉堕在其中，至于今日，欲引东海之水洗此名字而不可得，唯自悔自叹而已。若夫上智之士，早已识破，栈绝世途，怀宝自遁青山白云中，珍重传持，使天下人不得而摸索，佛祖一线慧命庶几赖之。若无此辈，则群生佛性种子断灭久矣，尚何言哉。吾弟古樗善公，久侍先师巾瓶，见闻自是超卓，出住宝善，藏身戒律，意谓免矣。不期每逢节腊为禅者所逼，口门不闭，家丑外扬，东语西话，积成卷轴，噫！吾不知为技痒难禁耶？抑亦路见不平耶？虽然，若道古樗有法可说，是谤古樗；若道无法可说，是诳自己；离斯二见，别具正眼，方可读是录。如或不然，矮子观场，且莫怪古樗好。②

道霈《惟静禅师遗语序》：

窃观法门凋弊，莫甚斯时，求其痛念生死，真参实究本分衲僧，指不多屈，况乎一超直入越格道流者乎？法运下衰，从可知矣。虽然佛性之在人心，不容磨灭，山间林下，必有杰然独出者，

---

① 道霈：《旅泊庵稿》卷3，《卍字新纂续藏经》第72册，第698页。
② 同上。

余于惟静、明一二公见之。顺治初，余与二公同居先师座下，每入室，先师多方提及，示以本分钳锤，各有契证，且同堂声气投合，志趣无间有年矣。后静公以眼疾请假去，隐居于建之大百丈山，凡九载，松食荷衣，无意人世，将终身焉。及先师没，余忝守山门，乃居一公于寺后之调象庵，凡五年，深自磨砺，浩然大彻，每相与盘错，无不臻奥。一日与客茶话罢，乃书偈俨然坐脱，众皆愕然。余以鼓山门下了事衲僧称之，盖实录也。甲辰冬，余以事至上游，乃逼静公出百丈，同舟而下，居公于吸江兰若，复八年适余谢事出山，乃举公继席而嗣戒于先师。正当甲寅之变，公镇之以静，而海众安堵，四方归向，法化洋洋，丛林鼎盛，经十载矣。忽倦于接纳，仍退居于吸江。又三年余还山，而与公时相切磋，法喜之乐如当年同堂无异。至戊辰四月朔，公以疾迁化，时年已七十有二矣。当在恙室中，空诸所有，唯置一床，寂然而卧，若入定然。虽问疾者盈门，而酬应不失其恬淡如此，因思明公性刚毅而得之于刚毅，公性沉潜而得之于沉潜，事事皆尔，死生以之，毫发不爽也。余三人者虽出处死生前后不同，要之皆先师门下本分衲僧，于时辈中求之岂多得哉。①

又，道霈曾言及元贤禅法、戒法延续情况说：

　　末法浇漓，禅戒纷乱，先师出世，力振颓纲。禅嗣寿昌，戒弘真寂，源流不紊，授受无差。年八十时，尝举寿昌一座大好山抛与

---

① 道霈：《还山录》卷4，《卍字新纂续藏经》第72册，第667页。

道霈,大似一发而引千钧,愧不胜其任矣。以真寂戒法,付跬存诸公,各以四句偈表信。其偈皆前二句叙自己心中所证法门,后二句示付戒之意。无何,跬存、雪樵、莫违诸公,俱先掩化,而某公又妄拈宗乘,为先师所呵谴,今唯宗圣善公在耳。善公奉侍先师巾瓶有年,亲禀毗尼,教授后学,必能遵先师之重嘱,续真寂之芳猷,增佛寿命,令法久住。今日善公,五旬初度,正值先师忌辰,其徒子法愿等,设斋请升座,特举出先师付托禅戒,匡扶末法之意以告大众。①

于此可见,鼓山戒法是"真寂戒法",且"源流不紊,授受无差",禅法、戒法在鼓山系是分开传承的,"某公"(应是警心禅人②)作为戒法弟子却"妄拈宗乘",便遭到元贤的呵谴。

六付戒弟子中,跬存、雪樵(洞生)、莫违等早于元贤圆寂,元贤有《为跬存上座举火》,其中提及:"跬步必存,受鹅湖之嘱咐;寸心不昧,奉石鼓之毗尼;规圆矩方,堪作后来龟鉴;言信行果,实为先辈典刑。"③ 可见,付戒弟子的职责在于"奉石鼓之毗尼",也就是"亲禀毗尼,教授后学",而正因为有了戒法的传承,他们得以担任宝善庵或鼓山涌泉寺的住持。

可以推测的是,这些付戒弟子还可以将戒本往下递传,其自立的法脉也是以戒法为重。例如,藻鉴上人,其法嗣弟子为觉海禅师,道霈

---

① 道霈:《餐香录》,《卍字新纂续藏经》第72册,第601页。
② 六付戒弟子中跬存、雪樵(即洞生禅人)、莫违先于元贤圆寂,宗圣善公即古樗禅师,由此可以推知被元贤呵谴者就是警心禅人。
③ 元贤:《广录》卷8,《卍字新纂续藏经》第72册,第429页。

《觉海禅师语录序》云：

> 今天宝住山觉海文伬禅师，得法先天宝藻鉴真公。公曾见博山老人，当公在众时，文即倾心依附，参方出世无不与俱，前后追随凡三十载，未尝一日去左右，故深得其心法，亲承记莂。及公入寂，接继住持，大其门阀，每岁开戒结制，四众云奔如水赴壑，观其上堂提唱之语，鼻孔肖似，不失家法，盖所谓有本者如是之耴耳。近代宗门之风尚虚不尚实，所有言句虽或文藻过之，而视其中枵然无有也。此录尚质不尚文，识者读之，如尝太羹玄酒，得其真味，然后始知余言之有在。①

从觉海禅师"接继住持，大其门阀，每岁开戒结制"来看，他还是以弘扬戒法为主。但是，元贤禅宗授戒法系中付戒弟子是如何确定的？目前尚无文献可知。不过，笔者猜测：清代全真道龙门派传戒，其传戒中有所谓"考偈"之说，考偈较好者可以传予戒本等信物，由此具备传戒资格。② 元贤一系是否也是如此？或许全真道之传戒模式正是参照禅宗授戒法系而来，也未可知。③

三　鼓山戒法的变革

据1924年《敕赐鼓山涌泉禅寺同戒录》记载，乾隆三十八年（1773）四月十六日曾由官方下令允许在鼓山涌泉寺"正式"（指官方

---

① 道霈：《旅泊庵稿》卷3，《卍字新纂续藏经》第72册，第698、699页。
② 任宗权：《道教戒律学》，宗教文化出版社2008年版，第625—627页。
③ 马海燕：《明清佛教与全真道传戒研究发微》，《法音》2016年第4期。

指定）开坛传戒，乾隆三十八年正是遍照兴隆禅师住持鼓山之时。

遍照禅师为曹洞宗第三十五世，是恒涛大心法子，大心是为霖法子，其住持鼓山时期，涌泉寺又号称"中兴"，从这则敕令中可以知道，乾隆三十八年清政府其与鼓山之前的传戒不同，后者正属于政府禁止的"冒开戒坛"。正式开戒坛之后所传授的戒法是否有所改变，可以从两个方面大致推断涌泉寺戒法还是一切因袭旧习，传承未曾中断：

《丛林祝白清规科仪》，净空禅师集辑，净空于清咸丰年间住持鼓山。此书收录《祖师忌辰上供单》，云栖莲池、闻谷广印、无明慧经三人并列首位，无明慧经是鼓山禅学之本，云栖和真寂闻谷是鼓山戒法之源，可见即便到了咸丰年间，鼓山戒法的传承至少在理念上依然保持不变。[1]

从民国时期虚云禅师整顿鼓山涌泉寺的情形来看，虚云禅师住持鼓山（1929）之前鼓山戒法不曾改变。虚云禅师在鼓山改革鼓山旧制，其中就包括对以往鼓山戒法方面的订正，可见，鼓山这种戒法延续到了民国初。

清末民初以来，习久为弊，宗风受到影响，与当时整个的中国佛教界一样，改革的浪潮也涌入了这个沉寂多年的禅窟，先后有两位已成为现代佛教界领袖人物的鼓山戒子住持涌泉寺，进行了卓有成效的丛林改革活动。

民国十八年（1929），鼓山达本和尚圆寂，鼓山派首座二人及福建省主席代表至上海延请虚云和尚住持鼓山涌泉寺。因鼓山是其出家之

---

[1]《丛林祝白清规科仪》，鼓山刊本，第46、47页。

地，为缅怀祖德，虚云深感义不容辞，遂就任，①并开始从寺制改革、整理道风、房屋修建三个方面整顿鼓山丛林。②就作为寺制改革重要内容之一的授戒法而言，虚云在鼓山的改革主要从以下四个方面着手。

第一，戒法变革，明确改宗律宗系（宝华山"千华系"）戒法。虚云改革丛林陋习，于民国十九年（1930）重订鼓山涌泉寺安单规则，即《鼓山涌泉寺重订安单规则》，其中明确要延长传统的受戒法会戒期，规范传戒的仪轨（详后）。

第二，创办鼓山佛学院，延请著名的律学大师如慈舟法师常驻讲律。实际上，鼓山佛学院的创办重心就是在律学方面，其前身是虚云在鼓山创办的学戒堂，专门为僧众讲授戒律及丛林仪轨等。③

第三，募资重刊见月律师的《三坛传戒正范》，自订详细的三坛传戒仪范。在民国二十三年（1934）的《重刊〈三坛传戒仪范〉后跋》中，虚云再次表达了对宝华山见月律师所著《传戒正范》的心仪以及对当世戒法混乱情形的不满。④

第四，虚云撰《法系考证》、增校《鼓山列祖联芳集》，为自己的丛林改革特别是戒法改革寻求法脉依据。这方面主要体现于将五台山著名律宗祖师澄芳律师列为鼓山住持之事。

经过以上四个方面的精心策划与实行，虚云在鼓山的戒法改革取得

---

① 虚云：《虚云和尚全集》第5册，中州古籍出版社2009年版，第93页。
② 月耀：《虚云大师在鼓山》，《虚云和尚全集》第5册，中州古籍出版社2009年版，第114、115页。
③ 陈金龙：《南京国民政府时期的政教关系：以佛教为中心的考察》，中国社会科学出版社2011年版，第171页。
④ 虚云：《重刊〈三坛传戒仪范〉后跋》，《虚云和尚全集》第2册，中州古籍出版社2009年版，第200页。

了基本的成功。当时在福州民间甚至出现了"龙王受戒"的传说，足见虚云鼓山传戒的影响之大。①

值得关注的是虚云改革后鼓山传戒的戒期问题。虚云长老1955年在云居山的开示中说："鼓山以前传戒只八天，只有比丘、优婆塞进堂，没有女众，各处远近寄一圆与传戒师，给牒，在家人搭七衣，称比丘、比丘尼，名为寄戒。我到鼓山改为五十三天，把这寄戒不剃发搭衣等非法风气都改了，很多不愿、反对的，弄到有杀人放火的事件发生，岂非善因反遭恶果！"② 也即是说，传统的鼓山戒期本只有八天，虚云长老住持鼓山后将戒期改为五十三天。据《虚云和尚自述年谱》，虚云住持鼓山并着手进行鼓山戒法改革的时间是在民国十八、十九年前后。民国十九年（1930）虚云禅师重订鼓山涌泉寺安单规则，在《鼓山涌泉寺重订安单规则（并序）》中有两处与戒法变革直接相关：

> 又以述前启后，事关传灯，青年不少，亟宜培植。若任其虚度优游，良负英杰。况际外侮频仍，内部凋散，伤心惊耳，澎湃不绝。拟照诸方学社，勖兹来哲，并及禅堂长香，林间实业，大小乘戒，均应诵习。授受之间，受重实宜。从前传戒，期仅八天。今改为三十天，以资传习。③

---

① 虚云：《虚云和尚全集》第5册，中州古籍出版社2009年版，第106、107页。
② 虚云：《云居山方便开示·四月二十三日开示》，《虚云和尚全集》第1册，中州古籍出版社2009年版，第283页。
③ 虚云：《鼓山涌泉寺重订安单规则（并序）》，《虚云和尚全集》第4册，中州古籍出版社2009年版，第38页。

又云：

议每年传戒，自三月初十日起，至四月初十日圆满，于期内专律仪，广明止持作犯，以基三乘，庶获实益（细备仪范另订）。①

以上两条都明确说明要将鼓山传统戒期由八天改为三十天。另据1934年《南瀛佛教》第六期刊登鼓山法会盛况的信息说："旧历三月初十起四月初十止，一个月授戒会，从南京京华山仪式。"② 此中"京华山"就是"宝华山"，戒期时间也正是三十天。

由以上我们可以确定，虚云的鼓山戒法改革只是将传统戒期由八天改为三十天而已，并不是他所说的五十三天，后者实际上与另一位曾经担任过鼓山住持的圆瑛大师有关。在《云居山方便开示·四月二十三日开示》另有一段被学者广为引用的话，虚云长老说：

鼓山戒期只有八日，实际传戒工作只有四五天……后来我到各处一跑，传戒的情形各有不同：天台山国清寺戒期五十三天，尽是小和尚受戒；普陀山戒期十八天，名叫罗汉戒；天童寺戒期十六天，宝华山戒期五十三天，安徽宁国府戒期三天，徽州某寺戒期更快，一昼夜就完事，名叫一夜清。③

---

① 虚云：《鼓山涌泉寺重订安单规则（并序）》，《虚云和尚全集》第4册，中州古籍出版社2009年版，第38页。
② 王荣国：《鼓山传戒照片年代的重订昭示：一段闽台佛教交往的历史》，《福建文博》2009年第3期。
③ 虚云：《云居山方便开示·四月二十三日开示》，《虚云和尚全集》第1册，中州古籍出版社2009年版，第281页。

此中各寺戒期长短不一，且不详论，但说天童寺戒期为"十六天"可能不确。据圆瑛法师《鼓山涌泉禅寺千佛大戒同戒录序》所言应为"十八天"：

> 本山为闽中首刹，禅教律净，四宗并行，每年夏季开坛传戒。圆瑛亦本山戒子之一，光绪二十三年在山求戒，为时七日，便毕三坛，觉戒相之繁多，竟仓皇而授受，徒具登坛名字，遂称得戒比丘。心焉伤之，即发宏愿，他日机缘相凑，自当展长戒期。故前住持浙江天童寺，即将十八日之期，改为五十三天。今春接住本山，适逢周甲之年，两序劝传千佛寿戒，仍照天童日期办理。①

据《圆瑛法师年谱》，圆瑛大师于 1930 年任天童寺住持，② 并对天童寺的传戒活动进行了革新。此中尤其值得注意的是，圆瑛大师将天童寺戒期从十八天改为五十三天，而且在担任鼓山住持之后，也将鼓山戒期延长了，改为五十三天。从《鼓山涌泉禅寺千佛大戒同戒录序》看，"今春接住本山，适逢周甲之年"，应即 1937 年，大师时年六十岁，其辞去天童寺住持就任鼓山涌泉寺住持。《年谱》提及，1937 年福州鼓山涌泉寺为大师六十大寿传千佛寿戒。③

由上可见，鼓山戒期为五十三天是从圆瑛大师 1937 年住持鼓山以

---

① 圆瑛：《圆瑛大师文汇》，华夏出版社 2012 年版，第 99、100 页。
② 明旸：《圆瑛法师年谱》，宗教文化出版社 1996 年版，第 70 页。
③ 同上书，第 137 页。

后形成的规矩，但是1930年虚云长老的鼓山戒法改革也是影响深远，正因为两位大师的戒法革新，延续数百年的鼓山传统戒法才在鼓山宣告终结。

四　现存鼓山同戒录研究

授戒法系的差异在同戒录上也有深刻的体现。同戒录是一期传戒法会中记录传戒职事、同期受戒人员名录的册子。自明清以来皆有同戒录，只是流传至今的较少，目前可见的大都是清末民初的同戒录。同戒录文字信息量大，是研究明清以来中国佛教乃至社会变迁的重要文献。[①]

两系同戒录中有显而易见的差异，即各同戒录《序》中关于自身戒法源流的表述。民国六年（1917）《敕赐鼓山涌泉禅寺戒坛同戒录》有"记录侍者古来敬录"的前言中重点说明本山戒法来自永觉元贤，元贤则承自莲池大师。律宗授戒法系则以古心律师为祖，各《序》必言及"古祖"功绩。如《北京法源律寺同戒录原叙》中云："幸赖我古祖朝觐五台，亲承妙吉祥菩萨之印证，崛起于万历年间，继及昧祖、见祖、定祖，各各大畅南宗，中兴止作，松祖尤躬掺心得，承先启后。"[②]（可以参阅附图）

同戒录中更细微的如分坛模式、执事名录、语言差异等都体现出两系在传戒理念及传戒具体仪轨上的不同，兹以民国二十五年（1936）北

[①] 目前学界关于佛教同戒录的论文基本上属于区域社会史研究，例如林晓君《真香盈两岸、戒法沐海南洋：民国六年鼓山同戒录识读》（《福建文博》2015年第1期）即主要关注同戒录中来自台湾地区、南洋地区的戒子，由此分析两岸及移民关系等社会问题。蓝炯熹《圆瑛大师与鼓山传戒：民国三十七年鼓山白云峰涌泉寺三坛大戒文本识读》（《闽台法缘》2011年第5期）则关注受戒人员区域分布等情况。

[②] 北京佛教文化研究所编：《同戒录》上册，宗教文化出版社2011年版，第170页。

平法源律寺同戒录①与民国六年（1917）鼓山涌泉禅寺同戒录②进行比对见下表。

律宗授戒法系与禅宗授戒法系同戒录执事对照表

执事（律宗授戒法系）	人数	例文	执事（鼓山禅宗授戒法系）	人数	例文
得戒本师老和尚	1	上发下践，号道阶，湖南省衡山县，本命庚午宫七月十五日吉时建生			
传戒本师和尚	1	上光下德，号现明，湖南省衡阳县，本命庚辰宫九月二十五日吉时建生	传戒大和尚	1	常余，字本忠，号道南，福建延平府南平县人。同治戊辰年三月二十日辰时生，光绪十九年得戒本山莲公老和尚
依止阿阇黎	1	上融下济，号梵月，湖南省衡阳县，本命己丑宫九月初二日辰时建生			

---

① 北京佛教文化研究所编：《同戒录》上册，宗教文化出版社 2011 年版，第 179—191 页。

② 《台湾宗教资料汇编》第一辑，第 23 册，台北博扬文化事业有限公司 2009 年版，第 151—160 页。按：必须以虚云禅师住持之前的鼓山同戒录为依据，因为虚云禅师住持鼓山之后将鼓山戒法改为宝华山系，完全与禅宗授戒法系无关了。详见马海燕《授戒法系与现代鼓山传戒改革论析》，《闽南师范大学学报》2014 年第 1 期。

续表

执事（律宗授戒法系）	人数	例文	执事（鼓山禅宗授戒法系）	人数	例文
羯磨阿阇黎	1	上融下缘，号显宗，湖南省蓝山县，本命壬寅宫七月十四日酉时建生	羯磨阿阇黎	1	常月，字善庆，福建建宁府瓯宁县人，咸丰辛酉年六月廿九日吉日吉时生，光绪十七年得戒本山莲公老和尚
教授阿阇黎	1	上融下济，号梵月，湖南省衡阳县，本命己丑宫九月初二日辰时建生	教授阿阇黎	1	果成，字鼎峰，江西赣州府雩都县人，咸丰戊午年七月初七日巳时生，光绪甲申年得戒本山量老和尚
尊证阿阇黎（1）	7	上法下慧，号澄清，河北省天津县，本命庚午宫十月初五日未时建生……	尊证阿阇黎	7	一德，字有仁，福建闽侯县人，同治六年十月廿六日吉祥时生，光绪十三年得戒本山莲公老和尚……
授经阿阇黎（1）	25	上普下智，号全朗，河北省宛平县……			
尊证阿阇黎（2）	1	上思下元，号慧三，河北省宛平县			

续表

执事（律宗授戒法系）	人数	例文	执事（鼓山禅宗授戒法系）	人数	例文
授经阿阇黎（2）	34	上显下范，号越宗，河北省大兴县……			
正训阿阇黎	1	上演下缘，号显宗，湖南省蓝山县			
副训阿阇黎	1	上戒下范，号天文，湖南省邵阳县			
副训师	7	上成下林，号崇山，山西省繁峙县……			
引礼师	51	行雨，字普降，山西省浑源县……	引礼师	10	日照，字青山，江西赣州府雩都县人……
都监师	7	上法下慧，号澄清，河北省天津县……			
监院师	2	上常下范，号天文，湖南省邵阳县……	监院师	24	日照，字青山，江西赣州府雩都县人……

续表

执事（律宗授戒法系）	人数	例文	执事（鼓山禅宗授戒法系）	人数	例文
副寺师	3	上圣下宝，号交暎，察哈尔省蔚县……	副寺师	11	今成，字法然，福建邵武府建宁县人……
知事师	2	上果下成，号瑞光，湖南省安化县……			
库头师	3	上本下是，号普印，河北省房山县……			
维那师	1	上常下荣，号道树，山东省长清县			
知客师	9	上上下智，号彻悟，湖南省衡阳县……			
纠察师	1	上上下智，号彻悟，湖南省衡阳县			
书记师	6	上传下绪，号志达，湖南省安化县……	书记师	43	宏志，字修悟，福建兴化府仙游县人……
衣钵师	2	上演下化，湖南省长沙县……			

从上表可见，律宗授戒法系传戒执事主要有得戒本师、传戒本师、依止阿阇黎、羯磨阿阇黎、教授阿阇黎、尊证阿阇黎、授经阿阇黎、正训阿阇黎、副训阿阇黎以及引礼师、监院师等共计21种，远远超过禅宗授戒法系的规模，而且各执事职责分明，其中授经阿阇黎、引礼师人数最多，说明该系传戒活动中他们担当了极为重要的任务，这点在明末见月律师自述的《一梦漫言》中亦可见之。[①] 当代印顺法师（1906—2005）也提及："由于我国是集团受戒，人数众多，所以在三师七证外，有好多位引礼师（女众的名'引赞师'）；引礼师的领袖，称为开堂大师父。论到正式传授戒法，没有引礼师的事，但是平常管教戒子的，大师父的地位，好像非常重要。"[②]

正因为律宗授戒法系传戒仪轨繁缛，屡屡遭到他人的诟病。现代弘一大师即说："末世以来，受皈戒者，多宗华山三皈五戒正范。曲逗时机，是彼所长，惜其仪文，颇伤繁缛。"[③] 而鼓山系仪轨又失之在简，上表中鼓山同戒录无依止阿阇黎、授经阿阇黎等，人事的简化加上戒期的短暂可以推知其授戒过程的简便以至于被诟病为随

---

① "新戒堂引礼师号耳圆，是山东人，性直欠方便。见余全无行李，不请律读，终日默坐单上，不犯堂规，无事求问，心不悦余，呵云：见月，此处非坐不语禅，为何不请律熟念？余答云：某不识字，亦无钱请本。凡有求戒者，入堂安单，引礼师呼余云：见月，汝到此处坐，让后来人。余即如命，持衣钵移后而坐。如是后进堂十余人，一一皆呼移退让之。又有末后一人进堂，高单无空，将余移下地与香灯共坐，余毫无怨声，作游戏想。同堂众戒兄观之皆不平，谓余懦弱至极。余言：修行以忍辱为本，何况俱是同戒，理应移让。"有关律宗授戒法系传戒的情形，《一梦漫言》最为具体直观，可以参考。

② 印顺：《中国佛教琐谈》，载《华雨集》下册，中华书局2011年版，第97页。

③ 弘一法师：《新集受三归五戒八戒法式凡例》，《弘一法师全集》1册，《佛学·杂记卷》，新世界出版社2013年版，第64页。

意了。① 值得注意的是，鼓山"三师七证"皆标明"得戒本山"（见上表），应属鼓山传戒的"规则"之一。②

就不同时期特别是改革戒法前后的鼓山同戒录来看，如前所述，民国六年同戒录与律宗授戒法系存在较大差异，禅宗授戒法系特征明显，而戒法变革之后的同戒录则与律宗授戒法系完全相同了，此时鼓山同戒录中亦出现授经阿阇黎等，而且分坛的模式也与常见的律宗系同戒录无异了（见附图五）：民国六年同戒录中不曾出现"菩萨比丘坛""菩萨比丘尼坛"等，这些只出现在律宗系同戒录中，而变革后的鼓山同戒录皆可见之。各坛名称的差异与三坛传授之方式有关，这种变化正是鼓山戒法遭遇变革的明证。

---

① 据《台湾宗教调查报告书》，台湾僧人在鼓山受戒的状况如下："鼓山留锡者……授戒费约要四、五十圆，其时期定为每年阴历四月八日及十一月十七日，于鼓山涌泉寺预先广告之，所在的雏僧等参集之。授戒行状日数是七日，而于此间，教导僧侣行为的二百五十戒。最后一日，在头顶上点炙称授戒记的三个乃至十二个。这是作为喜乐修行此三阶级，成为真正的佛弟子，发心欢喜的表现而点炙。……尚有于授戒中，想作戒元及都戒元者，不可不招待同期的受戒者。又想作大和尚者，约缴五百圆的纳金，且不可不披露。因为不堪于其费用的负担，得到此等称号者，极为稀少。尚有沙弥用五条、比丘是七条的黄色袈裟，菩萨戒用二十五条赤色袈裟，是为例规。"《台湾宗教调查报告》，第73页。转引自慧严法师《台湾与闽日佛教交流史》，台北春晖出版社2008年版，第58页。

② 是否要求是本山"付戒弟子"，有待进一步论证。

附图：

附图一：鼓山涌泉寺民国六年同戒录序录①

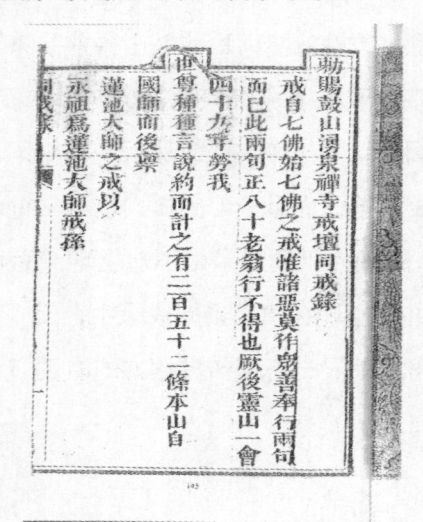

> 勅賜鼓山湧泉禪寺戒壇同戒錄
> 戒自七佛始七佛之戒惟諸惡莫作眾善奉行兩句
> 而巳此兩句正八十老翁行不得也厥後靈山一會
> 世尊種種言說約而計之有二百五十二條本山自
> 國師而後禀
> 蓮池大師之戒以
> 永祖爲蓮池大師戒孫

> 永祖約其義而祖述之諸佛子遠求受戒不可不知
> 其願末如此至於登壇擱磨展鉢披衣無非舍那心
> 地法門日持曰犯則在當人雖然又是雪上加霜
> 記錄侍者古永敬錄

---

① 鼓山涌泉寺民国六年同戒录影印件，《台湾宗教资料汇编》第一辑，第23册。

附图二：民国二十六年序鼓山同戒录①

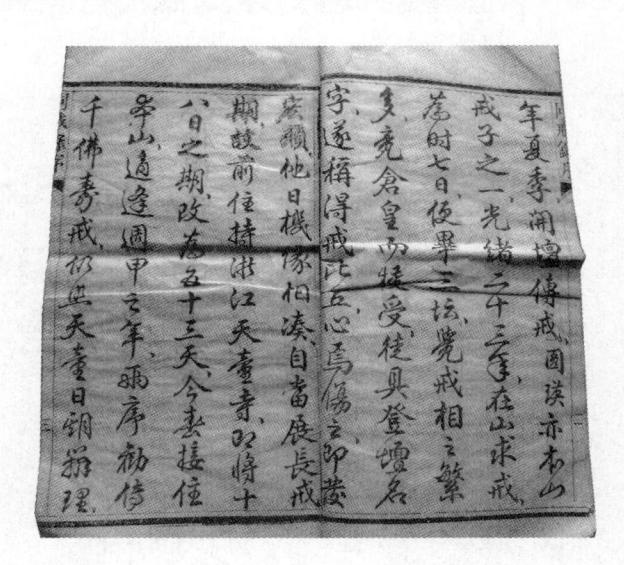

---

① 感谢蓝炯熹先生提供，下同。

附图三：律宗授戒法系同戒录①

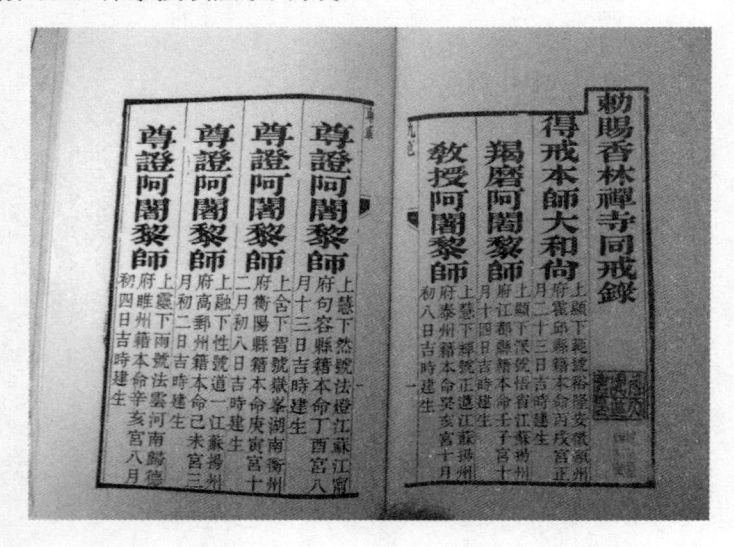

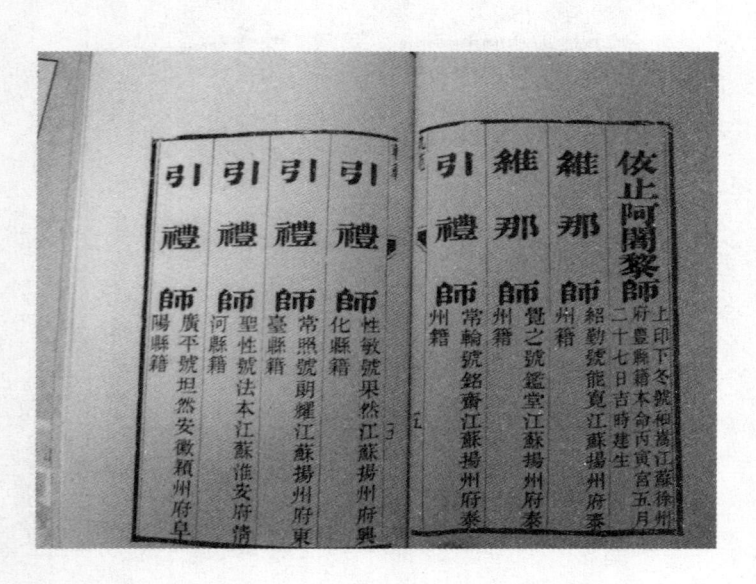

---

① 感谢南京市佛教协会詹天灵先生提供拍照。

附图四：民国六年鼓山同戒录

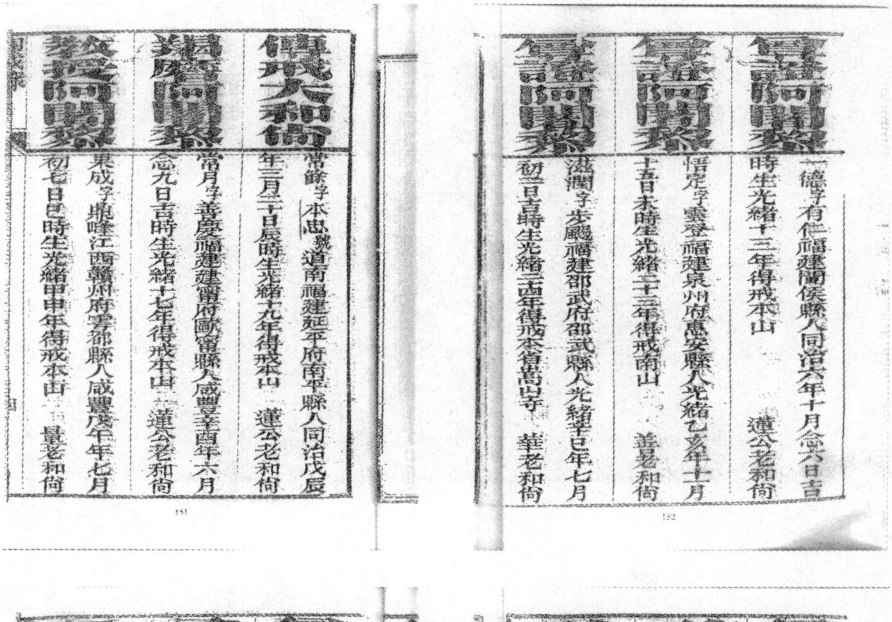

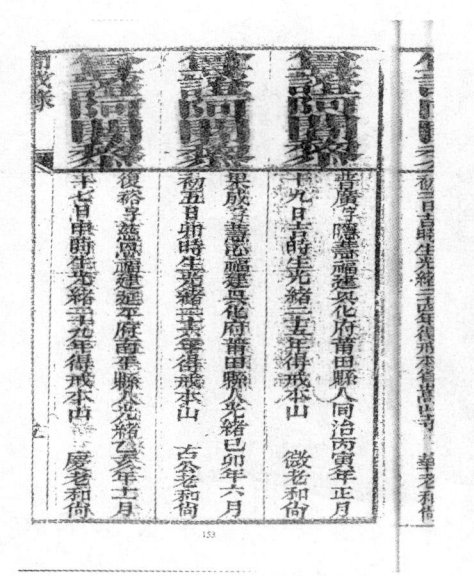

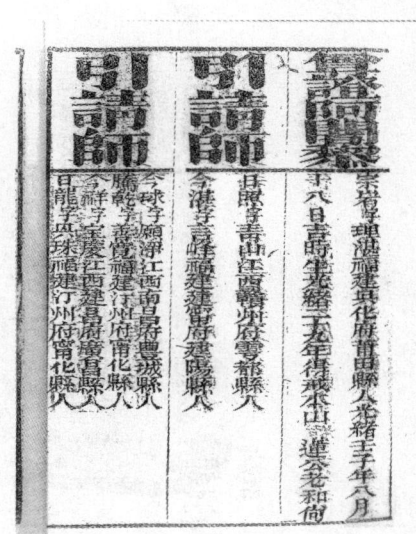

附图五：圆瑛大师序鼓山同戒录

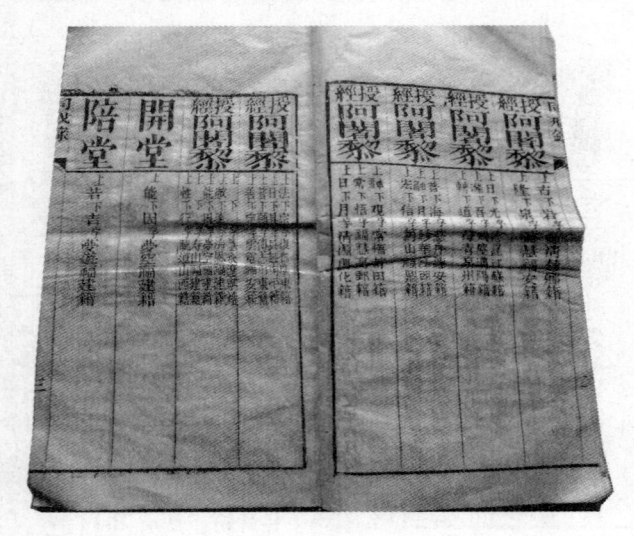

第三节　戒法理念与实践

明清时期的佛教戒法的弘扬侧重的是理念与实践，这与律学有别于禅、教诸宗的规范性特征有关。诚如元贤所说的："至于律，则事相浅近，皆有成法，稍有智者，皆可学习。"① 因而，学律者以老实持重为长，必须甘于寂寞，切忌浮躁，应能够落实于具体传戒或持戒的实践。

一　元贤戒法著述与理念

元贤律学著述主要是《四分戒本约义》与《律学发轫》。《四分戒本约义》，四卷，成书于崇祯十四年（1641），鼓山本分为2册，目前收录于《卍字续藏经》中。② 据该书元贤序，此书因为"诸人以戒本请注，作新戒方便"③，可知是对新戒弟子所诵读的戒本进行注释而已。戒本一般条列比丘戒应遵行之戒条，条目繁多，而且有较多的专门术语，依律注释才能真正有助于初学识戒。《律学发轫》三卷，鼓山经板已失存。现有民国十一年（1922）四月天津刻经处印行本，分为上中下三卷。前有元贤序，次为三卷目录。卷上为律部缘起、三皈依、五戒、八关斋、优婆塞戒、沙弥戒、式叉摩那戒、比丘戒、比丘尼戒和菩萨戒；卷中为结界、布萨、说欲、安居、自恣、受药、分亡僧物、六聚忏法；卷下为资具、日用轨则、受戒辨误、律家法数。④

元贤积极投入戒法著述乃是基于两方面的原因：一方面，他对于当

---

① 元贤：《续呓言》，《广录》卷30，《卍字新纂续藏经》第72册，第574页。
② 纪华传：《明清鼓山曹洞宗文献研究》，社会科学文献出版社2014年版，第37页。
③ 元贤：《四分戒本约义序》，《广录》卷14，《卍字新纂续藏经》第72册，第461页。
④ 元贤：《律学发轫》，天津刻经处民国十一年本。

世佛教律学之不振以及僧格之沦丧深表忧心，元贤《四分戒本约义序》言："余慨自天启以来，耆德凋丧，晚进日趋日下，如狂澜之莫回，且又妄逞空见，弁髦戒律，不有防之，后将安极。余所以孳孳亟亟，勉成此书，未敢以世难阻也。"① 另一方面，乃是出于对莲池大师、闻谷大师的仰慕之诚，以及作为戒本传承者应担当的责任，元贤《云栖寿昌真寂三大师赞》云："三师并出，日照昏衢，或禅或教，异路同趋。承前启后，作众良模，吾虽不敏，愿学之而未能者乎。"② 莲池大师在律学方面著述亦多，有《梵网经心地品菩萨戒义疏发隐》《具戒便蒙》《沙弥律仪要略》《沙弥尼比丘尼戒录要》《半月诵戒仪式》等。

纵观元贤诸种律学著述，其戒法理念主要有四：

第一，不以意裁，本于佛制。元贤《四分戒本约义序》云："其中若事若义，悉采之四分律藏，所有开遮，亦悉本佛制，非敢妄以意裁也。"③ 其《律学发轫序》也说："丙戌之冬，余作《戒本约义》终，客有以《律学揭要》请益者，余阅之，大都目不见律而袭取他书，乃水潦鹤之徒所辑也，因为作《律学发轫》以示之。"④ 水潦鹤者，谓以讹传讹。后人论律往往不求之于律典佛说，而惯于道听途说，此为元贤所深恶痛绝。

第二，便于初学，善始善终。元贤《律学发轫序》谓："言发轫者，示慎始也。夫万里之行，起于跬步，跬步一错，万里徒劳。故初学之士，不可不慎。若夫误信非人，误习谬说，将有终身而不知其非，历世

---

① 元贤：《四分戒本约义序》，《广录》卷14，《卍字新纂续藏经》第72册，第461页。
② 元贤：《广录》卷21，《卍字新纂续藏经》第72册，第504页。
③ 元贤：《广录》卷14，《卍字新纂续藏经》第72册，第461页。
④ 同上书，第461、462页。

而传以为是者，其遗害可胜道哉。"① 这主要针对初学。本来按佛教之传统，初出家者应依师学律，道霈初见元贤，即蒙其训示研习《佛祖三经》。② 此三经即《佛遗教经》《佛说四十二章经》《沩山警策》，都是强调"以戒为师"的经典，足见元贤身体力行，在教化初学方面十分慎重。

第三，重菩萨戒，发菩提心。菩萨戒属于大乘佛法，在中国佛教史上，菩萨戒的弘扬与律宗戒律的传承本是两个不同系统，但到宋以后，凡传承南山系的律学大师都会涉及菩萨戒的问题，明末更是如此。③ 元贤的菩萨戒思想主要受到莲池大师影响，莲池大师将菩萨戒作为一切佛教戒律之宗，他说："大哉菩萨戒也，其一切戒之宗欤？"④ 元贤《律学发轫》卷上引《梵网经》（《梵网菩萨戒经》的略称）言及菩萨戒之重要性说："《梵网经》云：众生受佛戒，即入诸佛位，若不受此戒，外道邪见人畜生与木头平等无有异，故知不受菩萨戒者，纵学佛法，勤苦修行，经千万劫，只名众生，欲脱生死，欲破业障，欲成菩提，终无得理。纵或受已，毁戒还是佛之弟子。若不受者，名为外道。故经云：蒼卜花虽萎，犹胜一切花，破戒诸比丘，犹胜诸外道。"⑤ 此卷另言受菩萨戒当以发菩提心为之先："受菩萨戒者，当以发菩提心为先。菩提心者，四弘誓愿也。若实发此誓愿，复以至诚心，仰承大戒，则能发起无作戒体，方名得戒。既得此戒，后或遇缘破犯，亦自有殊胜功德，故云：破

---

① 元贤：《广录》卷14，《卍字新纂续藏经》第72册，第462页。
② 马海燕：《为霖道霈禅学研究》，宗教文化出版社2012年版，第64页。
③ 圣严法师：《明末的菩萨戒》，《菩萨戒指要》，法鼓山印本，第126页。
④ 莲池大师：《莲池大师全集》第1册，上海古籍出版社2011年版，第3页。
⑤ 《律学发轫》，天津刻经处民国十一年印本，第26页b。

戒诸比丘，犹胜诸外道。又云：所生之处，不失王位。若无此真实广大之心，但希破后功德，轻求受戒者，则戒决不可得。戒既不可得，况破后功德乎？求受戒者，宜知此意。"① 也正因此，禅宗授戒法系之戒牒所引重在《梵网经》，由此而与律宗授戒法系有明显之区别。②

第四，理虽本具，藉缘方发。一般律宗学者都将戒分为四科：戒法、戒体、戒行和戒相。③ 就戒体而论，元贤强调大乘无作戒体的本具理体与实践修持的助缘功能。④ 佛教戒律学思想中关于戒体问题一直存在争议。传统上，佛教的戒体主要有三类主张：一是以戒体为色法，主要是小乘一切有部的主张；二是戒体为心法，此为法相宗之说，道宣律师采纳此说，为四分律宗之正统；三是非色非心说，此为《成实论》的看法。⑤ 元贤论戒体云："此戒体不发则已，发即是性，故名无作。……大乘明戒是色聚，谓大乘情期极果，凭师一受，远至菩提，随定随道，誓修诸善，誓度含识，亦以心力大故，别发戒善，为行者所缘，止息诸恶，《大论》云：罪、不罪不可得，具足尸罗，此是戒度正体，以心生口言，从今受，息身口恶法，是名为戒，即无作也。此无作虽无色相，而有能持所持，有得有失，亦似有色相，故曰假色，亦名无表色也。《授戒羯磨文》云：初番羯磨时，十方妙善戒法悉皆震动；第二番羯磨时，诸妙善戒法举集虚空之中，如云如盖，覆汝顶上；第三番羯磨时，此诸妙善戒法，从汝顶门灌注身心，充满正报，汝心汝身即是无边功德

---

① 《律学发轫》，天津刻经处民国十一年印本，第28页a、b。
② 见本章第一节所引物证。
③ 可参看弘一大师《南山律在家备览》，莆田广化寺印本，第1页。
④ 陈永革：《晚明佛教思想研究》，宗教文化出版社2007年版，第178页。
⑤ 同上书，第171、172页。另参见劳政武《佛教戒律学》，宗教文化出版社1999年版，第330—338页。

之聚。此文正形容无表之色，如此虽非实有戒从外来，然亦不可谓自心本具，更无得与不得，盖以理虽本具，藉缘方发故也。"[1] 可见，元贤所阐释者主要是受天台智者大师影响的戒体观，智者大师在《梵网戒疏》中即认为："戒体者，不起而已，起即性，无作假色。"[2]

综上所述，元贤之戒法理念具有大乘佛教所具的超越性特色，强调内在自觉意识与自律行为，但也融会小乘佛教重视实践规范和僧团共守的原则，以晚明佛教社会的现实问题为主要切入点，构建个体修学实践与丛林团体生活协调并进的新格局。

二 传戒实践与批评

有关元贤传戒实践，相关文献中皆有记载，如元贤在泉州开元寺、杭州真寂寺、鼓山涌泉寺、兴福寺等处都有传戒的记载，前述道霈及其母道贞比丘尼等皆是从元贤受具。

由于佛教传统中传戒乃是极为神圣的事宜，一般不为外人所得详闻，故而元贤在鼓山涌泉寺等地传戒具体的程序和仪轨只能从《受戒辨误》中略知一二，但缺乏更具体的文献佐证。元贤对于其他授戒法系传戒的批评主要见于《律学发轫》卷下之《受戒辨误》，共计九条。

（一）沙弥付三衣误："律中沙弥止服缦安陀会，《萨婆多》云：应持上下二衣，上衣当郁多罗僧，下衣当安陀会。《南山随机羯磨》中亦有沙弥受缦安陀会法。《根本百一羯磨》云：求寂之徒，缦条是服，辄披五条，诚为非法。今此土师家，多付五衣，不知起于何时。若据《根本》所云，五条亦所不许，多三衣乎？近日受戒者，乃直以三衣顿付沙

---

[1] 《律学发轫》，天津刻经处民国十一年印本，第28、29页。
[2] 莲池大师：《莲池大师全集》第1册，上海古籍出版社2011年版，第33页。

弥，大违佛制，非所应也。"

（二）比丘四人以上同羯磨误："律中受比丘戒，初止一人受，后为八难事起及余因缘，乃许三人同受。《十诵律》云：不得一时唱说，令四人得受大戒。《根本杂事》云：不得四人同受近圆，何以故？非众为众，而作羯磨，理相违故。《五分律》云：一切不得羯磨四人。后代诸师，不问多寡人数，并一坛羯磨，其弊起于南北二戒坛，以人多故，遂一坛受之。然《戒坛科仪》止称三人，亦可知四人以上之非仪也。"按，"《戒坛科仪》止称三人"有其明证，如法藏《弘戒法仪》之《登坛授大比丘具足戒白四羯磨法仪第十一》中《第五差教授师法》及《第六教授师出众问遮难法》都明确为"三人"，如云："众中谁能为彼三人作教授师。""善男子，坛上诸师作法，差我下来问汝三人遮难。"[1] 但科仪文本如此，实际传戒活动中则未必，如清代超远检录《传授三坛弘戒法仪》，相应部分则不提"三人"，而都改为"诸人"，如云："诸佛子等，坛上诸师作法差我下来问汝诸人遮难。"[2]

（三）尼同比丘受戒误："律中比丘尼戒与比丘不同，其受戒所问遮难，亦全不同，盖以男女事异也。近年师家说戒，乃以尼混入比丘中同受，是以女而受男戒也。坛既混乱，非独尼不得戒，并诸比丘俱不得戒矣。思之。"

（四）造衣非量误："律制安陀会，长四肘广二肘；郁多罗僧，长五肘广三肘；僧伽黎，亦然。近代师家，作小五衣，不知何人作俑，杜撰甚矣。又有作五衣量与七衣同者，亦非佛制。至于七衣、大衣，多作长

———————
[1] 法藏：《弘戒法仪》，《卍字新纂续藏经》第106册，第593页。
[2] 超远：《传授三坛弘戒法仪》，《卍字新纂续藏经》第60册，第619页。

六肘,既多一肘不可搭,乃折在左臂上,予尝问其故,则曰:释子圆顶方袍,长五肘则不方也。不知方袍二字本非佛说,何苦执定,况即作五肘,又何不可名为方乎?俗习相传,曾不自考,可胜叹哉。"

(五)轻弃亡僧衣误:"律制亡僧衣钵,不许亡僧自授。亡后,佛许与看病人。若看病人已有,可众中白二羯磨分散,但衣须从人受过,方可披搭也。近日师家,多谓亡僧衣不可搭,乃教悬之树上,任其烂坏,大与律违,况佛谓衣,虽极破不可搭,亦不可轻弃,乃至为灯炷,亦能为施者增福,今任其烂坏,可乎?"

(六)居士付衣误:"居士受五戒,不必搭衣,若受梵网戒,及入道场时,许搭衣,但不割截,单缝所成,非却夹所成,如大僧衣也。故佛曰:此衣一名三衣,亦名俗服,岂可付以大僧衣乎?纵造单缝衣受持,亦难如法,妻子同宿,则此衣置之何地,越法之罪,与日俱积,则不若不持之为愈也。故慈云辩之于前,云栖禁之于后,岂无识哉。"

(七)不受学戒误,主要针对沙弥尼未先受式叉摩那戒:"佛制沙弥尼,欲进具戒必先受二年式叉摩那戒,使其学大尼律仪,然后进具。故受大尼戒时,问遮难毕,更问云:汝二年学戒否?答:已学。又问:学戒清净否?答:清净。复向诸尼亦如是问,诸尼亦如是答,是不受式叉戒,则不得大尼戒也。今全不受此戒,且有言式叉摩那是戴发女者,迷谬相承,其陋至此,真可痛也。"

(八)妄改科文误:"受戒之法,诸部中俱有明文,昭庆戒坛本已属后人增饰,非大智照师之旧,如问遮难有两错,三羯磨中有三错,识者难以依用。近日有师自恃聪明,全不知律,又妄以己意,更改将三衣,先付与白衣习学,不知出自何律?至于临坛多增唱诵,悦人观听宛类应赴之俦，岂是弘律之则。若肯阅律一遍，亦当自知其丑也。"

（九）混乱登坛误："凡受戒者，先请十师，请毕，十师登坛，乃作白差教授师，教授师下坛，在眼见耳不闻处问遮难。问毕，乃上坛白诸师，白已，始召戒子上坛，此古规也。昭庆戒科亦如是，近年诸师将戒子俱集一坛，请十师问遮难及羯磨受戒，止在一处，但将科文从头念过一遍，既非佛制，亦非昭庆旧式，不知成何轨则，混乱坛法，莫此为甚，智者当自考之。"

以上数条中多次提及南北戒坛之弊端，而对于继承南北戒坛戒本特别是南坛戒本的律宗授戒法系而言，所谓"此土师家""近日有师""近年诸师"云云，元贤的批评可能也包括他们在内。例如，居士付衣误条就十分明确，乃是针对古心律师的菩萨戒法，这从元贤《复方子凡孝廉》中即可见之："昔古心以僧家三衣付居士，居士受之，寻常用之，礼佛礼人，一如僧法，甚为非制，故云栖深呵之，引慈云《辨惑篇》为证。"①

当然，元贤所批评的传戒法仪，未必都能得到时人积极响应，例如，按律受比丘戒者必须具足衣钵方许登坛，道霈提及："近年已来，僧尼受戒唯备七衣至于五衣大衣及钵盂，但苟简假借虚应故事而已。"②而"昔先和尚（引者按：指元贤）业已辩明于《律学发轫》中，后学少肯遵行"③。

---

① 元贤：《永觉元贤禅师广录》卷12，《卍新纂续藏经》第72册，第450页。
② 道霈：《衣钵不具足与造衣不合量者不听进具说》，《鼓山语录》卷下，鼓山刊本，第52页a。
③ 同上书，第53页a。

三　三坛法仪

在明清佛教传戒活动中，三坛并受与分受问题是颇具争议的。依部分学者之论，"明清律宗之于唐宋律宗的独特之处就是实现了传戒仪制的革新，即创立了'三坛大戒'制度"①。而该制度的确立过程，有学者表述如下："古心律师撰有《经律戒相布萨轨仪》一卷，并在现实层面最早践行了'三坛大戒'齐受；于古心处受具足戒的临济僧人汉月法藏，撰有《弘戒法仪》二卷，后经其弟子超远检录为《传授三坛弘戒法仪》一卷，该传戒仪轨盛行于湘鄂一带；古心的再传弟子见月律师撰有《传戒正范》四卷，该书的问世，标志着佛教'三坛大戒'传戒仪轨从实践到理论的最终完成。"② 也就是说，三坛大戒制度的确立过程中，古心律师是开创者，法藏等是继承完善者，见月律师则是最终定型完成者。可惜的是，学界并未就"三坛大戒"更具体问题展开细致的讨论。

首先来看"三坛并受"的内涵。实际上，佛教律学中"三坛"一词由来甚早，律宗祖师道宣《关中创立戒坛图经》即言："检《别传》云：佛在祇树园中，楼至比丘请佛立坛，为结戒受戒故，尔时如来依言许已，创置三坛，佛院门东名佛为比丘结戒坛，佛院门西名佛为比丘尼结戒坛，外院东门南置僧为比丘受戒坛。"③ 但此中的"三坛"与"三坛大戒"的含义并不一样。在明清时期所谓"三坛"指的是沙弥（尼）戒坛、比丘（尼）戒坛、菩萨戒坛。就此必须考虑两点：一，是否是古心律师开始一期戒会中同时开设三坛（这是一种意义上的"三坛并

---

① 刘晓玉：《明清之际律宗中兴运动考察》，河南人民出版社2014年版，第17页。
② 同上书，第178页。
③ 道宣：《关中创立戒坛图经》，《大正新修大藏经》第45册，第807页。

受"），而此前都是一期戒会只指定一种，如专授比丘戒，专授菩萨戒；二，另一种情况是自古传戒都是设立三坛，只是古心律师之后允许戒子在一期戒会之中同时受三种戒。《明清之际律宗中兴运动考察》一书所论核心部分是指后者，即此前三坛戒法不得一时俱受，要分期而受，古心及其后则开了"一时三坛的先河之举"。

一期同设三坛可能是古心以前就有的旧制，因为与古心律师一系并行的禅宗授戒法系戒会中亦可见之。鼓山在清代传戒，也是同时开设三坛的。据江灿腾《台湾佛教史》提及鼓山传戒的戒法程序说：三坛大戒全部过程只需九天便可完成，第一天，在戒坛前接受点名，读诵《受戒问答》；第二天由戒师先询问受戒者姓名、籍贯及师僧之名，再询问有无犯罪以及出家原因、目的等，举行忏悔仪式；第三天由戒师为新戒子说教；第四天受戒者到法堂拜佛诵经后，再行忏悔仪式；第五天诵大悲忏；第六天在戒坛受沙弥戒；第七天受比丘戒；第八天受菩萨戒；第九天受领戒牒，完成受戒仪式。① 当然，不排除它已经受到古心系影响的可能。

其次是三坛分期而受的情形。《报恩论》卷下《精严寺同戒录序》（清代）亦提及："欲续佛慧命，成菩萨道者，必自戒始。戒有多品，莫不以在家律之杀盗淫妄酒五戒为根本。必先具足能持，然后听许出家，授以沙弥、比丘、菩萨三坛净戒。而亦必量根利钝，若五夏，若多夏，步步增进，不许躐等。虽菩萨戒，间有正受、权受、渐受、顿受之差，而佛制谨严，大要如是。"② 而严格遵照这种受戒模式的典型人物可以生

---

① 江灿腾：《台湾佛教史》，台中五南图书公司2009年版，第29页。
② 《报恩论》卷下，《卍新纂续藏经》第62册，第778页。

活于嘉靖、隆庆、万历年间的守庵法师为例。印光重修《普陀山志》卷六《守庵传》言其剃染，厕沙弥相，执勤负辛如仆，如是数寒暑，登昭庆寺戒坛，受比丘戒，由是参访云游，复登西山戒坛，增受大戒。如是又数寒暑，乃南还在杭州受菩萨戒。守庵圆寂于明万历乙巳（万历三十三年，1605），世寿七十三。①

最后，明末清初以来一期三坛并受的情形确实存在，明末圆澄《慨古录》云：

> 古之出家者，必曰五夏以前习学律仪，五夏以后，方乃听教参访，自优婆塞而后沙弥，沙弥而后比丘，比丘而后菩萨，非徒有名而已，阶级次第，皆由学问以分其后先。今也才出家来，便以剃头受菩萨戒，谓之直受，门风大体，全然未谙，不二三年，称善知识，递相聋瞽，大可悲夫。②

清吴树虚《大昭庆律寺志》卷七亦云：

> 昔之受戒者，能持沙弥戒，方发心求受比丘戒。若更发大心，方求受菩萨戒，无一期顿受三戒者……今欲广度众生，唯取方便，所以一期受三戒之例，诸寺通行。③

---

① 印光大师重修：《普陀山志》卷6，莆田广化寺印，第332、333页。
② 圆澄：《慨古录》，《卍字新纂续藏经》第65册，第371页。
③ 吴树虚：《大昭庆律寺志》卷7，杭州出版社2007年版，第95页。

此中应注意区分两种情况：一方面，一期受三戒不等于躐等受戒。前引《精严寺同戒录序》提及"若五夏，若多夏，步步增进，不许躐等"，一方面强调受各种不同戒法之间的时间间隔，另一方面才强调不许躐等。大昭庆律寺等"诸寺通行"的戒法虽然允许"一期受三戒"，但依然恪守不许躐等之原则，一期授戒法会中必须先受沙弥戒，然后比丘戒，最后菩萨戒。例如，法藏《弘戒法仪》即言："凡出家者，无竟授菩萨戒之理，须从沙弥、比丘而进，若躐等轻进，甚非佛意，虽大乘根器如六祖大师者，亦先授比丘戒，然后开东山法门利生。"[①] 云栖戒法之祖莲池大师亦言："予著《戒疏发隐》中，言必先受五戒、十戒、二百五十戒，然后受菩萨十重四十八轻戒。……经云：'譬如重楼四级，自下而上，次第历然，不可躐等；受戒亦然。'经语也，无以为也。"[②]

另一方面，从《普陀山志》卷六《守庵传》来看，他受沙弥、比丘、菩萨三戒之间都间隔了多年，遵从了三坛分期而受的理想原则，但这仅仅是他个人的志趣所然，所以才有了妙峰"叹为今世持戒者，唯守庵一人"的感慨[③]——因此，不能以守庵作为古心重开戒坛之前的受戒典型。实际上，不排除守庵之时及更早时期，佛教的传戒就已经出现三坛并受的情况。

此外，部分学者证明古心律师开创"三坛顿受的先河"的事例就是《南山宗统》卷三澄芳律师传记中的受戒记载，其中提到"统众就彼一

---

① 法藏：《弘戒法仪》卷下，《卍新纂续藏经》第60册，第614页。
② 莲池大师：《直受菩萨戒》，载《竹窗随笔》，《莲池大师全集》，上海古籍出版社2001年版，第1489页。
③ 印光大师重修：《普陀山志》卷6，莆田广化寺印，第332、333页。

时三坛，方便授受清"①。但这种论断值得商榷。如前引清吴树虚《大昭庆律寺志》卷七之语，亦只能说明昭庆律寺在当时（清代）已经行"一期顿受三戒"之法，但并不能由此而断定此种做法始于该系祖师古心律师。

《报恩论》卷下《精严寺同戒录序》（清代）中则多次论及三坛并受的问题，其《序》言："末法衰敝，教观全荒，毗尼尤失本旨。盖自直指单传之旨，五宗盛行，豁达狂禅，辄以祖师应机予夺一期方便之谈，执为实法，谓贵见地不贵行履，而律仪疏；谓直证心源，不立文字，而经教亦几废。于是南山宗下诸大师，先后辈出扶持之。而沿习忘返，旋复旋失，卒至三坛并受，取办于旬日之间，而大坏矣。法运转机，不可思议，明季则有慧云、三昧二老，大权善巧，乘愿再来，因其末失，约归本制，以折其中。"② 其《又序》中亦谓："曰：沙弥、比丘、菩萨三坛并进，亦佛制乎？曰：非佛制也。东土传律，始于昙柯迦罗。其后南山一宗，盛衰无常，陵夷至于明季。国初慧云、三昧二大师，因其末失，而变通折中之。见月师传其业，作《传戒正范》一编，至今遵守，亦时为之也。"③ 以上两处都论及三坛并受，只是略有不同，第一处"卒至三坛并受，取办于旬日之间，而大坏矣"，其"而大坏矣"的感慨可能指向两个：一、三坛并受之作法；二、三坛并受且取办于旬日之间，这种作法即戒显《三坛传戒正范序》中所批评的"仓皇七日，

---

① 刘晓玉：《明清之际律宗中兴运动考察》，河南人民出版社2014年版，第205页。
② 《报恩论》卷下，《卍新纂续藏经》第62册，第778页。
③ 同上书，第779页。

便毕三坛"①。通过第二处以三坛并进为"时为之也"的说法可以推断，该作者显然倾向于第二个，即他主要批评的是三坛并受且取办于旬日之间这种作法。接着他笔锋一转："法运转机，不可思议，明季则有慧云、三昧二老，大权善巧，乘愿再来，因其末失，约归本制，以折其中"，也即是说，三坛并受且取办于旬日之间是慧云律师（即古心）、三昧律师等之前的情形，他们的贡献主要在于"因其末失，约归本制，以折其中"，所谓折中的作法大概只是保留三坛并受（是为大权善巧），但延长受戒日期（约归本制）而已。以此可见，三坛并受不一定是始于古心等人的创制，而是此前就有之陋习，因痼疾难改又恰逢时宜故而被承继下来。

但要注意，古心以后该系所传的三坛大戒并非所有受戒者都是"三坛并受"，其中不乏一期戒会之内只受沙弥（尼）戒者，或者之前已受沙弥（尼）戒，只受比丘、菩萨戒者，关键看受戒者自己在律学方面的涵养与追求。在民国初年所见的各种属于律宗授戒法系的《同戒录》中，基本上还有"沙弥戒弟子"②"菩萨沙弥戒弟子"③ 等名录。另《百丈清规证义记》卷七提及："戒列三坛，先一坛为未受沙弥戒者而设，若已受沙弥剃度十戒，则一切佛事仍随众。"④ 可见，大部分出家人其实已经得受沙弥十戒，只是前来受具足戒和菩萨戒而已。

有趣的是，律宗授戒法系戒法中有着三坛一时并受的顽疾陋习，禅

---

① 戒显：《传戒正范序》，载一诚法师《以戒为师》下册，宗教文化出版社2008年版，第160页。

② 《敕建万古柏林禅寺同戒录》，载《同戒录》上册，宗教文化出版社2011年版，第36页。

③ 《北京广济寺同戒录》，载《同戒录》下册，宗教文化出版社2011年版，第106页。

④ 仪润：《百丈清规证义记》卷7，《卍新纂续藏经》第63册，第470页。

宗授戒法系似乎没有这方面的诟病，据《台湾宗教调查报告书》，台湾僧人在鼓山受戒的状况是："鼓山留锡者，三年为一期，一年是沙弥戒；二年是比丘戒；三年是成就菩萨戒；修行无过失者，一年进一阶级是为惯例，三年之间允许退山。"① 鼓山不采取三坛顿受之法，既源于云栖莲池、永觉元贤等在律学方面的理论主张等深层次因素，更与其戒期过短，大致七八天即告结束有关。

四 鼓山戒法的影响

就鼓山戒法对福建其余寺院传戒的影响而言，从现今留存的清代各授戒法系戒牒②文字上的区别中大概能够透露出一些信息。

律宗系戒牒一再强调"奉圣旨"传戒，尤其到了清代，"至大清启运，于顺治十七年（1660），世祖皇帝遣内使，敕降礼部制"云云。③律宗系戒牒中引该旨意显然是以该派作为传戒正宗者自居的——这也不是他们一味抬高自己，而确有其历史依据：古心律师明末在五台山开坛传戒被后人称为"重开皇戒"——此时的皇戒是以明朝为正统的；而到了雍正十二年千华派（即宝华山系）第七代主福聚奉诏入京，驻锡北京法源寺，该系势力隆盛，宝华山前三代祖师的五部律著被收入《龙藏》，逐渐取得了官方认可的戒法正统地位。④

一份清代后期的福建禅宗授戒法系戒牒则特别提及："国朝光绪二年（1876），蒙圣王敕赐怡山长庆禅寺御藏经全藏永镇山门，诏建传受

---

① 《台湾宗教调查报告书》，第73页。转引自慧严法师《台湾与闽日佛教交流史》，台北春晖出版社2008年版，第58页。
② 见本书第三章第一节。
③ 吴树虚：《大昭庆律寺志》，杭州出版社2007年版，第92、93页。
④ 张雪松：《佛教法缘宗族研究》，中国人民大学出版社2015年版，第56页。

具足三坛。"① 实际上，这是就准许该寺建立戒坛而言的，与具体传戒过程中使用的戒法无关。清代中前期的福建禅宗授戒法系戒牒（主要是鼓山涌泉寺戒牒）是否会提及"国朝"（指清朝），因未见实际图文不得而知。②

民国六年（1917）《敕赐鼓山涌泉禅寺戒坛同戒录》前刊载了一份乾隆时期关于严禁私开戒坛的官方命令，其文曰：

> 查闽省大小丛林，虽计二十有奇，惟闽县东关外鼓山涌泉禅寺，建自唐代，清朝康熙三十八（1699）、五十三（1714）等年及乾隆七年（1742），历奉敕赐御书藏经，寺宇整肃，为全省名胜福区。该寺住持、方丈，道行优长，僧众亦皆恪守清规。应请通饬各属，按照庵、堂、寺、观，遍行出示，谆切晓谕，凡有僧尼，年在二十以上、六十以下，应行受戒者，即赴闽县鼓山涌泉禅寺受戒。其虽系丛林，未奉清朝敕赐字样，亦不得开坛秉戒。从前冒开戒坛之处，永行禁止。如有隐匿违犯，一经发觉，严行治罪。③

此中说明一个事实，即政府的佛教政策只是严禁冒开戒坛，严格限制各省开设戒坛的数量，但并未指定所谓的"官方戒法"，戒坛具体施

---

① 《台湾私法人事编》，收入《台湾文献丛刊》第117种，台北台湾银行经济研究室1958年版，第256、257页。
② 目前留存的福建戒牒基本以清末与民国初期为多，鼓山涌泉寺旧式戒牒未见，不过留存有大量早期《同戒录》，圆瑛大师时期的鼓山戒牒较为常见。关于《同戒录》、戒牒的相关研究，详见马海燕《授戒法系视域下明清佛教律宗文献研究》，《吴越佛教第十三届会议论文集》，杭州佛学院，2015年。
③ 《台湾宗教资料汇编》第一辑，第23册，台北博扬文化事业有限公司2009年版，第148、149页。

行何种戒法政府并不过问。大概因为这份严禁随意开坛的圣旨使得福建他处的戒坛被禁锢了,[1] 例如清初尚在传戒的泉州开元寺甘露戒坛在道霈以后似乎再也没有开坛传戒的记录。[2] 乾隆时期的文告明确指出"未奉清朝敕赐字样,亦不得开坛秉戒",到了清代后期很多福建寺院如福州西禅寺,因为"国朝光绪二年,蒙圣王敕赐怡山长庆禅寺御藏经全藏永镇山门",由"敕赐"故得以开坛传戒,且时间已经是清朝后期了。

《支提山华严寺志》鼓山部分受戒僧人表[3]

序号	人物	生年或卒年	得戒和尚	页码
1	照徽禅师	生于顺治十年	鼓山惟静道安和尚	73
2	通义,字必达		鼓山惟静道安和尚	79
3	心规,字亦矩		鼓山惟静道安和尚	80
4	源石		鼓山惟静道安和尚	80
5	广证		鼓山惟静道安和尚	80
6	通明		鼓山惟静道安和尚	81
7	普登		鼓山惟静道安和尚	82

---

[1] 这方面江灿腾先生认为严禁的效果并不理想,"是否清代专属鼓山一寺独擅闽省全部传戒之事,答案应是否定的。"(见江灿腾《台湾佛教史》,台中五南图书公司2009年版,第28页注)。但从台湾现存清末戒牒文字来看,只能说到了清末这项禁令已经作废,因为西禅寺、莆田南山广化寺等都开坛传戒了。而从这些清末戒牒来看,此前很多寺院因为没有"敕赐"不敢开坛,足见严禁的效果还是很好的。另外,江灿腾认为答案是否定的应该有另外一个意思,即闽省僧人即便不在鼓山受戒,他们也可以前往江浙等地受戒,这方面的确是自由的。

[2] 开元寺戒坛也是以鼓山系为主的,元贤、道霈禅师是主要的修复者。见马海燕《闽南佛教戒坛设置及授戒法系研究》,《如是佛学研究》,江西人民出版社2015年版,第44—48页。

[3] 袁冰凌主编《支提山华严寺志》,福建人民出版社2013年版。

续表

序号	人物	生年或卒年	得戒和尚	页码
8	源添		受戒鼓山	82
9	普睦		鼓山惟静道安和尚	84
10	照根	生于顺治八年	鼓山惟静道安和尚	86
11	普日	生于康熙元年	鼓山为霖道霈和尚	87
12	心浣	1739年卒	鼓山为霖道霈和尚	87
13	续初	1691—1748	鼓山恒涛大心和尚	87
14	寂颖	生于崇祯元年	鼓山永觉元贤和尚	90
15	印觉	卒于乾隆五十二年	鼓山超光和尚	109
16	证道	道光二十六年卒	鼓山超光和尚	109
17	悟典	道光六年卒	鼓山超光和尚	109
18	会心	嘉庆二十五年卒	鼓山超光和尚	109
19	照见		鼓山永觉元贤和尚	110
20	照接		鼓山惟静道安和尚	110
21	通益	康熙七年卒	鼓山惟静道安和尚	110
22	通圣		鼓山惟静道安和尚	110
23	通璨		鼓山惟静道安和尚	110
24	心朗		鼓山为霖道霈和尚	110
25	心静		鼓山为霖道霈和尚	110
26	海坚	顺治十六年卒	鼓山永觉元贤和尚	112
27	性悝	顺治十七年卒	鼓山永觉元贤和尚	115
28	照嵬		鼓山永觉元贤和尚	115
29	普见		鼓山惟静道安和尚	115
30	照升		鼓山惟静道安和尚	117

续表

序号	人物	生年或卒年	得戒和尚	页码
31	通调		鼓山惟静道安和尚	117
32	通极		鼓山惟静道安和尚	118
33	源捷		鼓山惟静道安和尚	118
34	续灯		鼓山受戒	118
35	昌国		鼓山惟静道安和尚	118
36	海津	1623—1698	鼓山永觉元贤和尚	124
37	照玄		鼓山为霖道霈和尚	124
38	普勉		鼓山为霖道霈和尚	124
39	通会		鼓山惟静道安和尚	124
40	续光	1682—1763	鼓山恒涛大心和尚	124
41	会樾	道光二十六年卒	鼓山方和尚	125
42	照古		鼓山惟静道安和尚	129
43	普荫		鼓山惟静道安和尚	129
44	通文		鼓山受戒	129

福建各地寺院在获得"敕赐"（主要是赐藏经）而被准予开坛传戒后，它们首先遵从的还是此前的惯例戒法——鼓山涌泉寺戒法。这种戒法虽然不是清代官方尊崇的戒法，但清代政府只管控戒坛设置的数量，并未深究戒法的实质内容，这就为福建地区在传戒方面的"阳奉阴违"提供了机会。

鼓山旧有的戒法一直持续到虚云禅师住持鼓山时期。整个清代，在清帝国其他地区普遍遵行宝华山系戒法（所谓"皇戒"）之时，福建依然使用源于明季的云栖戒法。① 后因虚云禅师改革鼓山戒法而归宗宝华山系，福建佛教僧人与其他地区佛教僧人在戒法上的差异才被消除，这也是今天很多人完全不知道有这种戒法存在的原因。

鼓山云栖戒法中隐含的民族意识与政治倾向与该系祖师元贤乃至道霈有关。事实上，永祖—元贤在明末高扬"僧格"，在民族大义面前是态度明确的，他痛斥清廷屠戮民众，对明朝表示极大的忠诚；其继承人道霈也积极投身于战争难民的救济，并组织鼓山僧人收葬抗清义士的遗骸，这些都得到了当世民众一致的推崇。② 因为佛教有"孝名为戒"③之说，"戒"与"孝"直接关联，故而在每份鼓山同戒录前都提醒戒子莫忘戒法源流，而且戒子们必须"设有他缘，师资异处，凡遇节诞之辰，遥忆怀香，致敬尽礼，不忘登坛禀受之初心，方契孝名为戒之圣典"④。在不断的追溯中，本派戒法祖师的形象深入人心。

---

① 当时还有一处非"皇戒"，即湖南地区，使用的是三峰法藏的戒法（《弘戒法仪》），现代苇舫法师在其《中国佛教戒律宏传概论》提及："湘鄂之间，传戒除用《弘范》《正范》，更有用《戒科删补集要》者。"（苇舫：《中国戒律宏传概论》，《海潮音》第15卷，第7期，《民国佛教期刊文献集成》，中国书店2008年版，第187册，第355页）这种戒法与宝华山系虽同出古心律师，却是另外一种方式，它受云栖戒法中菩萨戒方面的影响甚多。见马海燕《论〈律门祖庭汇志〉的史料问题、宗派意识及其影响》，《佛学研究》2014年。按：三峰法藏遭遇雍正皇帝的打击，雍正禁毁其书，下旨削去其法派（杨健：《清王朝佛教事务管理》，社会科学文献出版社2008年版，第233—245页），但实际上该系并未就此断绝。

② 据郭柏苍《竹间十日话》卷1，林之蕃与道霈、方密之、金道隐（即金堡，1614—1680）为方外交。林是崇祯进士，明亡后归隐。另据该书卷5，明末崇祯进士胡梦泰死后有僧敛之，后遇水涨显异，乡人见其棺有"故明孤臣胡梦泰遗骨"，闽士改葬鼓山积翠岩，"住僧为霖立偈其上"。按：金道隐即清代著名的《遍行堂集》文字狱的主角。见杨健《清王朝佛教事务管理》，社会科学文献出版社2008年版，第268—298页。

③ 来自《梵网经》，与菩萨戒有关的经典。而菩萨戒是鼓山戒法的重要组成部分。

④ 谛闲法师曾说："兹者尔等诸子，发殊胜心，获清净戒，皆由诸师厚德，羯磨功用所致，应当记取相貌名号，或终身承事供养，或五夏依学毗尼，设有他缘，师资异处，凡遇节诞之辰，遥忆怀香，致敬尽礼，不忘登坛禀受之初心，方契孝名为戒之圣典。"见谛闲法师《五磊灵山讲寺同戒录序》，《谛闲法师语录》，上海佛学书局印本，第320页。

总之,"仪式促使一个群体记住能够强化他们身份的知识,重复这个仪式实际上就是传承相关知识的过程"①。清代福建佛教与王权的若即若离,依然尊奉云栖戒法而不改遵"皇戒",固然是旧有传承使然,其中应该别有深意:如果说在明末时期元贤等鼓山祖师不遵所谓的"皇戒"只是出于对戒律精神的认识差异以及派系传承上的身份认同,而到了清朝时期,福建区域佛教在遍行"皇戒"的清代帝国中依然我行我素,坚持着"非皇戒化"戒法的传承,则不免有掺杂一些故国情怀和民族意识在内了。

---

① [德]扬·阿斯曼:《文化记忆》,金寿福等译,北京大学出版社2015年版,第88页。

第四章 净慈与僧诤

第一节 净慈法门

　　净慈法门往往以所建净慈寺（庵）为弘化基地，倡导念佛放生，其最早源于永明延寿大师，后由闻谷大师传于永觉元贤，元贤再传为霖道霈。道霈《建净慈庵疏》言："昔永明寿禅师建净慈寺于武陵，而近代闻谷大师建净慈庵于富沙，皆以念佛放生劝，是举也，诸君深得二大师之遗意，他日庵成请以净慈名。"① 当时亦有莆田六观居士，将元贤《净慈要语》一书加以扩充，博采经论而编辑为《净慈二书》，传扬净慈之旨。② 净慈法门也是鼓山系在禅、戒之外值得重视的传承。

一　法门概说

　　何为"净慈"？即念佛放生也。元贤《净慈要语序》开宗明义说："净慈者何？闻谷大师所命庵名也。庵名之以净慈者何？谓念佛放生也。

---

① 道霈：《鼓山为霖禅师语录》卷下，鼓山刊本，第59、60页。
② 元贤：《净慈二书序》，《广录》卷13，《卍字新纂续藏经》第72册，第459页。

念佛放生其所求者何？谓还其心之本净本慈也。"① 元贤又说：

  盖本然之心，廓然常净，自众生迷其本然，则心外见法，故目为色染，耳为声染，鼻为香染，舌为味染，身为触染，意为法染，流逸外奔，不能自返，由是起业造罪，永沉五浊之区，无有出期。我佛悯之，乃为说治染还净之法，机固靡一，教亦各殊，然念佛一门，其最要者也。一心念佛，用志不分，六根都摄，净念相继，则目不为色染，耳不为声染，鼻不为香染，舌不为味染，身不为触染，意不为法染，即现处娑婆界内，浑身已坐在莲花国里，又何后报之不清净乎？然虽修念佛三昧而福德不具，善果难成，故必广修众善以为助因，众善伙矣，而慈行其首也，慈行亦伙矣，而戒杀放生其首也。盖以众生所最爱者莫如生，所最苦者莫如死，凡有血气，斯情万均，只为相习于忍，同体之仁，痿痺不行，乃恬然杀戮不以为怪，岂心之本然哉。以故我佛，苦口丁宁，首戒杀生，广劝放生，与其所最爱而救其所最苦，功德之及物为何如也。②

元贤认为，净慈法门中分为净门与慈门，二者的要旨分别是：净门重在治染还净，还净之法虽多，但念佛一门为最要；慈门重在培植福德，修福之路多门，以戒杀放生为其首。简言之，净门在于圆成无上道，慈门重在广度有情苦。③ 二门之中，净门为主，慈门为助，相辅

---

① 元贤：《净慈要语》，扬州藏经院本，第1页a。
② 同上书，第1页a、b。
③ 同上书，第2页a。

相成。

日本白隐禅师曾将元贤禅法称为"毁禅",以其有禅净合流的态度之故。① 元贤确实曾说:"理持者,直将阿弥陀佛四字当个话头,二六时中直下提撕,不以有心念,不以无心念,不以亦有亦无心念,不以有非非无心念,前后际断,一念不生,不涉阶梯,超登佛地。"② 他似乎把理念佛当成参话头一般对待,但实际上,元贤对于禅、净之态度是十分明确的,元贤《与僧论不许参禅》云:

> 若曰吾念佛以为正修,诵读以资正信,则净土法门,千妥万当,谁敢议之,但执一非他,则师之失也。若曰参禅一法,非上根莫受,中下之流,且从渐入,则应根施教,千佛一辙也,谁敢议之,但一慨并遮,则师之失也。况明兴二百年来,单传一脉,不绝如线,我辈丁此陵夷之运,不能张大而广传之,可纵心生灭,令祖道之益湮乎?③

也就是说,净土乃适应当世众生之根机者,不待弘扬而大行其道;禅乃是佛门最尚者,然陵夷最甚,应张大而广传之,不可"执一非他"而不许今人学参禅。

元贤更有"禅净不可兼修"之论,他说:"参禅之功,只贵并心一路,若念分两头,百无成就。如参禅人有一念待悟心,便为大障,有一

---

① [日]荒木见悟:《明末清初的思想与佛教》,廖肇亨译,上海古籍出版社2010年版,第155页。
② 元贤:《净慈要语》卷上,扬州藏经院本,第4、5页。
③ 元贤:《广录》卷11,《卍字新纂续藏经》第72册,第445页。

念恐不悟心，便为大障；有一念要即悟心，亦为大障；况欣慕净土诸乐事乎？况虑不悟时不生净土，已悟后不生净土乎？尽属偷心，急加剿绝可也"①。

要之，元贤认为参禅与学净土关键在于修学者的根机，而不是禅净孰优孰劣的问题："盖禅净二门，应机不同，而功用无别。宜净土者，则净土胜于参禅；宜参禅者，则参禅胜于净土。反此，非唯不及，必无成矣。学者宜善择之。"②

二 净门

净门以念佛为主。佛法大海，信为能入，信为道源功德母。元贤认为，念佛法门首要正信：

> 何谓信，谓觉悟真源，深信实相也。如其未能，且须谛信佛言。《阿弥陀经》，六方诸佛悉皆出广长舌相劝信此经，盖缘我等凡夫心暗识劣，束于近习，不能知远大之域，幽微之境，才见非常之事，便疑而不敢信，所以凡夫只当确遵佛言，佛以大慈悲心大智慧心说诚实语，绝无虚诳，佛言不信，何言可信乎？所信佛言凡有二门：一信其理，二信其事。信其理者，信我心便是净土，我性便是弥陀也；信其事者，信西方果有净土，西方果有弥陀也。虽有其理而全理成事，如海印之能现万象；虽有其事而全事是理，如万象之不离海印；亦一亦二，非一非二，如是信解，名为正信。③

---

① 元贤：《呓言》，《广录》卷29，《卍字新纂续藏经》第72册，第569页。
② 同上书，第569页。
③ 元贤：《净慈要语》，扬州藏经院本，第3、4页。

如上所述，正信有二，一者深信实相，二者谛信佛言。其中谛信佛言主要以信佛所说《阿弥陀经》为主，然此又分理、事二门。修学者如未能发起正信，则应该"博问先知，广考经论"①。

其次是修正行，兼修众福。元贤认为："汝今欲修念佛三昧，求生净土，速成佛果菩提者，须是专以念佛为正行，更以福德为兼修，晨夕常勤供养三宝，礼拜忏悔，布施持戒，洁白三业，增修净缘，所修一切善根悉皆回向净土，成就念佛功德，可谓顺水行船，更加舻棹矣。"② 正行即为念佛，念佛法门经中有多种，古来大师推行者主要是观想念佛与持名念佛。元贤认为应以持名念佛为宜："观想一门，若心粗解劣，不堪受持，唯持名一门，简易直捷，三根普利，故今所宗，专尚持名。"③

持名念佛要在一心不乱："《佛说阿弥陀经》曰'执持名号，若一日，若二日，若三日，若四日，若五日，若六日，若七日，一心不乱'等是也。"④

理念佛、事念佛是持名念佛中常见的两种方法，莲池大师、蕅益大师等都将持名念佛分为理事二种，这是受到天台智者大师的影响，智者大师在《观音义疏》上提出"理一心"与"事一心"两种称名的方法。⑤ 元贤之净土虽然亦言"唯心"，但他认为不可偏执于此，应理念佛与事念佛并重，强调偏执于理念佛的危害，而且更倾向于事念佛，他说：

---

① 元贤：《净慈要语》，扬州藏经院本，第4页a。
② 同上书，第6页a。
③ 同上书，第4页b。
④ 同上。
⑤ 龚晓康：《融会与贯通：蕅益智旭思想研究》，巴蜀书社2009年版，第274页。

其中有事有理，修者不应偏废。何谓事？上所列净土一切事相是也。何谓理？了知一切事相不出一心是也。虽曰唯心净土而不妨有极乐世界，以世界即一心之所现也；虽曰本性弥陀而不妨有极乐教主，以教主即本性之所成也；虽寂然无生而不妨炽然有生，以往生而本自无生也。高明之士，多乐于谈理，而诋笑事行，中下之流多执于事行，而迷昧实理，全不知理无事外之理，事乃理中之事，执理而废事，反有落空之祸，执事而迷理，犹有往生之益，岂可慕空谈而受实祸哉。①

此外，元贤提倡专念阿弥陀佛名号，而不必念其他佛号，其意有六：

一为众生心多浊乱，遍念诸佛，三昧难成，须专指一佛一土，令系心一境，易得往生故；二为弥陀悲愿无尽，接引念佛众生，乃至十念亦得往生，他佛所无故；三为极乐功德庄严，种种殊胜，异诸净土，众生生者易得进道故；四为凡夫无智，当依佛语，此极乐净土释迦文佛处处叮咛，恒沙诸佛所其赞叹故；五为众生与佛无缘者，佛不能度，此土众生，无论老幼贵贱，皆知有阿弥陀佛，不觉失声，皆念出一句阿弥陀佛，是知此土众生与弥陀有大因缘故；六为诸佛体同，一即一切，一切即一，念一佛即是通念诸佛故，以兹六意，偏指极乐，利莫大焉。②

---

① 元贤：《净慈要语》，扬州藏经院本，第2、3页。
② 同上书，第11页 ab。

于正行之外，元贤要求兼修众福，其中以"三福"为主，他引《观无量寿经》云："《观无量寿经》：云欲生彼国者，当修三福：一者孝养父母，奉事师长，慈心不杀，修十善业；二者受持三归，具足众戒，不犯威仪；三者发菩提心，深信因果，读诵大乘。"① 实际上，慈门亦为修众福之一。

再次是行愿双资。在净土宗中，信、愿、行被称为"净土三资粮"，后二者的关系如慈照法师所说："有行无愿，其行必孤，有愿无行，其愿必虚，行愿双资，方登宝地。"② 所谓愿，经文中或作誓愿、本愿、弘愿等，如以信说愿，则重在阿弥陀佛之本愿，所谓"仗佛愿力"："此仗阿弥陀佛愿力摄受也，《那先经》云：譬如有人，以大石块，其数十百，欲渡大海，以船力故，即达彼岸，众生之罪，犹如巨石，弥陀愿力，如彼大船，石本易沉，因船可渡，罪本当堕，凭佛得生。"③ 元贤所论主要在于修学者自身的愿力，特别强调经典中屡屡提及的"发菩提心"：

> 每见今时念佛之人，或为病苦而发心，或为报亲而举念，或为保扶家宅，或为增延寿，算愿既非真，果必招妄，纵使一生修习，总是错用工夫，命终之际，岂能往生，以非其所愿故也。故凡念佛者，必发正愿，正愿者，非愿人天福报也，非愿权乘小果也，非愿我一人得生净土得证菩提也，乃是愿一切众生全生净土全证菩提

---

① 元贤：《净慈要语》，扬州藏经院本，第5页b。
② 同上书，第6页b。
③ 同上书，第13页a。

也。此愿一发，即能具无量功德，能消无量业垢，能破无量魔网，永为成佛真种，即所谓菩提心也。故行人宜日日如是发，时时如是发，愿力坚固，无有变异，则一切万善，悉成净土正因，菩提妙行矣，又何虑其不往生乎。①

最后是重视临终一念。元贤说："净业之功，虽积于平日，而临终最后一念，最为紧要，盖以生净生，秽入圣入，凡唯此一念为之转移也。"② 此说源于智者大师"临终在定之心"，其《净土十疑论》云："西方去此十万亿佛刹，但使众生净土业成者，临终在定之心，即是净土受生之心，动念即是生净土时。"③

元贤对于修行者临终心态的分析，其实正是配合着此前信、愿而说者：

> 每见念佛之人，寻常俱说求生净土，及到临命终时，多无正念，或贪生怕死，恋此皮囊，或目顾妻儿，难忍分别，或系缀家财，放舍不下，或因境界不顺，抱恨而终，或因病苦逼迫，饮痛而去，既失正念，甘从沦堕。

> 又或有自疑一生业重，西方无分者，或有自疑念佛日少，不敢望生者，或有自疑债负未完，心愿未了，贪嗔未息，难生彼土者，或有自疑我虽念佛，而佛恐不来接者，此四皆自生疑障而失正念

---

① 元贤：《净慈要语》，扬州藏经院本，第6、7页。
② 同上书，第7页a。
③ 《净土十疑论》，《大正新修大藏经》第47册，第80页。

者也。

又或有平昔念佛精勤，忽得病苦，沉困床榻，痛楚不堪，此是宿业深重，应堕恶道，以念佛故转重为轻，应当忍受，益勤念佛，必得往生，若怨佛法无灵验，返生退心，必堕地狱。

或有平常虽曰念佛，贪生之情实重，一朝疾苦临身，便信邪师野术，戮杀众生，烧钱化马，祭祷妖鬼，希望福祐，缘此心邪，诸佛不受，或有因病听医者言，饮酒食肉，或害生命以为药饵，既丧善根，必随业转，此三皆因病起障而失正念者也。①

以上种种临终慌乱之态，都是因为缺乏正信，而且愿力不深之故。因此，元贤教人临终助念之法："其家中眷属及外客来看病者，都先分付，定教他念佛相助，不可说着闲话，不可举起家事，不可嗟叹作声，哀泣垂泪等，直待暖气离身，方可举哀，若依此法，必得往生，纵是平昔不曾念佛之人，能依此法，亦无不得生者。呜呼！死门事大，顷刻来生，一念差错，历劫受苦，可不慎哉！可不慎哉！②"

另外，佛教中有所谓带业往生之说，即谓众生宿业未了仍能往生西方，元贤虽然肯定"带业往生"之说，但强调带业者必须临终具足正念方可："带业往生之人，必其临命终时正念坚凝者也，此一念净心，即宜顿现净邦，况有平日念佛之功乎！"③ 又说："问：五逆十恶十念得生，此实难信。答曰：大都临终一念，最为紧要，经言：敝女渡河溺死，以

---

① 元贤：《净慈要语》，扬州藏经院本，第7、8页。
② 同上。
③ 同上书，第13页b。

一念爱子之善，遂得生天。无闻比丘以临终一念谤佛之恶遂入地狱，天堂地狱只在一念可转，则净土得于十念，又何疑乎？况弥陀发愿有曰众生称我名号，乃至十念，若不生者，不取正觉，愿力既坚，念心复猛，此感彼应，捷如影响，何足疑哉。"①

综上可见，元贤之净土修行重视持名念佛，而且偏重事行，强调净土三资粮的积累，不论是认可带业往生或是临终助念，都显示了一位出家人重视临终关怀的出世取向。

三　慈门

净慈法门之特色重点体现在净与慈的结合，净是个人信仰实践修行的方式，慈则突出佛教的慈善与教化，注重社会人心的改善与指导，具有包容性与社会性的意义。佛教中，大慈予众生乐，大悲拔众生苦，所谓慈门主要指戒杀、放生。元贤的慈门融汇了佛教倡导因果轮回的护法情怀与普度众生的救世精神。

首先，元贤宣扬佛教的因果报应观。他驳斥世人死后断灭之论说：

> 问：儒家言死后断灭，果有据乎？曰：无据也。儒家所论，鼻祖六经，六经但曰人死为鬼，且俱有在天之说，故祖庙有制，春秋有典，虽曰事死如生，所以尽仁人孝子之情，亦未可遽谓泯然无知，归于散灭也。及左氏所称，神化为狐，死后为厉等，则尤其显著者也。暨后自汉以来，始有死后断灭之论，违经背圣，自逞臆说，而世俗咸莫之察，争引为据，则缚于童之所习而不能自脱也。

---

① 元贤：《净慈要语》，扬州藏经院本，第13页 b。

悲夫。①

元贤认为死后断灭之论非儒家六经之本义，此说乃汉世后起，是违背圣经的臆说。元贤又说："因果报应之说，非释氏所独唱也。此方圣人，如《大易》《洪范》等书，亦详言之。但报应有不尽然者，则举而归之命，归之天，天果有所私乎？命果可幸值乎？盖不达有三世之因果故也。"②

元贤以佛教三世因果观为基础，倡导戒杀、放生之行。《净慈要语》慈门之下关于因果报应之说甚多，兹录答问四则云：

问：经言众生食肉无非亲属，观者多骇而不信，谓众生如是之多，岂必所食皆亲属耶？答曰：众生从无始来轮回六道，无有休息，舍身受身遍满大地，何一众生而非亲属乎？既皆亲属，则今所食肉无非亲属，又何疑耶？

问：杀六畜者，是免其畜生之苦，而使之超生为人也。答曰：此邪魔之言也。畜生苦报未尽而遭杀者，不免再为畜生，重受杀害之苦，若其报尽，不待杀而自死矣，如猪羊自瘴是也。昔有人因婚姻多杀物命，病死入冥，见猪羊等诉冤曰：某等作恶，堕畜生趣，受报未尽，枉遭宰杀，今不免再为畜生，是使某等重受刀砧之苦也。其人大惧，发愿施《金光明经》五千卷以资超生，俄顷猪羊等皆空。冥官举手曰：众冤得经力皆超生矣。其人复苏，如所愿印经

---

① 元贤：《呓言》，《广录》卷29，《卍字新纂续藏经》第72册，第562页。
② 元贤：《续呓言》，《广录》卷30，《卍字新纂续藏经》第72册，第573页。

施之（出《金光明经感应传》）。

问：布施贫穷及修桥作路，此功德岂不胜于放几百禽鱼鳅鳝耶？答曰：因果各以类应，布施得富饶报，不杀得长寿报，纵饶广修万福，若不断杀生者，后世虽得富贵，必短命夭折，多诸疾病，有福不能享矣。

问：佛言好杀者必受短命报，今世或有好杀而长寿者何也？答曰：佛言善恶报应有二种，一者果报，今生作善恶业，来世受苦乐报也；二者华报，今生作善恶业今生即受苦乐报也。今或喜杀而长寿者，乃其前世福厚消拆未尽故暂免华报耳，三途果报，讵能免哉？

正因为元贤之慈门主要以佛教因果观为思想基础，它与明末传播的天主教也发生了论争，它们之间的焦点也在于是否有因果轮回：

问：天主教云畜生之魂与人魂异，人魂死后不灭，畜魂死后即灭，故恣我宰杀，无有罪报，何如？

曰：血气之属，同本一性，性本无二，物岂殊人？故饮食男女之欲，贪生怖死之情，宛与人同，特形因业感故异耳，岂可因其形异而谓魂有异也。

或曰：人能推理，禽兽不能，故知其魂与人异。曰：角端能言，元龟现兆，神龙护法，众鹤闻经，彼皆畜生，而聪明神力反有人所不及者，凭何而谓魂不如人而遽灭乎？其所以不能一一如人者，则其黑业之障也，且吾佛戒杀不专论其灭否，但观其疾痛之苦情自难忍，即草木方长，君子犹不忍折，况血气之属哉。若忍虐无报，弱肉强食，则是波旬之说，非君子之所知也。①

实际上，该问者对天主教教义还是有较深的领会。当时来华的传教士常为在汉文中寻找与天主教基本观念相对应的术语而犯愁，例如，天主教中，"灵魂（灵性）是由一种与身体和无灵性的物质完全不同的实体组成，这种灵魂是人类所特有的"②。他们先用"魂"后用"性"，但都容易使人迷误。著名的传教士利玛窦曾特别强调："人魂为神，禽兽则否。"以此观之，天主教认为人与禽兽之别正在于灵魂，这当然与佛教观点迥异了。③

从"西洋魔鬼耶苏倡为邪说"来看，元贤对于天主教并不陌生。④一方面，就地理上说，元贤所弘化的杭州、闽南地区都是明末天主教重要的传教基地，也是佛教与天主教思想冲突最为激烈的地方。当时杭州的出家人以莲池大师为代表，闽南的佛教徒以在家居士及儒生为先锋，著书立说，批判天主教；另一方面，当时天主教在民间社会特别是建州当地已经颇为流行，据建州当地官员刘文龙所述，自其崇祯九年（1636）任职瓯宁以来，"复闻有天主教之寓于建宁也有年矣"⑤。因天主教在建州当地的流行，它才会成为元贤佛教弘化活动中重要的批评对象。

---

① 元贤：《净慈要语》卷下，扬州藏经院本，第9页a、b。
② [法] 谢和耐：《中国与基督教》，耿昇译，商务印书馆2013年版，第183、184页。
③ 孙尚扬：《明末天主教与儒学的互动》，宗教文化出版社2013年版，第57页。
④ 如前所述，元贤所熟知的居士中有张瑞图，其曾与著名的传教士利玛窦有过交往，故而元贤与他的谈话中有可能会论及天主教的相关内容。
⑤ 沈定平：《明清之际中西文化交流史——明季趋同与变异》，商务印书馆2012年版，第392页。

其次，元贤曾认为，三教非一非三，只是权实不同，对机有别，就儒家而言，"如此方儒教，乃是此中众生，形生神发，日趋于欲，不约而防之，何所抵止。故圣人因时势，察人情，为之说仁义，立纪纲，化之以礼乐，束之以刑罚，使不乱也。即使佛处震旦国，说经世法，又岂过于周公孔子哉"[1]。为了适应当世社会一般民众的心理，特别是非佛教居士的接受能力，元贤也从儒家"性本善"或"仁"的观念出发，劝人戒杀、放生：

杀生之戒，佛家首重之，此非佛家之私言也。盖缘人物之情，所最爱者莫如生，所最苦者莫如死，故恶之最大罪之最重者莫如杀。又闻之天地之大德曰生，则知人之大恶曰杀生矣。上帝好生则知上帝所恶在杀生矣。元善之长也，则知杀生为恶之长矣。仁人心也，则知杀生非人心矣。杀戒可弗重欤？且人既以仁为心，则量包虚空，宁有痿痹之处，机贯终始，宁有歇灭之时，所谓天地万物为一体者，此心也，此仁也，故儒家圣人致中和，必极于天地，位万物育至诚尽性，必极于能尽物之性，非迂也诞也，一体之仁本如是也。一体之仁，既本如是，而圣人之治天下，乃不免于鲜食者，何也，则圣人之不得已也……孟子曰：君子见其生，不忍见其死，闻其声不忍食其肉，岂姑息之私情哉？至于晚近之世，尤有不忍言者，世风薄恶，竞尚浮靡，穷极口腹之欲，罗尽水陆之珍，一飨之馔，至杀生灵数百命，其尤可痛者，居父母之丧，饮酒食肉，宛同吉宴，所杀生命，尤为无数，只此一节，远违古圣之礼，近犯天朝

---

[1] 元贤：《呓言》卷29，《卍字新纂续藏经》第72册，第567页。

之律，外结怨恨之仇，内灭仁孝之脉，为儒乎？非儒乎？为善乎？非善乎？……但君子止恶，非为畏罚，为仁岂为贪报，不过自完其人心而已，高明者幸鉴之。①

最后，元贤以慈化俗、以慈导俗，特别针对各地风行的溺女陋俗，作《戒溺女》之文。溺女之俗明清以来闽地所在多有，这从清代各地育婴堂及相关设施的建立即可见之，如康熙《松溪县志》谓当地人伦道丧，"凡贫民生子不能畜者，多溺不举，而女尤甚"。乾隆《福州府志》李斯义传中提及他巡抚福建，"复严溺女之禁，创育婴堂"。民国《武平县志》记载当地清代时"溺女之风甚炽"，民国《平潭县志》亦记载清代"潭民生女多溺死"②。

元贤以溺女为杀生第一重业："尝闻业海之中，唯杀业为最重；杀业之中，唯杀人为最重；杀人之中，唯父子相杀为最重；杀子之中，唯无罪而杀为最重。今世俗溺女正所谓杀无罪之子，愆之莫大者也，而世俗恬不知怪，视以为常，不亦异乎！"③ 他还从多个方面分析世人溺女的心理说：

吾尝深求其故，莫能自解，将谓女仕他门无关于代老承祧而溺之欤？独不曰生男而流荡四方，其奈之何？将谓省费奁赀而溺之欤？独不曰生男而赌嫖倾家，其奈之何？将谓逆料不贤而溺之欤？独不曰生男而败辱家声，其奈之何？将谓家贫难度而溺之欤？独不曰生男而必

---

① 元贤：《净慈要语》卷下，扬州藏经院本，第1—3页。
② 以上皆见汪毅夫《清代福建救济女婴的育婴堂及其同类设施》，《闽台妇女史研究》，海风出版社2011年版，第2、4、15、16页。
③ 元贤：《净慈要语》卷下，扬州藏经院本，第3页b。

衣必食，其奈之何？将谓无男多女而溺之欤？独不曰受此冥报竟世无男，其奈之何？揆厥所由，不过习杀为常，仁心渐灭，处流俗之皆同；欺王法之无举，徒便私家之计，罔畏鬼神之诛耳。①

总之，禅净融合并非元贤主旨，否则其将难脱毁禅之讥。元贤之净土观以净慈法门为主，慈为其中所特别偏重者，注重实践修持的功德化与信仰化宣传，融会贯通世学与佛学，其济世救民的取向产生了良好的社会效应，有助于扩大佛教在当时民间的地位与影响。

第二节　《源流》诤

所谓源流，实指传法中的凭信——法卷。因法卷中列有本系历代祖师传承谱系，故名。源流并不仅仅回顾历史、瞄向过去，恰恰相反，它主要是为了现实与未来发展之需。有学者认为，元贤在明末清初那场著名的僧诤中只是作了一篇《龙潭考》加以回应，但对于以无明慧经为未详法嗣及自己未列宗门之事一笑了之，没有积极参与论战。② 此说恐不能成立，对于后者，元贤亦发表了自己的意见，他绝不是因为"冷静而客观"才放弃了发言，只是有其不能明言的苦衷罢了。

一　甲乙之诤

所谓"甲乙"非是甲等乙等之意，"甲"即甲午，顺治十一年（1654）；

---

①　元贤：《净慈要语》卷下，扬州藏经院本，第4页b。
②　范佳玲：《明末曹洞殿军——永觉元贤禅师研究》，博士学位论文，台湾师范大学，2005年，第288页。

"乙"即乙未，顺治十二年（1655）。甲乙之诤实际上包括两方面的内容，其一为天王天皇之诤；其二为无明慧经、湛然圆澄承法来源之诤。

陈垣先生曾指出："然当时之诤，不尽在天皇之改属，而在列无明慧经于《未详法嗣》，及谓湛然圆澄来源无据，大伤洞上之心。洞上显学，莫觉浪盛、三宜盂若，盛为无明之孙，盂为湛然之子，因此二家遂为原告，费隐为被告，而掀起禅宗上所谓甲乙两宗之大哄矣。"① 如其所论，该诤的原告涉及当时曹洞寿昌、云门两大系子孙，其中寿昌系主要以觉浪道盛为主，其属东苑系；而被告是临济宗费隐通容。

费隐通容（1593—1661），福建福清人，临济宗密云圆悟嗣法弟子之一，住持福清黄檗山万福禅寺、宁波天童山景德禅寺、常州径山兴圣万寿禅寺等寺院。费隐通容撰《五灯严统》二十五卷，其凡例中言：

> 近代尊宿，崛起洞宗，如寿昌经、云门澄，固是明眼作家，第寿昌之嗣廪山，云门之嗣大觉，似觉未妥。廪山从事异教，曾自寿昌亲闻，暨薙发后，未闻参悟也。即大觉亦传帕之俦耳，二老杰出宗匠，何曾得法于本师，出世拈香，仅假名色，从上来源，全无可据。若有可据，当时二老必为拈出，何当时无闻，而今日始见耶？兹刻于寿昌竟列之未详法嗣，于云门仍列之大觉派下者，其于宗眼固无机契，而统裔递沿，犹存谱谍之意云尔。至于两家嫡骨儿孙，唯面禀亲承者，方列于后。②

---

① 陈垣：《清初僧诤记》卷1，河北教育出版社2000年版，第494页。
② 费隐通容：《五灯严统目录》卷1，《卍字新纂续藏经》第80册，第544页。

此中曹洞宗二大系祖师无明慧经、湛然圆澄皆未曾得法于本师，故而属于来源不明者。凡例中仅是条列结论，费隐另在《五灯严统解惑篇》所附诸文中对两系结论的缘由分别进行阐释。

首先是云门一系，费隐《又复武林诸缙绅书》云：

> 只如湛老和尚一枝，自大觉老宿而上至云居膺二十六世，余在老和尚座下，亲领教义，出入十有余年，并不闻老和尚确言其世次人名，分晓明白，盖从上无来源传下故也。况老和尚古佛心肠，寻常日用间，无一事不述，无一德不举，行藏履历，生平不肯自秘。居恒尝以大觉老宿所付手卷示余，偈中云：射得南方半个儿，幅末只出曹洞第二十六代某某而已。近得远门亲到少林，查其历传碑载，才有如是世次人名刊刻出来。由此以谈从前法系，可谓只存代数，如系鼎一线，若不得渠躬往搜寻，吾知二十六代以上世次人名，恐付之夫己氏矣。此亦浙中迩来衲子所共晓，谁得而装点之？若不信余言，即今报国院无住老兄，尚属当时亲炙闻见，言犹在耳，稍一询问，予言可符矣。[1]

以上有两处值得注意，第一，费隐以自己曾经参学湛然门下十余年的经历，认为湛然从未提及自己的得法来源；第二，费隐曾经得阅湛然出示的手卷，手卷上并无传法世系，只是写明其为"曹洞第二十六代"而已，故而对于二十六代以上世系人名无从知晓，近人排列的世系都是从远门亲到少林查证之后才刊刻出来的。

---

[1] 费隐通容：《五灯严统解惑篇》，《卍字新纂续藏经》第81册，第319页。

其次是寿昌一系，费隐《又复武林诸缙绅书》云：

又如觉浪公欲认廪山为寿昌嗣法师，浪公之与廪山，年代既近，世次亦不远，尚杳然不知其从上世次。据远门刻中所载其以书与石雨公云："闻法兄曾命门人特往少林，搜洞下一带源流事实，此正弟先年造嵩之至意也。前弁山兄所集《传灯世谱》，其中未考究传位与绍位之殊云云，即我廪山忠和尚，自称二十五代者，乞示我一参正之。"明见浪公于寿昌，于廪山，世次尚且不远，犹不知从上代数人名，即湛老和尚，亲荷洞宗道法，亦不确知其从上世次人名，而浪公认寿昌为嫡祖，世代最近，都莫晓其授受来历。①

又云：

又以近刻并言之。如远门所刻《曹洞源流正派图》，后附《正讹》二叶，第二篇谓："按：永觉禅师《源流》以廪山常忠嗣月舟载公，非也。丁亥春，柱走少室，读载公碑阴，观其法嗣门人，并无常忠二字。及稽小山书公嗣列，亦无其名，止于参学门人得之。方知廪山为书公嗣也。"据远门此篇考核，显见廪山不曾承嗣曹洞，盖得之参学门人，则属道听途传，何得妄为凭据哉。②

以上第一条证据，费隐以觉浪道盛为例：道盛曾去信石雨，言石雨

---

① 费隐通容：《五灯严统解惑篇》，《卍字新纂续藏经》第81册，第319、320页。
② 同上书，第320页。

派遣门人前往少林搜寻曹洞源流世系与其此前意图相同，他对于庐山忠和尚自称曹洞第二十五代表示疑惑，说明道盛对自己的传法世系并不明了；第二条以载公碑阴中罗列法嗣门人下并无常忠此人，在小山书法嗣之列亦无此人，仅参学门人下得之。

此中值得特别注意，费隐通容一再强调"法派"与"嗣法"的差别。如庐山忠之所以不能算得法弟子，因为他只是小山书下参学门人，《复武林越州诸缙绅书》中费隐就明确认为："寿昌之于庐山，不过剃度法派，原非承嗣师印，详在解惑篇中。"① 他还以自己曾经参学无明座下的经历说："予昔年亲炙寿昌老人提耳面命之言，谓庐山系曹洞法派，非嗣曹洞之法，故特往少林，参无言宗主，及上五台，参瑞峰和尚，盖为此也。"②

费隐以上诸论，看似言之凿凿，曹洞门下当然不会袖手旁观，远门净柱等著《摘欺说》《辟谬说》等对此严厉批驳，费隐提及："《五灯严统》刻行矣，而洞下有三宜公及远门辈，各著书刊布。一谓《明宗正伪》，一谓《摘欺说》，一谓《辟谬说》，以共攻同抗，阻抑此书使勿行。"③ 二宗相互是非，绵延数十年，时人诗有"阶前忍草向春芳，何事缁流怒目张……不知两虎斗谁伤"句，足见诤斗之惨烈。④

当然，临济宗中也有从中参与调停者，《宗统编年》"甲午十一年"条下云："径山容和尚辑《祖灯严统》成，愚庵盂和尚闻之官，南涧问

---

① 费隐通容：《五灯严统解惑篇》，《卍字新纂续藏经》第81册，第318页。
② 同上书，第320页。
③ 同上书，第317页。
④ 以上俱见陈垣《明季滇黔佛教考》卷2，河北教育出版社2000年版，第276页。

和尚灵岩储和尚解之。"① 该条下引如箬庵问《与继起储书》云："寿昌、云门，真不悉为曹洞中兴之祖，有统系，无统系，而洞宗的旨，敢不尊崇。"②

综上所述，甲乙之诤实为曹洞、临济二宗之间的争论，作为诉讼的双方都倾全力参与其中，依靠各方势力予对方施加压力，其结果是《五灯严统》被毁版，此诤略为平息。③

二　元贤所述源流之谜

就世俗社会而言，明清两代是宗族组织与族谱纂修普及的时期，族谱的重新修纂与宗族的组织化密切相关。相类似，佛教法缘宗族的建构也需要两方面的努力：《源流》的考订与传承方式的规范化。前者主要是追根溯源，确立所谓"正统"法脉之基础；后者则以前者为依据赋以个人相应的法缘身份，并凭此身份确认其在法缘宗族中所拥有的相应地位。鼓山法系在形成之初，当务之急是考订《源流》，这是由鼓山系两代祖师元贤和道霈共同完成的，其中元贤更具决定性的影响。

实际上，源流诤并不纯粹是曹临两宗的争议，其发端在曹洞内部，费隐通容只是撩及曹洞宗人的隐痛罢了。前引费隐《又复武林诸缙绅书》言："按：永觉禅师源流，以虞山常忠嗣月舟载公，非也。"④ 此中提及曹洞宗云门系远门净柱（1601—1654，石雨明方法嗣）所刻行的《曹洞源流正派图》，其后所附《正讹》批评元贤关于曹洞源流的说法。

---

① 《宗统编年》卷32，《卍字新纂续藏经》第86册，第306页。
② 同上。
③ 《五灯严统》后在日本重刻。相关研究见林观潮《费隐通容〈五灯严统〉的毁板与日本重刻》，《世界宗教研究》2008年第3期。
④ 费隐通容：《五灯严统解惑篇》，《卍字新纂续藏经》第81册，第320页。

依《正讹》之说，元贤主张廪山常忠嗣月舟载公，而远门净柱则认为廪山常忠嗣小山书公。然而，元贤真的主张过廪山常忠嗣月舟载公吗？考之现存《永觉元贤和尚广录》及道霈相关文献，鼓山系众口一词，都只提廪山常忠嗣小山书公。然而，远门之说难道是毁谤吗？未必！元贤对于廪山常忠嗣法问题应是经历过一段波折，当他向"生也晚"的道霈讲述"多轶无从考究"的前事之时，他已经改变了原来的主张。元贤《无明和尚行业记》引言透露出一些线索：

> 某于万历丁巳秋九月，怀香入方丈，请行实，先师为手述一篇，凡六百余言。明年春先师迁化，某因作《行业》《鹤林》二记，时忌者纷然，遂不敢出。本立上人得而藏之。后执事者请《塔铭》于憨山大师，述先师入道机缘，率多失实，胸中殊芥蒂。今夏来剑州宝善，本立上人以旧稿至，某读之潸然，乃再定而行之。夫此稿藏之笥中，已二十七年，行之乃在今日，岂真果不容掩耶？抑斯文显晦，亦自有时也。崇祯癸未秋八月中秋日，识于宝善丈室。①

此中叙及，元贤于万历丁巳（万历四十五年，1617）秋九月入方丈请师慧经和尚书写生平行实，得六百余言。次年，慧经即圆寂，元贤为之作《行业记》《无明和尚鹤林记》二篇。但此二篇因为"时忌者纷然，遂不敢出"，直到二十七年后即崇祯癸未（崇祯十六年，1643）方得以行世。这不禁令人好奇：这两篇记述无明慧经生平的《记》在哪里触犯"时忌"？这种忌是来自临济宗还是曹洞宗寿昌系内部呢？元贤认

---

① 元贤：《广录》卷15，《卍字新纂续藏经》第72册，第472页。

为憨山德清之塔铭"率多失实",其所指是什么?它们与憨山德清所撰的《新城寿昌无明经禅师塔铭》主要的区别在哪?

以上三篇文字较长,但为便于比较,兹录通行之《新城寿昌无明经禅师塔铭》①与元贤《无明和尚行业记》②全文如下(按:以下序号为笔者所加):

两种无明和尚传记文字对比表

阶段	新城寿昌无明经禅师塔铭	无明和尚行业记
在俗	佛祖之道,若太虚空,亘古尝然,非昼夜代谢之可明昧,唯得之者,若获如意宝,应用无穷,其不思议力,性自具足,禀明于心,不假外也。从上诸祖,莫不皆然,何近代寥寥,不曰无禅,直是无师,其果无也?予于寿昌禅师见其人矣。按状:师讳慧经,号无明,抚州崇仁裴氏子,父某,母某氏,初产难,祖父诵《金刚经》,遂得娩。因名经,师生而颖异不群,形仪苍古,若逸鹤凌空,天性澹然。无嗜好,九岁入乡校,便问浩然之气是个甚么,师异之。居恒若无意于人世者。(1)年十七,遂弃笔砚,慨然有向道志,年二十,遇入居士舍,见案头《金刚经》,阅之辄终卷,欣然若获故物,即与士言其意。士奇之,由是断荤酒,决出世志,父母亦听之。	师讳慧经,字无明,抚州崇仁裴氏子,生而颖异,智种夙彰。九岁入乡校,问其师曰:浩然之气是个甚么?师无以应。(1)年十八,游上清,慨然有天际真人之想。遂弃笔砚,欲卜隐而未果。年二十一,寓新城之洵溪,偶过居士舍,见案头有《金刚经》,阅之如获故物,辄踊跃不自禁。士曰:汝见甚么道理乃尔。师曰:吾见其功德,果如虚空不可量。士大惊曰:子若出家,必为天人师。师于是日,即断荤酒,决出世志。

---

① 憨山德清:《新城无明经禅师塔铭》,《憨山老人梦游集》卷28,《卍字新纂续藏经》第73册,第658—660页。

② 元贤:《广录》卷15,《卍字新纂续藏经》第72册,第472—473页。

续表

阶段	新城寿昌无明经禅师塔铭	无明和尚行业记
出家、得戒、得法	(2) 蕴空忠禅师，说法于廪山，遂往依之。询其本名，曰慧经，执侍三载，凡闻所教，不违如愚。尝疑《金刚经》"四句偈"，一日见傅大士颂曰：若论四句偈，应当不离身。师不觉洒然，因述偈有遍界放光明之句，以是知为夙习般若熏发也，时年二十有四。一日阅大藏，至宗眼品，始知有教外别传之旨，至于五宗差别，窃疑之，迷闷八阅月，若无闻见，时以为患痴，久之省。于是切有参究志，遂辞廪山，欲隐遁，乃访峨峰，见其林壑幽邃，诛茅以居，誓不发明大事，决不下此山。居三年，人无知者。因阅《传灯》，见僧问兴善如何是道，善曰：大好山。师周措，疑情顿发，日夜提撕至忘寝食。一日因搬石，坚不可举，极力推之，豁然大悟，即述偈曰：欲参无上菩提道，急急疏通大好山。知道始知山不好，翻身跳出祖师关。因呈廪山，山知为法器。	(2) 时邑有蕴空忠禅师，佩小山老人密印，隐于廪山，师往从之，执侍三载，柔退缄默，喜怒不形。尝疑《金刚经》"四句偈"，一日见傅大士颂曰：若论四句偈，应当不离身。忽觉身心荡然，因述偈有"本来无一字，遍界放光明"之句。后益披寻梵典，默符心得，自谓泰然矣。一日与诸兄弟，论《金刚经》义甚快，廪山闻之曰：宗眼不明，非为究竟。师遽问：如何是宗眼？山拂衣而起，心甚疑之。继得《五灯会元》读之，见诸祖悟门，茫然自失，思前所得，总皆不似，乃请益于山。山曰：老僧实不知，汝但自看取。由是愈增迷闷，昼夜兀兀然，若无闻见者，众咸谓师患痴矣，凡八阅月，一日见僧问兴善宽曰：如何是道？宽曰：大好山。疑情益急，忽豁然朗悟，如梦初醒，信口占偈曰：欲参无上菩提道，急急疏通大好山。知道始知山不好，翻身跳出祖师关。入方丈通所悟，山曰：悟即不无，却要受用得着，不然，恐只是汞银禅也。时年二十有四。是冬辞廪山，结茅于峨峰，兹山林峦幽险，虎豹纵横，人迹罕至。师孑然独居，形影相吊，食弗充，则杂树叶野菜啖之。尝大雪封路，竟绝食者数日。一夕山境喧甚，声若崖崩，林谷震动，俄若众马争驰，直抵庵后。师不觉惊起，因忆廪山之嘱，乃曰：小境尚动，况生死乎？即起然灯，信手抽《会元》一卷阅之，正值珪禅师为岳神受戒章，珪谓岳神曰：汝能害

续表

阶段	新城寿昌无明经禅师塔铭	无明和尚行业记
出家、得戒、得法	师生而羸弱，若不胜衣。及住山，极力砥砺，躬自耕作，凿石开田，不惮劳苦，不事形骸，每闻空山境喧，乃曰：老僧不采无穷。遂居不闭门，夜独山行。年二十有七。（3）向未薙发，人或劝之。师曰：待具僧相乃尔。至是始剃染受具。（4）影不出山者，二十有四年如一日也。	空与汝乎？忽廓然无畏，山境遂寂。乃曰：圣人无死地，今日果然。述偈呈廪山，曰：透彻乾坤向上关，眉毛不与眼相参。圣凡生死俱抛却，管甚前三与后三。廪山曰：此子见地超旷，他日弘扬佛祖之道，吾不如也。（3）向未薙发或劝之，师曰：待具僧相乃尔。至是始请廪山，到峨峰薙落受具。师生而羸弱，如不胜衣，及住山日，慕百丈之风，不顾形骸，极力砥砺，昼则凿山开田，不惮劳苦，夜则柴门不掩，独行冈上，迄五鼓始息，率以为常。至万历戊戌岁，众乡绅请师住宝方，时师年五十有一也。（4）师自住峨峰，足不下山者，二十八载。
出世住持、参方	邑之宝方，乃宋师宝禅师故刹也，请师重兴，乃应命。先之廪山，扫师塔而后往，有倏然三十载忘却来时道之句，时师年五十有一，万历戊戌岁也。师住宝方，日益增精进力，凡作务必以身先，形枯骨立，不厌其劳。不数年，百堵维新，开田若干，佛殿三门，堂厨毕具，四方衲子闻风而至者，日渐集。有僧问师：住此山，曾见何人？师曰：总未行脚。僧激之曰：岂以一隅而小天下乎？师善其言，遂荷	至是因应宝方之请，乃先到廪山扫塔始入院。师之住宝方也，虽临广众，不以师道自居，日率众开田，斋甫毕，已荷锸先之矣。时有志于禅者日渐集。庚子春，师自以未及遍参为歉，乃西登匡庐，遡流上武昌，历荆襄，复北走中原。（5）访无言宗主于少林。主大赏识之，遂留过夏，每见当道挼谦推誉，故兵道刘公以焕、司理熊公尚文等，争延礼之，寻归。明年复东游两浙，泛三吴，乃北渡江，抵五台，访瑞峰老人于宰杀沟。师问曰：某甲数千里来，特请和尚决疑。峰曰：疑个甚么？师曰：临济道佛法无多子，毕竟是个甚么？峰曰：向汝道无多子，又问甚么？师曰：玄沙谓灵云敢保老兄未彻在，何处是他未彻处？峰曰：大抵玄沙亦未彻在。师曰：

续表

阶段	新城寿昌无明经禅师塔铭	无明和尚行业记
出世住持、参方	锡远游，乃过南海，访云栖，复之中原。（5）入少林，礼初祖塔，问西来单传之旨。寻往京都。（6）谒达观禅师，深器重之。入五台，参端峰和尚。峰门庭孤峻，师一见而契，乃请益曰：某甲于古德公案，数则有疑，乞师指示。峰曰：请道。师曰：临济道佛法无多子，毕竟是个甚么？峰云：向道无多子，又是个甚么？师曰：玄沙谓灵云敢保老兄未彻在，何处是他未彻处？峰云：大是玄沙未彻。师曰：赵州云台山婆子我为汝看破了也，勘破在甚么处？峰云：却是婆子勘破赵州。师更请益，峰云：知是般事便休。师作礼，遂相印契，峰返诘，师各以颂答，语载别录，末后赵州颂云：暗藏春色，明露秋光。有眼莫鉴，纵智难量。到家不上长安路，一任风花雪月扬。峰深肯之，观师语忌十成，机贵回互，妙叶五位，是知洞上宗风，由此必振。	赵州勘破婆子，那里是勘破处？峰曰：却是婆子勘破赵州。师曰：虽然如是，请和尚颂出。峰曰：知是般事便休。师即礼拜，后峰转诘师颂，颂临济曰：醍醐上味出乎乳，滴水搀中总不成。三十棒头开正眼，何曾传得祖师心。颂灵云曰：敢保老兄未彻，一队闲神野鬼。不是焦面王来，受陷遭坑几许。颂赵州曰：暗藏春色，明露秋光。有眼莫鉴，纵智难量。到家不上长安路，一任风花雪月扬。峰大赏之，宾主相得，有如旧识，居久之。（6）下台山入燕都，讲肆宗席，靡不遍历。时达观禅师寓西山，师往访之，中途遇一僧，举观干屎橛颂，师遽返曰：已相见了也。

续表

阶段	新城寿昌无明经禅师塔铭	无明和尚行业记
再住持至圆寂	自是师心亦倦游矣。(7)乃返锡宝方，始开堂说法，以博山来公为第一座，师资雅合，簧鼓此道，激扬宗旨，四方衲子望风而至者益众。戊申，邑之寿昌，乃西竺禅师所创也。久颓，众请师居之。旧传有谶，师与竺同乡，同姓，咸以师为竺再来云。师住寿昌，不攀外援，不发化主，随缘任用，数年之间，所费万计，道场庄严，焕然巨丽，丛林所宜，纤悉毕具，不十年间，千指围绕。岂师以无作妙力，而幻成者耶？惟师之生也，赋性直质，气柔而志刚，心和而行峻，虽边幅不修，而容仪端肃，严霜加日，不怒而威，衲子一见失其故。又随机善诱，各得其宜，每遇病僧，必亲调药饵，迁化则躬负薪茶毗，凡丛林巨细，必自究心，不谋而合度，不择净秽，必尽心力而为之。胸次浩然，耳目若无所睹闻者，迨七旬，尚混劳侣，耕凿不息，必先出后归，躬率开田，三刹岁入，可供三百众。故生平佛法，未离镢头边也。四十余年，曾无一息以便自安，虽临广众，未尝以师道自居，至于应酬，	至是师之心亦倦游矣。(7)乃旋宝方，癸卯始开堂。时众谓师嗣少林或台山，及片香拈出，乃嗣廪山，众心大服，时举弟子元来为第一座，师资雅合，玄唱玄提，四方闻风而至者，络绎于道，挂搭常数千指。乙巳，重建宝方。戊申春，建阳傅震南刺史及赵湛虚文学等，请师就董岩，开堂结制，听法者几二千人。冬回宝方，明年春迁寿昌。寿昌故西竺来禅师道场也，来临灭遗谶云：寿昌好牧牛，西竺再来游。至是荆榛满目，败屋数椽而已。及众请师至，适与来同乡，且同姓，人咸谓师为西竺再来云。师居败屋，日中率众开田，一如宝方，未尝少倦。数载之间，重建一新，庄严伟丽，甲于江右，丛林所宜有者，悉备焉。仍别创庵二十余所，以居广众。丁巳腊月七日晚，自田中归，忽谓众曰：田中之事，汝等善为之，老僧不复砌石也。众愕然。十八日示微恙，除夕犹上堂，元旦犹上殿祝圣，初三日病甚。医者来，师曰：吾非病，会当行也。(8)初八日，遂禁药食，作两刹遗嘱。(9)十五日，升座辞众。因作别诸外护书，数日之间，问疾者云至，师谆谆劝勉，略无倦色。十六日分付茶毗，众请留全身，不许。十七日未刻，自取水漱口，洗面拭身，索笔大书曰：今日分明指示。掷笔而化，茶毗火光五色，顶骨及诸齿俱不坏。师天性朴茂，操行端方，着于容则端严，发于声则侃直，虽不修边幅，而望之者起敬，虽不事逢迎，而见之者心服，其自奉甚薄，人多有不堪者，师笑曰：丈夫践履佛祖之道，可被三寸舌根转将去耶？历主三刹，皆不发化主，不扳外缘，任其自至，丛林之事，动多独断，而暗合前规，

续表

阶段	新城寿昌无明经禅师塔铭	无明和尚行业记
再住持至圆寂	偈诵法语，川流云涌，诚所谓般若光明，如摩尼圆照，无思而应者耶？自古传灯诸老，虽各具无碍解脱，其不疲万行者，独永明一人，未来及其粗若师者，可谓道契单传，心融万法，何发强精进之若此耶。益王向师道德，深加褒美，因叹曰：去圣时遥，幸遗此老。其见重若此。丁巳腊月七日，自田中归，语大众曰：吾自此不复砌石矣。众愕然。除夕上堂曰：今年只有此时在，试问诸人知也无。诚语谆谆，后云：此是老僧最后一着。分付大众，切宜珍重。戊午元旦三日，示微恙，遂不食。云：老僧非病，会当行矣。大众环侍，欣若平昔，众不安，以偈谕之曰：人生有受非偿，莫为老病死慌。(8) 七日以偈示博山，次第写宝方寿昌遗嘱，乃曰：古人护惜常住如命根，老僧不惜命根为安常住。(9) 十四日写书远近道俗，且勉进道，十五日，吉水萧孝廉来参，师开示：但看个万法归一，勉其力究。十六日，分付茶毗，自作举火偈，命侍者彻宗唱偈举火。次辰，取水漱口，洗面拭身，嘱曰：不必再浴，费常住薪。	虽有时事当烦剧，精疲力竭，而胸次悠然，如不事事者。四十余年锄犁弗释，年迫七旬，尚混劳侣，必先出后归，未尝有一息苟安之意。三刹岁入，可供三百众，皆师血汗之力也。学者来弗拒，去弗追，病者必亲调药食，迁化者必躬负薪荼毗之，其施教也，纵夺无方，激栽多术，贤愚咸获其益。室中参请，则单提祖令，横扫异踪，屹然如银山铁壁，学者多望崖而退。故说法四十余年，未尝轻有印可，生平偈颂，随叩而应，不落思议。虽色泽未数，而识者争宝之。邓潜谷征君，见师山居偈，击节叹赏曰：何期濒老得饮醍醐。汤海若祠部见师答问，即命工镌行，称为能道人再至，由是一时缙绅先生，翕然归仰。益王向师道风，亦屡遣存问。师降诞于嘉靖戊申三月念五日辰时，示寂于万历戊午正月十七日未时。(10) 世寿七十有一，僧腊四十有六，是冬建塔于本寺方丈。门弟子千有余人，惟元来开法于博山，语录二卷，甚行于世。

续表

阶段	新城寿昌无明经禅师塔铭	无明和尚行业记
再住持至圆寂	水也。诫众无得效俗变孝，违者非吾弟子。乃索笔大书，今日分明指示，掷笔端坐而逝，万历戊午正月十有七日未时也。茶毗火光五色，心焰如莲花，其细瓣如竹叶，顶骨诸牙不坏，余者其白如玉，重如金，文五色。葬于某，建窣堵波，师生于嘉靖戊申。(10)世寿七十有一，僧腊四十有奇，得法弟子若干人，其上首元来，今开法博山，其余守三山常住，有三会语录。	
撰者评价	予向闻师风，丙辰避暑匡山，有门人持师圆相真者，予展之，即知师为格外人，而恨未及见也，因为之赞，有突出大好山，千里遥相见之语。博山见之，以予为法门知师之深者，乃具述师行状，请为塔上之铭。予痛念禅门寥落，向未有以振起者，狮弦将绝响矣。今师之行履，其见地稳密，机辨自在，不唯法眼圆明，一振颓纲，而峻节孤风，诚足以起末俗，至其大精进忍力，又当求之古人。虽影不出山，而声光远及，岂非尸居龙见，渊默雷声者耶。观其昭然生死，实践可知。因次序其实行，乃为之铭。	窃惟明兴以来，知解教戒之学，几遍寰海，而西来一脉，至有老死而不闻其名者。吾师挺生兹会，绍前绪于既坠，破久暗而重辉，法眼圆明，机辨自在。师于法门，有再造之功焉。且其孤风峻节，若雪中峨眉，其强忍精进，若千行弗息，上下千载，寥寥罕俪，大智之后一人而已。今师鹤树谭终，芳踪日远，后学周闻，何由私淑，况西来慧命，仅此一线，可令其湮没不传乎？用是不揣庸鄙，述其梗概，非敢阿其所好也，是为记。

通过比照，以上关于无明慧经的生平文字有不下十余处差异。其中六处是属于"失实"者：

憨山德清塔铭六处失实之比照表

序号	憨山德清《新城寿昌无明经禅师塔铭》	元贤《无明和尚行业记》	主要差异
1	年二十，遇入居士舍，见案头《金刚经》	年二十一，寓新城之洵溪，偶过居士舍，见案头有《金刚经》，阅之如获故物	年岁差异，相差一岁
2	影不出山者，二十有四年如一日也	师自住峨峰，足不下山者，二十八载	住山年数有异，相差四年
3	谒达观禅师，深器重之，入五台，参端峰和尚	居久之，下台山入燕都，讲肆宗席，靡不遍历，时达观禅师寓西山，师往访之	拜访达观禅师的时间有异，一为入五台山之前，一为下五台山之后
4	七日以偈示博山，次第写宝方、寿昌遗嘱	初八日遂禁药食，作两刹遗嘱	时间不同，一为初七日，一为初八日
5	十四日写书远近道俗，且勉进道。十五日，吉水萧孝廉来参，师开示，但看个万法归一，勉其力究	十五日升座辞众，因作别诸外护书。数日之间，问疾者云至，师谆谆劝勉，略无倦色	时间不同，一为十四日、十五日两日，一仅有十五日，且未提某人

续表

序号	憨山德清《新城寿昌无明经禅师塔铭》	元贤《无明和尚行业记》	主要差异
6	世寿七十有一，僧腊四十有奇，得法弟子若干人，其上首元来，今开法博山，其余守三山常住，有三会语录	世寿七十有一，僧腊四十有六，是冬建塔于本寺方丈，门弟子千有余人，惟元来开法于博山，语录二卷，甚行于世	僧腊不同，一为四十有奇，一为四十六；一言得法弟子若干人，一言门弟子千有余人

实际上，以上六处差异大都属于时间或年岁的事实不同，而不涉及情感或价值评判，撰写人因为依据资料或自身判断的出现失误属情理中事。笔者认为，元贤对憨山所撰塔铭的不满其实并不在于这几处明显的"失实"，而主要是以下四处：

（1）蕴空忠禅师，说法于廪山，遂往依之，询其本名，曰：慧经。执侍三载，凡闻所教，不违如愚。此条元贤记为：时邑有蕴空忠禅师，佩小山老人密印，隐于廪山，师往从之，执侍三载。

（2）向未薙发，人或劝之，师曰：待具僧相乃尔。至是始剃染受具。此条元贤记为：向未剃发或劝之，师曰：待具僧相乃尔。至是始请廪山到峨峰剃落受具。

（3）入少林，礼初祖塔，问西来单传之旨。此条元贤记为：复北走中原，访无言宗主于少林，主大赏识之，遂留过夏。每见当道扬谦推誉，故兵道刘公以焕、司理熊公尚文等，争延礼之。寻归。

（4）乃返锡宝方，始开堂说法，以博山来公为第一座，师资雅合，簧鼓此道，激扬宗旨，四方衲子望风而至者益众。此条元贤记为：癸卯始开堂，<u>时众谓师必嗣少林或台山，及片香拈出，乃嗣廪山，众心大服</u>。时举弟子元来，为第一座，师资雅合，玄唱玄提，四方闻风而至者，络绎于道，挂搭常数千指。

以上四处比较可知，憨山之《塔铭》对于蕴空忠禅师的法脉来源都含糊其词，这才是引发元贤深为不满的原因。此外，依元贤之说，在其撰写二记之前无明曾"手述"一篇，实际上，此二字值得特别注意。道霈曾说："寿昌源流，鼓山先师（引者注：指元贤）尝为余言：昔无明师翁得道后行脚至少林，始得其详。"① 也就是说，元贤认为他所传的寿昌源流是无明至少林亲自考证得来的，此源流属无明亲传（依其口传或手述），并非元贤杜撰。

但是，这些都还不是重点。元贤《无明和尚行业记》引言中提及，慧经圆寂之后他就撰写二记，但因故不敢出，遂由本立上人收藏，"后执事者，请塔铭于憨山大师"。但憨山德清《新城寿昌无明经禅师塔铭》中明确说其所撰塔铭是应博山无异之请所作的："博山见之，以予为法门知师之深者，乃具述师行状，请为塔上之铭。"② 于此可知是博山无异不认可元贤所撰慧经行述，且憨山德清只是根据博山提供的无明行状撰写塔铭，博山对于无明得法来源问题持阙疑态度，这在德清《新城寿昌无明经禅师塔铭》中展露无遗了！也正因此，该诤中元贤实在不是一般

---

① 道霈：《鼓山辨谬初刻》，载《救狂砭语》，上海古籍出版社1983年影印本，第80、81页。
② 憨山德清：《新城无明经禅师塔铭》，《憨山老人梦游集》卷28，《卍字新纂续藏经》第73册，第660页。

学者所认为的"是最具资格代表曹洞发言者"①，恰恰相反，他有自己不得已的苦衷。

可见，当时曹洞内部关于无明慧经得法来源问题应有三种说法：一为元贤，主张廪山常忠嗣月舟载公，并声称此说乃是无明亲述亲传；二为远门净柱等人，主张廪山常忠嗣小山书公；三为博山无异，对无明得法来源持阙疑态度，不轻易许可一说。历经二十七年之后，元贤迫于压力或者其他方面的原因而改变前说，"乃再定而行之"，对《无明和尚行业记》进行修改，明确廪山常忠嗣小山书公，并就此固定下来，与曹洞其他诸系保持一致。足见此诤对内统一了立场，对外（临济宗）划清了边界，有类聚群分的身份认同之意。

三 元贤嗣法无明之争议

在甲乙之诤前，潘晋台《鼓山永觉老人传》中所记载一事颇耐人寻味："庚寅吴浙诸禅竞为争宗之说，形于讼牍，以书达师，师笑而不答。冬作寿塔于寺之西畲，乃自状其行而铭之。"② 庚寅即顺治七年（1650），然潘晋台此说应有差误，据元贤《寿塔铭》载，该塔铭作于七十五岁之际，即顺治九年（1652），是为壬辰年。③ 值得注意的是，此年元贤所作《寿塔铭》，其中特别提及自己"礼无明和尚落发，未几，谬承心印"，并自称"寿昌之儿，石鼓之主"，他一再宣说自己乃是寿昌门下真正的法嗣弟子。

所谓"吴浙诸禅，竞为争宗之说"如果是指临济内部的诤斗，尤其

---

① 范佳玲：《明末曹洞殿军——永觉元贤禅师研究》，博士学位论文，台湾师范大学，2005年，第288页。
② 元贤：《广录》卷30，《卍字新纂续藏经》第72册，第579页。
③ 元贤：《广录》卷18，《卍字新纂续藏经》第72册，第492页。

是天童派之诤，元贤的"笑而不答"，应是"他家自有儿孙在，外人何必论短长"之意。不过，临济内部中有"《天童塔铭》诤"，此诤前后两次，分别为费隐对木陈、木陈对继起。其中费隐对木陈之诤主要集中在费隐不满时人所撰《塔铭》中不详列嗣法人名，以至于担心有人（主要是木陈之流）可以混滥其中，欺昧世人。① 元贤的"笑而不答"是否也联系到自身，他的《无明和尚行业记》《无明和尚鹤林记》也同样因触犯时忌而被埋没二十七年！而这应与他是否为慧经法嗣的非议有一定关联。

实际上，前述元贤所撰关于无明和尚二记之所以触犯时忌，除去关于慧经得法来源上的争议之外，还有一层关涉元贤自身的问题，即元贤是否是慧经法嗣。费隐通容《五灯严统·凡例》中提出：

> 寿昌法嗣，仅者博山元来，如元镜、元谧、元贤等，未承付嘱，诸方共闻。兹刻也原以严核统系，塞近代滥觞之门，何敢私顺人情，开后来僭窃之窦，不轻载笔者，盖慎之也。②

也就是说，当时"诸方共闻"元贤、元镜等人不是寿昌法嗣，寿昌法嗣仅有博山无异一人而已。不管诸方是否真的共许此说，至少说明当时确实有这方面普遍的传闻，而且这种传闻为时已久，当是从慧经圆寂（万历四十六年，1618）之后就开始流传。

元贤《无明和尚行业记》引言中提及，慧经圆寂之后他就撰写二

---

① 陈垣：《清初僧诤记》卷2，河北教育出版社2000年版，第512、513页。
② 费隐通容：《凡例》，见《五灯严统目录》卷1，《卍字新纂续藏经》第80册，第544页。

记，但因故不敢出，于此不禁令人猜疑：是否当时是博山无异或其派下人物不认可元贤所撰慧经行述？这方面的猜疑不是无缘由的：

第一，是否可能当时存在这样的惯例，即只有嗣法弟子才有能为先师亲撰或请名士尊宿撰《行业记》等文字，而有人认为元贤没有这样的资格，所以有人出来阻止，此人未必是博山，但可能是博山一系的人物。如果是因此而反对元贤所撰二记，则矛盾主要集中于嗣法问题。

第二，元贤二记重行于世是在博山圆寂之后，博山无异于崇祯三年（1630）圆寂，崇祯十六年（1643）元贤在宝善庵从本立上人处寻得二记旧稿，重新整理行世，并大发感慨道："行之乃在今日，岂真果不容掩耶？抑斯文显晦，亦自有时也。"①

第三，元贤《博山无异大师衣钵塔铭（有序）》中言：

今春某自浙归闽，众复请住鼓山，乃率众建塔，藏衣钵于钵盂峰之前，去师迁化，则十有二年也。众谓：塔不可以不铭。复请于某，某于师为法门昆季，而实禀具于师，且相依三载，屡尝法味，有师资之义，不可忘也。但自师既没，虚空中忽有坑堑，未得焚片香于栖凤，此实某之隐痛，而不能言者。②

值得注意的是，此博山衣钵塔建于博山圆寂后十二年即崇祯十五年（1642），而元贤二记的重新问世正在此后一年，元贤从宝善庵得二记旧稿，这时间上的相近绝不是什么偶然！更值得玩味的是，博山圆寂后，

---

① 元贤：《广录》卷15，《卍字新纂续藏经》第72册，第472页。
② 元贤：《广录》卷18，《卍字新纂续藏经》第72册，第490页。

元贤竟然"未得焚片香于栖凤",他说"不可忘也"——实已似忘了,为什么会这样?他说"此实某之隐痛,而不能言者"。元贤与博山之间一定有什么鲜为人知的恩怨。

总之,笔者认为,当时曹洞宗各系尤其是寿昌系下各支派对于祖师无明慧经的得法源流存在分歧,众说纷纭,以至于临济宗人也将无明列入未详法嗣者;元贤主张无明得法廪山,廪山承自月舟载,其说不仅遭到临济宗人反对,曹洞宗内尤其是博山系亦态度不明,加之自己与无明嗣法关系遭到非议,使得鼓山一系在此后相关争论中较之东苑等系更为低调,这应是情理中事。

第三节 《龙潭考》

首先有必要讨论元贤《龙潭考》撰写或发布的时间。范佳玲一书未明确时间,只是提及顺治十年(1653)临济宗人费隐通容作《五灯严统》引爆了曹临二宗的论争,觉浪道盛、三宜明盂等积极加入论争,元贤《鼓山晚录》卷下有《答三宜和尚书》,内容即是关于《严统》问题的讨论,"于是元贤有《龙潭考》之作"①。以此论之,则元贤《龙潭考》似乎作于顺治十年(1653)之后。然大正藏本《人天眼目》后收录《龙潭考》,注明"见永觉《晚录》"②。按《行业记》,鼓山《晚录》刻于顺治九年(1652);又据前引《鼓山永觉老人传》吴越诸禅竞为争

---

① 范佳玲:《明末曹洞殿军——永觉元贤禅师研究》,博士学位论文,台湾师范大学,2005年,第284、285页。
② 《人天眼目》卷6,《大正新修大藏经》第48册,第334页。

宗之说，此事当在壬辰，即顺治九年（1652），据此，笔者认为，《龙潭考》之作不会迟于顺治九年（1652），且有可能是针对吴越诸禅争宗之事。

一　此诤概说

清初吴越诸禅争论的问题有二：一为天王、天皇之诤；二为无明慧经等未详法嗣。元贤《龙潭考》针对的为前者，临济一宗的意见以《五灯严统·凡例》为最详：

> 《传灯录》纪天皇道悟嗣石头，误以龙潭崇信嗣之，致谓云门、法眼二宗出自青原，一时稽核未详，千古遂成疑案，今考丘玄素撰碑，谓天王道悟嗣马佛，而龙潭为之子；又考符载撰碑，谓天皇道悟嗣石头，而慧真接其派，且唐有闻人归登，著《南岳让碑》及权德舆《马祖塔铭》，各载天王道悟之名，佛国白《续灯录》亦叙雪窦显为马祖九世孙，《佛祖通载》所记亦同，故大川著《五灯会元》而定其案曰：以二碑参合，应以天皇嗣石头，而慧真嗣之，而于马祖法嗣下，入天王道悟，以崇信嗣之，始为不差误矣。嗟乎！久而论定，具眼者自当了然，兹刻据碑改正，匪敢凭臆也。[①]

此诤发端甚早，始于北宋，当北宋末年禅宗临济、曹洞、云门、法眼、沩仰五宗之中唯有临济、云门二宗最为盛行，不免互相角逐，遂有好事者立说以云门亦出南岳之系以平息竞争。[②]

[①] 《五灯严统目录》，《卍字新纂续藏经》第80册，第544页。
[②] 陈垣：《清初僧诤记》卷1，河北教育出版社2000年版，第492页。

按一般的说法，南岳怀让下出临济、沩仰两宗，青原行思下出曹洞、云门、法眼三宗。其中，云门出自云门文偃，法眼之清凉文益出自罗汉桂琛，桂琛是玄沙师备的文字，文偃、玄沙师备、鼓山神晏同为雪峰义存门下。雪峰出自德山宣鉴，德山出于龙潭崇信，龙潭出于天皇道悟，天皇则出自石头希迁，石头为青原系。而好事者则以为历史上有两个道悟，一为天皇寺道悟，其出自石头希迁（青原系）；一为天王寺道悟，其出自马祖道一（南岳系），他们将龙潭归于天王寺道悟门下。

就临济宗费隐通容一方来说，其立说的依据或支持者也不可谓不多，据费隐通容《复武林越州诸缙绅书》，其所作《五灯严统》认定有两个道悟的依据主要出自以下几部禅史灯录或禅师语录：

《五灯严统》所订南岳下天王悟禅师，青原下天皇悟禅师，两派谱传，俱按往造旧典，兹再逐一录出附后，呈似儒禅宗匠，幸搜原本，共证非余杜撰，庶知述者苦心云。唐正议大夫户部侍郎平章事、荆南节度使丘公玄素，为天王悟撰碑铭，出北藏《佛祖通载》。唐协律郎符公载所撰《天皇悟碑铭》，亦《佛祖通载》所出也。其《通载》梵本计卷三十有六，久入北京皇藏我字函中，元朝华亭念常禅师所集之书，历今几四百年矣。若唐闻人归登所制《南岳让禅师碑》中列法孙数人，天王道悟其一也。至圭峰禅师《答宰相裴公宗趣状》列马祖法嗣六人，首曰江陵道悟，及权德舆氏撰《马祖塔铭》，载弟子慧海智藏等十一人，道悟在焉。乃若《历代帝王稽古略》，其书编为四大卷，载天王天皇两支，明白详尽，出第三卷三十四叶中。迨赵宋佛国白禅师修《续灯录》，计梵本三十六卷，叙雪窦显为马祖九世孙，益知云门一宗，不属曹洞派下无疑。如宋洪觉范禅师，辨明天王天皇两支宗派，则《林间录》上卷十三叶中，灿然明备，亦北藏我字函所收者。更如《祖源通要》一书，编卷三十，亦载天王为马祖之嗣，则有宋西余山拱辰禅师所集也。以上十种，或隐或显，不少概见。若灵隐大川禅师之《五灯会元》，几经翻刻，蓝弦刹诵，内注一篇，辨明天王天皇两派，确实雅驯，总之不离古文者近是。他若《人天眼目》内载《觉梦堂〈重较五家宗派〉序》，并明天王天皇两支，又何详引而博论也，事具五卷一十三叶中。嗣是宋尚书员外郎夏卿吕公之铭雪窦塔也，乃谓禅师讳重显，马祖九世孙，智门之法嗣，夫雪窦显为马祖九世孙，则云门一宗，出自南岳派下，夫复何疑？爰及张相国无尽，议论宗派，皆称道悟嗣马祖，信从有征也，且有择法验人不谬之语，更别出手眼矣。即云壑《心灯录》，并如前制，天王归入马祖下，迄有明那罗延窟之汝稷瞿公，所集《指月录》三十卷，分清天王天皇，两派不差，第九卷五十叶中，实详且尽。后海昌宰官黎眉郭居士，集《教外别传》一十六卷，亦以天王系马祖派下，证据颇详，见本书第七卷首叶，雪峤大师为之弁首。至我天童密老和尚《直说》内致司理海岸黄公书牍。辨论天王天皇两派，见于七卷一十三叶中。又判至公说所辨两支，详明显著，附《直说》第八卷后也。复有《禅灯世谱》，所编天王天皇世系较然，详具本书九卷中。又有福唐居士吴侗氏制《祖师图》，亦收天王于马派。①

---

① 《五灯严统解惑篇》，《卍字新纂续藏经》第81册，第325页。

以上共列举重要旧典十余种，基本以丘玄碑为主要依据。此中值得注意者有二，一为宋觉范禅师，二为宋《人天眼目》。按，好事者所据以印证的主要是丘玄素所撰碑文。该碑文来历不明，其中觉范《林间录》是记载该碑最早者之一。① 但是，现代的陈垣先生认为，《林间录》谓达观颖所集五家宗派曾引此碑，然达观颖所集五家宗派实际上并没有将云门归入马祖，系后校者所为；觉范也未必有此说，《林间录》之说恐非觉范原文。② 不管如何，觉范是此诤中较为著名的一家，明末其著作又大行于世，紫柏大师、憨山德清大师等对其都是推崇备至，然而元贤却对之甚为不满，屡加批评。③ 笔者认为，元贤对觉范的反感，除了禅法实践进路方面见解不同等之外，④ 也与他徒好文采而不能洞察真伪，时常妄用误引贻误后人有关，除了两个道悟之说以外，如元贤《洞上古辙》言："余考《明安别录》一书，中载《五位颂》《洞山五位颂注》，又以四宾主配入四料拣，及此三堕之说，种种乖谬，疑为大阳既没，嗣法无人，而伪妄之徒，托名为之。觉范不能察，乃为收入《僧宝传》中，贻误后学，观者详之。"⑤

　　另一著作为《人天眼目》。《人天眼目》卷五确有关于二道悟之说，然今存本卷六后除附元贤《龙潭考》之外，另有元延祐四年（1317）江西比丘致祐所作的后序，该序言及：

---

① 陈垣：《释氏疑年录》，广陵书社2008年版，第68页。
② 同上书，第68页。
③ 范佳玲：《明末曹洞殿军——永觉元贤禅师研究》，博士学位论文，台湾师范大学，2005年，第293页。
④ 同上书，第291页。
⑤ 元贤：《广录》卷27，《卍字新纂续藏经》第72册，第546页。

昔越山晦岩昭禅师，于宋淳熙间，编集五家宗旨，名曰《人天眼目》，流布丛林。传写既久，未免有乌焉亥豕之误。其写本亦多不同，曰彼曰此，互有得失。暇日参考同异，讹者正之，阙者补之，妄者削之，犹虑未善。然其元本排列，五宗亦失师承次第，今改正之。初列临济沩仰，盖此二宗，同出南岳马祖下；次列曹洞云门法眼，盖此三宗，同出青原石头。又近世有人，假托丘玄素之名，伪撰《江陵城西天王寺道悟禅师碑》，载天王嗣马祖接龙潭德山雪峰，遂移云门法眼二宗过马祖下者极可笑也。按《荆州新旧图志》并无城西天王寺，其伪碑妄天王因缘语句，尽是城西白马寺昙照禅师事实，此昙照事实，具述《荆州旧图志》及《景德传灯录》可考，况是天皇嗣石头接龙潭，备载《传灯》及《高僧传》。《德山碑》及云门法眼下诸师语录，与夫前代五宗纲要偈，有数十处，粲如日星，可以祛天下后世之惑，可以证前后编集之讹。①

于此可知，元代即有人认为丘碑属于伪撰（注意，其已提出丘碑文字"尽是城西白马寺昙照禅师事实"），并按照《荆州新旧图志》等资料对《人天眼目》加以订正了。

要之，历宋至元明清，禅宗界关于天王与天皇之争议一直持续，各类禅史著述或禅宗大师分为两大阵营，祖护己说，遂成为千古疑案。

二 《龙潭考》

《龙潭考》的内容，为便于说明，兹录其全文如下。

---

① 《人天眼目》卷6，《大正新修大藏经》第48册，第333页。

宋《景德传灯》，止载天皇悟嗣石头，而不知同时有二道悟：一嗣马祖，住荆州城西天王寺；一嗣石头，住荆州城东天皇寺。历考唐归登撰《南岳让碑》、圭峰《答裴相国宗趣状》、权德舆撰《马祖塔铭》皆可据，及后达观颖所引丘玄素、符载二塔铭，载之益详，此无可疑者。但《丘铭》中以龙潭信嗣天王悟，此则不能无疑焉。

予尝考《雪峰语录》。峰对闽王，自称得先德山石头之道。又鼓山晏国师《语录序》中亦称，晏为石头五叶孙。此二书在五代之际，去龙潭不远，岂应遽忘其所自哉。据此，则知龙潭信所嗣者天皇悟，非天王悟，其证一也。

又龙潭信家居荆州城东天皇巷，以卖饼为业，日以十饼，馈天皇和尚，皇每食毕，尝留一饼曰：吾惠汝以荫子孙。信一日自念曰：饼是我持去，何以返遗我，其别有旨耶？遂造而问焉。皇曰：是汝持来，复汝何咎？信闻之，颇晓玄旨。因投出家，皇曰：汝昔崇福善，今信吾言，可名崇信。由是服勤左右，据此，则知龙潭信所嗣者天皇悟，非天王悟，其证二也。

又信一日问天皇曰：某自到来，不蒙指示心要。皇曰：自汝到来，吾未尝不指示汝心要。信曰：何处指示？皇曰：汝擎茶来，吾为汝接；汝行食来，吾为汝受；汝和南时，吾为汝低头。何处不指示汝心要？师低头良久。皇曰：见则直下便见，拟思即差，师当下开解。复问：如何保任？皇曰：任性逍遥，随缘放旷，但尽凡心，别无圣解。又一日问：从上相传底事如何？皇曰：不是明汝来处不得。信曰：这个眼目，几人具得？皇曰：浅草易于长芦。据此，则知龙潭信所嗣者天皇悟，非天王悟，其证三也。

今此三段所证，昭彰如是，而丘玄素《塔铭》中以龙潭嗣天王，何得独异。察知，明是后人妄将崇信改入天王塔铭中，以为争端耳。不然，必将前三段所证之文，一笔抹去，而后可以成其说也。

又张无尽尝谓云门机锋似临济，宜为马祖之后，此则齐东野人之语也。古来同禀一师，而机锋各别者多矣，岂必尽同？如云门法眼，同出雪峰，若云门当归马祖，则法眼又当归石头耶？如丹霞投子机锋，不亚临济，杏山与三圣，皆失机于石室，则丹霞投子石室，又当改入马祖下耶？又如南泉父子，皆马祖之嗣也，而不用棒喝，沩山父子，皆百丈之嗣也，而不事孤峻，又当改入石头下耶？且予尝考《雪峰全录》，其禅备众格，波澜阔大，故其语有时似临济，有时似曹洞，其徒如玄沙长庆保福鼓山安国镜清等皆然，即云门虽机用独峻，而实语不十成，机不触犯，且历参曹山、疏山、九峰、乾峰，其语具在如三种病二种光等语，则全本乾峰，此尤其显然者也，岂可谓其同于临济，当嗣马祖下也。无知之徒，固难与辩，高明之士，可考而知。故作是以告天下智者，幸详察焉。①

第一，元贤《龙潭考》与其他争论文字不同，他不从天王、天皇论起，而直接针对道悟弟子龙潭立论，因为只要龙潭崇信确实出自石头门下的天皇道悟，则不论两个道悟还是一个道悟，② 都不能改变云门青原系的归属。此中元贤两次提及"予尝考《雪峰语录（或全录)》"，其引

---

① 元贤：《广录》卷16，《卍字新纂续藏经》第72册，第480页。
② 实际上关于天王天皇有三说：一说为只有天皇道悟，另两说有两个道悟。见范佳玲《明末曹洞殿军——永觉元贤禅师研究》，博士学位论文，台湾师范大学，2005年，第280—283页。

以为证者是鼓山"秘籍"——校定本《雪峰语录》。该《语录》是元贤所校定，言"考"并非虚语，《雪峰语录跋》云："予自脱白以来，渴慕雪峰之语，恨不多见，及考之大藏，竟遗落弗收。后得雪峰寺藏板，如获瑾璧，但见其卷后所录《杂偈》及《蓝氏遗嘱》《大师遗诫》等篇，率多伪妄，反掩前人之美，心殊病之。一日在古书肆中，得元至治间樵隐逸所镂板，始知卷末所增，皆非其实。今一依樵隐本校定，诸方若欲知木球下事者，当于是乎求。"① 足见元贤对雪峰语录考求之精勤，其所引当不谬也。

第二，元贤不仅重视史料史实的证据，他更针锋相对，从禅法风格上加以评断。元贤提及，"张无尽尝谓云门机锋似临济，宜为马祖之后，此则齐东野人之语也"。可见临济宗人不仅据伪撰碑文，也从宗风上对云门改属做出说明。费隐通容就说：

> 今但以曹洞宗旨一辨，以见德山雪峰一派，非洞宗眷属，如雪峰存禅师，三登投子，九上洞山，机缘未见相契，职任饭头。一日于洞山淘米次，洞山偶见问云：淘砂去米，淘米去砂。峰答云：砂米一齐去。洞云：大众吃个什么。峰便覆却盆。洞云：据汝所见，因缘不在此，当往德山。雪峰后果嗣德山。据此公案，则两家宗旨，判然明白，如尝脔得鼎，差异见矣。盖洞宗之旨，要有正偏相参，婉转夹妙，且语忌十成，机贵回互，如金针玉线，去来不堕偏枯而有端的也。所谓宝镜澄明验正偏，珠玑宛转看兼到，如雪峰此段机缘，一语一机而无回互夹妙，故洞山不肯印证，以语脉不契其

---

① 元贤：《广录》卷14，《卍字新纂续藏经》第72册，第465页。

宗，所谓语脉不通非眷属是也。其于德山门下，则一任掀翻圣凡，不落窠臼，施大机，发大用，更无留碍，既见两家宗旨之攸异。则从上古人所定支派，确然不差，三宜辈于此宗旨上，不能吐一辞，只虚争名分为家翁，寻常一味粗心浮气，讲演经论为事，不知何年何日，忽得芒毫穿于金针之鼻，玉线入于机纽之枢，莫道余心粗莽好。①

费隐此论即以雪峰禅师之宗风为例，他认为曹洞宗旨重在回互，婉转夹妙，而雪峰不契其宗。费隐还指出，与之对阵的曹洞宗人只会争名分，"三宜辈，于此宗旨上，不能吐一辞，只虚争名分为家翁"。大概也正因此，三宜才会请元贤作文以辟之。元贤指出，雪峰禅备众格，波澜阔大，故其语有时似临济，有时似曹洞，唯有真参实修者方能道出，不是后人徒以文字妄加揣测的。实际上，费隐之以禅法风格评断古人，并以之讥讽曹洞后人有失厚道，临济一宗在明末最是滥付其法，何尝以宗旨相应为重，对此时人诟病已多。

总之，鼓山为雪峰义存高足神晏国师道场，元贤于《龙潭考》中处处以雪峰法脉后人自居，揭示雪峰宗风，别有其意：无论曹洞、临济或云门、法眼、沩仰，各宗当以法缘一脉为主，而不在语录文句甚至经论法义的论争！所谓"禅备众格"未必是雪峰时风，却确实是鼓山法系此后的宗风！这在民国时期"身挑五宗法脉"的"中国末代禅师"② 虚云大师身上也得到了回应，他的续脉法眼、云门、沩仰诸宗，所据也不过

---

① 《五灯严统解惑篇》，《卍字新纂续藏经》第81册，第320、321页。
② 此为陈慧剑之誉。见陈慧剑《中国末代禅师》，台湾东大图书公司1998年版。

是以宗族法缘关系为主了。

三　影响

元贤《龙潭考》之后，即便《五灯严统》遭到毁版，此诤亦未曾消停。陈垣《释氏疑年录》云："康熙初水鉴海于荆州城南建天王寺，白岩符又著《法门锄宄》以攻之。圣感永辑《五灯全书》，立天王。章盘山朴又撰《存诚录》以斥之。其专攻《五灯会元》者，则有吴僧大汕之《证伪录》，潘耒乃以恶大汕，故而并恶其言，亦非平情之论。"①

续藏本《法门锄宄》后附《五家辨正》即引元贤《龙潭考》，其云："妄天王之辨，详永觉《龙潭考》、白岩《锄宄》（原注：略如下出）。"② 可见在天王、天皇之考辨方面，主要以元贤《龙潭考》、白岩《法门锄宄》最为著名。《法门锄宄》中言及碑之伪造：

> 南泉下有昙照禅师一人，与赵州长沙茱萸子湖诸老为同门昆季，住荆州白马，道出常情，事迹可爱。尝云快活快活，及临终乃叫苦苦。有院主致问推枕一篇，机语备载皇藏《传灯》诸录，而地藏恩、宝峰照、圆照本皆有颂，现刻《颂古联珠集》中，此天下古今所共睹者。今人特杀好奇，向虚空里架楼阁，不循其实，乃于马祖下幻出个天王悟来，将昙照机语栽为天王悟事，乃首尾不漏一言，不差一字，此异事也。噫！世岂有两人同一州，同一机语，复同一事迹，岂理也哉？乃又有翻刻《灯录》者，竟将白马昙照直削之，南泉下去了一嫡嗣，使白马一代龙象寥寥无所闻，马祖下添入

---

① 陈垣：《释氏疑年录》，广陵书社2008年版，第68页。
② 《法门锄宄》卷1，《卍字新纂续藏经》第86册，第492页。

一伪嗣，使一百三十七同门嘿嘿无所识，其何所为而然欤？吾不得而知之也，试以询诸明眼。①

也就是说，白岩认为所谓的丘玄素碑只是拙劣的赝品，它的文字来自荆南白马昙照禅师语录。兹将《五灯会元·道悟传》末系语中的丘碑文字②与《景德传灯录》卷十《昙照传》③对照如下。

丘碑部分文字与《昙照传》对照表

丘碑文字	昙照传
道悟，渚宫人，姓崔氏，子玉之后胤也。年十五依长沙寺昙翥律师出家，二十三诣嵩山受戒，三十参石头，频沐指示，曾未投机，次谒忠国师。三十四与国师侍者应真南还谒马祖。……师	荆南白马昙照禅师。
常云："快活！快活！"及临终时叫："苦！苦！"又云："阎罗王来取我也。"院主问曰："和尚当时被节度使抛向水中，神色不动，如今何得恁么地？"师举枕子云："汝道当时是？如今是？"院主无对，便入灭。	常云："快活！快活！"及临终时叫："苦！苦！"又云："阎罗王来取我也。"院主问曰："和尚当时被节度使抛向水中，神色不动，如今何得恁么地？"师举枕子云："汝道当时是？如今是？"院主无对。

---

① 《法门锄宄》卷1，《卍字新纂续藏经》第86册，第486页。
② 《五灯会元》卷7，中华书局1984年版，第369、370页。
③ 《景德传灯录》卷10，成都古籍书店2000年版，第169页。

从上可见，丘碑文字中的主体部分（表中第二部分）的确一字不漏抄袭的是《昙照传》。实际上，丘碑文字与《昙照传》的相同并非《法门锄宄》的新发现，早在《五灯会元》编撰时即已经提示了，其卷四《白马昙照禅师》后附按语："此乃天王悟事，丘玄素具载碑中。"① 只是当时编者偏信丘碑而不信《景德传灯录》。另如前述，元延祐四年《人天眼目》后序中也已指出这一事实。这种借古人文字制作伪碑的事例在今天依然可见，如近年洛阳坊间流传的一方北魏比丘尼统清莲墓志，据学者考证，该碑碑文只是将北魏比丘尼统慈庆的文字略为改动而伪造的。②

鼓山系在元贤之外，也有众多护法居士参与此次争论，清初鼓山刊行《护法正灯录》即是为此，民国上海佛学书局重印广告介绍此书说："此书即当时宰官居士拥护曹洞之种种文件也，吾人读此一书，可以窥见当日临济曹洞因《五灯严统》一书争辩之剧烈矣。此书为鼓山孤本，向未流通。"③

事实上，诚如蔡日新先生所指出的，中晚唐时期"所谓师徒关系，那事实上只是一种法统的继承关系，而决不是后世那些倚草附木之徒为了攀附门庭，所开列道统谱系了"④。但是，笔者不认可蔡先生对明清传法方式的鄙夷态度，毕竟明清时期佛教谱系的构建并非毫无意义。总之，自17世纪以来，中国佛教宗派借助传法这种方式，适应中国宗族

---

① 《五灯会元》卷4，中华书局1984年版，第214页。
② 官万松：《北魏墓志"变脸"案例》，《中原文物》2016年第1期。
③ 《佛学半月刊》第117期，《民国佛教期刊文献集成》，第51卷，中国书店2008年版，第475页。
④ 蔡日新：《五宗法嗣之争概述》（http://blog.sina.com.cn/s/blog_4a82c0680102w7cf.html）

社会的发展，建立谱系，① 僧诤也就成为这种佛教宗派宗族化发展中不可避免的一种现象了。

第四节 世系之诤

五代叠出诤是曹洞内部关于世系方面的争论。曹洞世系，芙蓉道楷之下，有丹霞淳、长芦了、天童珏、雪宝鉴、天童净等五代，下有鹿门觉等。芙蓉楷下本有净因觉，有人认为鹿门觉就是净因觉，故而将鹿门觉直接芙蓉楷，删削五代。笔者曾指出，在积极参与清初五代叠出诤的曹洞宗人涉及曹洞两大系，分为两大阵营，一方主有此五代，其代表人物为远门净柱（1601—1654，石雨明方法嗣）、为霖道霈、涵宇海宽（？—1666，字涵宇，号彼岸）等；另一方则主删削五代，其代表人物为位中净符、三宜明盂（圆澄嗣）、石濂大汕（1620—1698，觉浪一系，字石濂，号厂翁）等，其中与道霈交锋最密切的是位中净符以及同出寿昌系觉浪道盛门下的石濂大汕。②

一　五代叠出诤溯源

此诤起于云门系位中净符。净符，石雨明方（1593—1648，字石雨，讳佛日，圆澄法嗣）法嗣，其所作《祖灯大统》削去丹霞淳以下至长翁如净五世。《宗统编年》卷二十三引其说云：

近有洞上知识新出《祖灯大统》，查有鹿门觉亲见芙蓉楷机缘，

---

① 张雪松：《佛教法缘宗族研究》，中国人民大学出版社2015年版，第116、117页。
② 马海燕：《为霖道霈与清初五代叠出诤》，《宗教学研究》2012年第2期。

遂削去丹霞而下至长翁净五世，以鹿门觉直接芙蓉，此盖误以净因觉为鹿门觉，又误以鹿门藏衣之故，而遂谓鹿门觉为亲见芙蓉也。净因觉出青州王氏，幼以儒业受知司马温公，从芙蓉游，嗣其法。崇宁初，诏住东京净因，实在芙蓉之先，鹿门觉参天童净，青州辨参鹿门觉，皆机语历历载在《灯录》，岂可臆改。况丹霞长芦天童雪窦以及长翁净，五世相承，井然可按，其间相去五十三年，岂可截鹤续凫，因一时一语之差互而削去，作史者所以贵阙疑，而世次有无，宁得混同笔削之例也。①

以《宗统编年》诸序来看，该书编于康熙二十二年（1683）至二十八年（1689）间，② 从其所称"近有洞上知识新出《祖灯大统》"，则知《祖灯大统》当早于《宗统编年》未久刊行。只是《祖灯大统》不过属一家之言，即使有不同意者，争论仍在相当有限的范围之内，例如，《宗统编年》亦只是将其列入《存考》而已。

然而，因为《五灯全书》的刊印此事遂引发大规模的争议。康熙三十二年（1693）临济宗密云圆悟法系下三传弟子超永等编成《五灯全书》一百二十卷，此书呈上御览，由内府梨板刊行，前有御制之序，可以说是半官方的禅宗史籍。③ 该书"至曹洞世次，悉据洞上人著述"④，其中即应包括《祖灯大统》及受其影响的主张删削五代的禅宗史籍。

虽然真正大规模的五代叠出诤是在康熙中后期发生，但此事必须从

---

① 《宗统编年》卷23，《卍字新纂续藏经》第86册，第233页。
② 《宗统编年》卷1，《卍字新纂续藏经》第86册，第62页。
③ 陈垣：《清初僧诤记》卷1，河北教育出版社2000年版，第504、505页。
④ 同上书，第505页。

明末及清初顺治年间开始论起，它与当时曹洞宗祖师源流的争议有着密切的关系。实际上，康熙年间参与五代叠出诤者都是基于本门"先师"的立场而说的，如云门系《蔗庵范语录》卷三十云：

先老人住云门时，范问及湛祖拈大觉香，谓传洞山二十六代，董玄宰撰《少林无言塔铭》，谓传曹洞二十六代，《续略》则云三十二世，何也？老人曰：前人不谬，所谬者后人。以大觉、无言俱出润祖之门，故叙洞上源流，世代井然，老僧欲正之，而此书传久，若动则费手矣，姑存疑以待贤者。①

此中先老人即三宜盂（1599—1665），字三宜，讳明盂，圆澄法嗣。《续略》为远门净柱所撰。又月函《洞宗世次疑问》引湛然圆澄语录中世系称法为证（见《宗统编年》）：

宝云月函潜和尚《洞宗世次疑问》曰：洞宗有《祖灯大统》之刻，见闻其书者多非之，非之不一端，其著者没浮山之代续，删济宗之两祖，而据青州塔记削去芙蓉楷下自丹霞淳至天童净五世，其没浮山代续，删济宗两祖，见闻者非之，南潜亦非之而不疑者也。其据青州塔记削去芙蓉楷下自丹霞淳至天童净五世，见闻者非之，南潜则甚疑而不敢骤决其是非。考《古越云门显圣寺散木湛然澄禅师语录》卷第一，嗣法门人明怀编，万历甲寅二月吉日师开法于云门传宗广孝寺，正拈香云：供养北京大觉堂上嗣曹洞正宗第二十六

---

① 转引自陈垣《清初僧诤记》卷1，河北教育出版社2000年版，第506页。

代清凉大和尚，用酬法乳之恩。乙卯开法径山，拈香辞同。而散木《宗门或问》原序明会稽云门显圣寺住持嗣曹洞正宗第二十七代沙门圆澄撰，如《涅槃会疏》诸书自序，皆世次炳然。今之非《祖灯大统》者，以云门澄和尚称曹洞正派三十二传为世数，合芙蓉五人。然考之《语录》，则实称其本师为二十六代，其自序题名则称二十七代，使云门拈香之是，则《祖灯大统》之削五人不可非也。使云门拈香之非，则今天下曹洞宗派不知当谁准也。天下之大，未必遂无一人之知也，典册之繁，文献尚存，未必遂无一字之证也。南潜于是甚疑，疑则必问，敢述云门拈香自序题名及孤陋疑而未定之见，不敢深匿，谨出而质于洞宗主法诸尊宿。吾宗主法诸尊宿与天下垂意两宗诸护法长者居士，必有划然之言为之[枸]指。时己巳中秋后五日。①

必须强调，《宗统编年》只是将月函此说列入《存考》。陈垣先生对此评议说："月函所见之《湛然澄语录》，称本师为二十六，似也；然吾所见《湛然语录》，有称本师为三十一代者。故同一语录也，甲编者与乙编者异；同一编也，元刻与翻刻又异；同一刻也，初印与后印又异同，盖编者、刻者、印者随时有所改易也。"② 其说实出自祥符荫，《宗统编年》引其语曰：

祥符荫曰：洞上一宗，中兴于云门澄和尚，云门以前南北杳

---

① 《宗统编年》卷24，《卍字新纂续藏经》第86册，第244页。
② 陈垣：《清初僧诤记》卷1，河北教育出版社2000年版，第507页。

邈，兵燹频仍，而图记散失，不能具考。澄参慈舟念祖，入室，付偈印证曰：曹源一滴水，佛祖相分付。至今授受时，大地分甘露。咄，五乳峰头无镞箭，射得南方半个儿。未见授以洞山源流，所以澄和尚拈念祖香，或称三十一代。翻刻散木湛然澄禅师《语录》二本，一本嗣法门人明盂重订，法孙净㠇、净符、净超重编录，凡四卷，首拈香云：一生辛苦，半世殷勤，撞着个没眼睛的老和尚，授我折脚铛子，特为拈出，虽然家丑不可外扬也，要人天证据，供养北京大觉堂上传曹洞正宗第三十一代清凉慈舟念和尚，用酬法乳之恩。或称三十代。又一本参学门人能译录，嗣法弟子弁山明雪编次，录凡七卷，题云《古越云门显圣寺散木湛然澄禅师语录》，首拈香云：供养北京大觉堂上嗣曹洞正宗三十代清凉大和尚，用酬法乳之恩。或称二十六代。原录，再拈香云：供养北京大觉堂上嗣曹洞正宗第二十六代清凉大和尚。又《云门湛然禅师语录》八卷，门人明海编，正拈香云：供养嗣曹洞正宗第二十六代清凉大和尚。又一本，嗣法弟子明雪编受业门人明闻校阅，拈香亦云：曹洞第二十六代清凉大和尚。皆增减不一，后来门下移改翻刻，亦无一定，此世次所以淆讹，议论所以纷错者也。《洞山正宗源流略记》定于瑞白雪和尚，称云门乃三十二代，而云比年谬说多端，俟时可行，然后行之。戊子年始于狼藉堆中检而刻之，题曰：其旨简约，世系不混。是洞宗世次，斯时亦未有定据者也。[1]

祥符荫此说较为公允。也就是说，不同版本的语录所言世系未必一

---

[1] 《宗统编年》卷24，《卍字新纂续藏经》第86册，第244页。

致,足见当时并未有定论,不可偏听偏信。另,费隐《又复武林诸缙绅书》曾提及:

> 据远门刻中所载其(引者注:觉浪道盛)以书与石雨公云:闻法兄曾命门人特往少林,搜洞下一带源流事实,此正弟先年造嵩之至意也,前弁山兄所集《传灯世谱》,其中未考究传位与绍位之殊云云。即我廪山忠和尚,自称二十五代者,乞示我一参正之。①

此中石雨公即石雨明方,乃位中净符之得法恩师。从此可知,当时东苑系觉浪禅师认为廪山忠和尚自称为曹洞第二十五世。如此,则无明为曹洞第二十六世,而按元贤之主张无明乃是曹洞第三十一世,其间相差五世。不过,那时候觉浪等可能都尚未明了因何而有五代之差异,故而才有"乞示我一参正之"之说。

同样,道霈参与五代叠出诤也主要是以先老人元贤之语立说,道霈《鼓山为霖禅师辨谬初刻》云:

> 夫曹洞一宗,元明以来盛化于燕魏秦晋之地,而吴越无闻也。至万历间,寿昌崛起于西江,显圣勃兴于东越,自是以来,七八十年间,一宗两派,龙象杰出,子孙殷繁,其源始于二老。谨按:显圣源流传自大觉老人,寿昌源流,鼓山先师尝为余言:昔无明师翁得道后,行脚至少林,始得其详。盖少林乃元世祖皇帝诏雪庭裕祖重开山为第一代,大弘曹洞之道,示寂后命词臣撰碑旌其道德,自

---

① 费隐通容:《五灯严统解惑篇》,《卍字新纂续藏经》第81册,第319、320页。

是以来，递代相承，至于今日，源流未艾，故少室为洞上大祖庭，溯太祖迄今盖四百有余载，其所传源流上接《续灯》师资授受殊无差谬。后远门禅师至少林不过查其碑铭及机缘语句而已，其所叙源流实与寿昌所传，若合符节。即顺治间，涵宇禅师重刻《续略》（原注：远门作《续略》，涵宇重刻之，即御制序中海宽缵续也）奉旨入藏，虽补入若干人，而本所宗承源流一仍其旧，无异辞也。①

从上可以推知，五代叠出诤实是明末以来关于曹洞源流争议的延续，只是在元贤、觉浪时期众人对于本宗世系的混乱尚不知缘由，当时也没有发现更为有力的证据能够澄清疑问。

此外，五代叠出诤与曹洞源流诤最大的差异在于，后者只是追究近期曹洞法脉传承的问题，即探讨无明、圆澄师承何人或无明、圆澄之前数世的法脉传承，而前者直接追溯元代以前世系问题，二者关注的焦点已经有明显差异，其目的应该也是有所不同。

清初著名文人潘耒曾认为删削五代者有一个目的就是为了与临济宗人争辈分高低："石濂力主此说，别无他故，止是与济宗人争行辈大小，若据两宗源流，则洞宗'大'字辈望济宗'行'字辈皆伯叔祖，'超'字辈皆伯叔也。石濂不甘居下，如削去五代则己之行辈甚尊，故翻然背鼓山而从位中。"② 对此，道霈也确信白岩删削五代乃是要和临济宗人争辈分高低："昔年白岩与济下堂头赴斋檀信之家，因争坐位，遂作《大

---

① 道霈：《鼓山为霖禅师辨谬初刻》，载潘耒《救狂砭语》，上海古籍出版社1983年影印本，第79—81页。
② 潘耒：《救狂砭语》，上海古籍出版社1983年6月影印本，第101页。

统》一书，删去洞下五代嫡祖，又削去济下二代正宗，不顾从上传授源流统系，止图世次高出济宗。"① 现代的陈垣先生则提出异议，他说："至谓删削五代者，为欲与济宗老宿争坐位，则诬词耳。"② 这种说法清初亦有人提及，但有为删削五代者辩护的嫌疑。

笔者认为争辈分之说并不是空穴来风，诚如陈垣先生在同书所指出的："当时济上往来书翰，悉以俗谛相称，如侄禅师、孙禅师之类，与洞上人相称则不然，以洞上世系有争论，两宗辈数不易比拟也。"③ 虽然两宗辈数不易比拟，但在当时禅门普遍以法缘世系相称呼的风尚之下不免有人要去比拟一番，争辈分之诤遂随之而起，这也不是完全没有可能的。

二 元贤之影响

五代叠出诤中主张删削五代叠出者的主要证据支撑有二：古文物即各种塔记的发现以及前辈中权威人物的相关言论、文字等。道霈在参与五代叠出诤并与石濂大汕等论辩中刊行《辨谬》三刻，影响巨大。《辨谬》除了主要针对五代叠出诤中主张删削五代者提出的所谓关键证据——《青州辨塔记》等进行辨伪论证外，④ 他还采取了另外一种策略：相关史志材料的摘谬，其中对其师元贤《继灯录》最为重视。

首先，以它谬证此谬，以小谬论大谬，论定其所依史籍不可信。《鼓山辨谬二刻》云：

---

① 道霈：《鼓山为霖和尚来书》，载潘耒《救狂砭语》，上海古籍出版社 1983 年影印本，第 227 页。
② 陈垣：《清初僧诤记》，河北教育出版社 2000 年版，第 507 页。
③ 同上书，第 495 页。
④ 相关说明见马海燕《为霖道霈与清初五代叠出诤》，《宗教学研究》2012 年第 2 期。

《考》（引者按：《考》曰后文字皆是位中之语）曰：南石秀禅师所著《增集续传灯》目录第三纸载雪庭裕嗣万松秀，秀嗣雪岩满，满嗣王山体，体嗣大明宝，宝嗣青州辨，辨嗣鹿门觉，觉嗣芙蓉楷。

《辨谬》曰：顺治己亥冬有僧自苏州灵岩来，惠余《增集续传灯》一帙，如获拱璧，时方从事土木，不暇详览，至康熙丙午秋，木笠禅师亲至鼓山，请余续《传法正宗记》，乃请《景德传灯》《续传灯》《五灯会元》《禅林僧宝传》《僧集续传灯》，远公《续略》、涵宇宗主《入藏续略》，鼓山《继灯录》、天界《传灯正宗》及诸语录传记，仔细雠勘，独《增集续传灯》与上古今诸书相背戾者甚多，不独鹿门嗣芙蓉一端也。且采访未备，言句疏略，当时即束置高阁不用矣。位公不能辨其差误而反奉为指南，却以上代《五灯》《续传灯》诸书为误，岂不悖哉。[1]

位中净符引南石秀禅师所著《增集续传灯》为依据说明删削五代的依据，道霈则转而攻击《增集续传灯》"采访未备，言句疏略"，其证据就是它"与上古今诸书相背戾者甚多，不独鹿门嗣芙蓉一端也"，也就是说，它除了鹿门嗣芙蓉这类错误之外，还有很多错误，故而这本书不可信！这种论证策略可以说是道霈惯用的方式，再如，《鼓山辨谬二刻》云：

---

[1] 道霈：《鼓山辨谬二刻》，载潘耒《救狂砭语》，上海古籍出版社1983年影印本，第95—97页。

白岩自云《大统》之役，无书不览，考之又考，千妥万当，方敢下笔，其自夸如此，可嗤之甚。《大统》余固不暇详览，但举近代尊宿言之，如云栖大师寂于万历乙卯岁七月，《大统》误作庚辰年四月，年差三十有五，而月差三月，世寿八十有一，而《大统》误作八十，又减一岁矣，僧腊五十而《大统》误作六十，又差十年矣。达观大师寂于万历癸卯十二月十七而《大统》误作初五，差去一十二日。憨大师寂于天启癸亥十一月十一日，而《大统》误作十三，差去两日。夫云栖、达观、憨山乃神宗时尊宿，其去世若此其未远而白岩已颠倒错谬如此，又何能考订上代之甲子岁月耶？三大师之谬如此，而其中错谬不知其几矣。所云千妥万当，岂不谬哉。①

首先，这里道霈指出《祖灯大统》在细节上的错误百出，并以著名的明末三大师云栖莲池、紫柏达观、憨山德清生卒年之差谬为例，进而推论"其未远而白岩已颠倒错谬如此，又何能考订上代之甲子岁月耶"，就论证来说，道霈此法虽然不免有缺漏，但就论争的策略而言还是有一定效用的。

其次，不可全信个人一时一处的言论，应以其最后刊行史籍为准。道霈举涵宇等为例说明之：

《辨谬》曰：已上七考所称二十六代二十七代，既是远公乃父

---

① 道霈：《鼓山辨谬二刻》，载潘耒《救狂砭语》，上海古籍出版社1983年影印本，第98、99页。

乃祖，亲口亲言，当其集《五灯续略》时岂不识不知而待白岩今日拈出乎？苟知识而不用则是远公已拣之砂石，而白岩今日宝之为珠玉，其识见相去奚啻霄壤之隔。又涵宇宗主乃无言道公法孙，亦尝称二十八代，后既宗《续略》重编入藏，则所谓二十八代者，亦弃而不用矣。盖雪庭裕祖而下诸祖，机缘语录，世所罕觏，当禅宗初兴，无从考核，故有出没，今既前有《五灯会元》《续传灯录》，后有《五灯续略》《继灯录》《传灯正宗》及诸家源流颂所载，不啻揭日月于中天，无所不明，而又拾前人已弃之陈言以为确据，以张异说，疑误后学耶？[1]

也即是说，每个人不同时期不同场合可能有不一样的想法和观点，应以其最后的说法为依据。此中涵宇曾经自称曹洞第二十八代，但后来对此弃而不用，当以其《入藏续略》为准。[2]

以上道霈都提及元贤《继灯录》，该书是作为反对删削五代者重要的史籍之一，因而也成为删削五代者的眼中钉，《百丈清规义记》卷七即批评说："远门柱集《五灯续略》，青原支误将鹿门觉五代系长翁如净之下，祖孙倒置，世次叠讹，《继灯》《缵续》诸书，皆本此误。"[3]《继灯录》中关于这段曹洞世系相列之如下。

---

[1] 道霈：《鼓山辨谬二刻》，载潘耒《救狂砭语》，上海古籍出版社1983年影印本，第97、98页。

[2] "顺治间，涵宇禅师重刻《续略》（原注：远门作《续略》，涵宇重刻之，即御制序中海宽缵续也）奉旨入藏。"道霈：《鼓山为霖禅师辨谬初刻》，载潘耒《救狂砭语》，上海古籍出版社1983年影印本，第80、81页。

[3] 仪润：《百丈清规证义记》卷7，《卍字新纂续藏经》第63册，第496页。

曹洞宗

青原下十六世

雪窦鉴禅师法嗣

天童如净禅师

青原下十七世

天童净禅师法嗣

鹿门觉禅师　雪庵从瑾禅师

石林秀禅师（无录）　孤蟾莹禅师（无录）

日本道元禅师

青原下十八世

鹿门觉禅师法嗣

青州一辩禅师①

以上主要有两位关键人物，即鹿门觉和青州辩（或作"辨"）。主张删削五代者认为鹿门觉就是净因觉，从而将青州辩归于净因觉门下，净因觉是北宋芙蓉道楷的弟子，由此删去丹霞淳（芙蓉道楷弟子）、真歇清了、天童宗珏、雪窦智鉴、天童如净五代祖师。

值得注意的是，元贤《继灯录》中《日本道元禅师》传为道霈所增补，其识语云：

道元禅师得法天童净祖，为日国洞宗始祖，《续传灯》失载。近有逆流禅德是其宗裔，特作书以师道行碑文附商舶寄示，所载悟

---

① 元贤：《继灯录》卷1，《卍字新纂续藏经》第86册，第496页。

由法语甚详。书中又引宋文宪护法录赠日本范堂仪公藏主文中"觉阿之嗣佛海远，道元之承天童净"二语为证。余于是知古今得道散处于此界，他方或出或处，名德不表彰于世，如道元禅师者何限，余于是重有感焉。乃特采碑文立传，列于先师《继灯录》天童净祖嗣下，庶不没古德幽光，亦使读者有所考镜云。①

所谓"于是知古今得道散处于此界，他方或出或处，名德不表彰于世，如道元禅师者何限，余于是重有感焉"，在当时曹洞源流诸说分歧、佛教宗派诤论蜂起的特定历史背景之下，道霈此举无疑是在表达他对胡乱删改传承谱系者的不满了。

综上所论，五代叠出诤是明末曹洞源流诤的延续，此诤中鼓山系的声音最为响亮，元贤虽然不是该诤的直接参与者，但道霈作为其嗣法弟子积极参与其中主要还是为了维护本系的利益。也就是说，如果不是元贤坚持无明为曹洞三十一世的说法，道霈也大可不必参与此诤。世系的差异可以作为分判曹洞鼓山系与其他曹洞法系的明显标识。鼓山法系至今仍然坚守着这样的传承世系（以无明为曹洞正宗第三十一世，元贤为曹洞正宗第三十二世，道霈为三十三世②），而当代一些广东曹洞法系亦不时有别样的声音。③ 此诤之中其实是无结果、无定论的，维持各是其是也不失为一种稳妥的方法。④

---

① 元贤：《继灯录》卷1，《卍字新纂续藏经》第86册，第502页。
② 而按删削者的派系，以无明为曹洞宗第二十六世，类似，元贤就被记录为第二十七世。吴立民主编的《禅宗宗派源流》以及现今各类禅宗史著作都有此差谬。因为不明了五代叠出诤的影响所及，鼓山系与其他寿昌法系在世系上有所不同，故而在解读相应史料时应注意鉴别。
③ 见智证法师《曹洞宗法脉考辨》，《中国曹洞宗通史》附录2，花城出版社2015年版，第494—497页。
④ 马海燕：《为霖道霈与清初五代叠出诤》，《宗教学研究》2012年第2期。

结 论

自明末以来中国社会变革剧烈,先经明清易代,后是民国建立,革命浪潮此起彼伏,1949 年之后又遭遇两岸关系的风云变幻,佛教在与时代社会变迁的调适发展中形成了各种"被发明的传统",这是需要提醒研究明清佛教史的同人深刻反思的。本书虽然以一位生活于明末的禅师元贤及一个地处东南的鼓山涌泉寺为中心,但主旨在于通过这样的典型个案重新检讨明清佛教以及闽台佛教的发展历程。

一 授戒法系视域下曹洞诸法系宗(禅)、律并传的传承方式值得重视

元贤从闻谷大师处传承了云栖戒本且有传戒方面的论述、批评与实践,他是禅宗授戒法系的真正传人,其后鼓山既有禅宗曹洞宗的嗣法弟子,也有禅宗授戒法系的付戒弟子。

古心律师虽然有"中兴律祖"之誉,但对他能否续灵芝律师之下为律宗一祖还是可以讨论的。佛教界从明末以来就没有认定古心一系是当然的律宗正传。不仅如此,在实际的传戒活动上律宗授戒法系也不是独

擅的，各系有其自主权。通常学界或教界所认为的"律宗"负责传戒事宜，或传戒活动只依据"律宗"范式行事（特别是宝华山《三坛传戒正范》）等"传统"都是"被发明"的。这种"被发明"经过了两次大的历程。（一）明末清初时期应注意两次事件，一是古心律师在五台山的"重开皇戒"，以及此后各次"皇戒"的传授；二是乾隆时期官方限定各省传戒道场，这无疑为古心一系的发展、扩张提供机遇，为其以律宗正统自居提供了底气。（二）民国时期虚云禅师在鼓山的戒法改革将鼓山传统戒法改宗宝华山，各地归宗宝华如百川入海；1949年之后台湾戒法的变革，大量苏北籍僧人入台及台北"中国佛教会"掌握传戒权，这导致台湾戒法的巨大变革和台湾宝华山戒法的独尊。正是因为以上两方面的原因，造成了当代学人的误识，以为只有律宗系独擅传戒事宜、它是律宗正统。明末各种授戒法系的存在是历史的事实，揭开弥漫其上的历史迷雾乃是本书的目标所在。

二　明晰明清僧伽佛教的身份认同

当代的民间佛教研究固然没有"认信性的判教"，但以田野考察为主的研究在追求佛教多面向、多形态的观察视角的同时，也陷入一种"颠顶"状态，即研究者刻意将民间教派"非边缘化"而导致"正信佛教"的缺失。笔者认为应在尊重信仰者自我认同为"佛教"的前提下，同一"佛教"各自表述，将明清以来各种佛教信仰区分为僧伽佛教与非僧伽佛教。僧伽佛教相较于非僧伽佛教具有如下两个方面的特点。

第一，以僧伽为中心，包含男女居士二众、出家二众的四众弟子，僧伽在佛教中是指四人（含四人）以上组成的出家团体，僧伽佛教与非僧伽佛教的划分重点在于是否以僧伽为中心，凡是以僧伽为中心的称为

"僧伽佛教",反之则为"非僧伽佛教"。非僧伽佛教不是所谓的"居士佛教",传统学界所谓的居士佛教是含混不清的;

第二,因为要求以僧伽为中心,而僧伽必须"以戒为师"、以戒为尊,遵行相应的规范而传戒、受戒是僧伽佛教中不可或缺的事宜。

就元贤及其所开创的鼓山系而言,其僧伽佛教的身份认同主要是通过三个方面而达成。

(一)边界确立。通过攻击异端、批判各类外道如老庄玄学、天主教等划清界限,而对于民间的各种非僧伽佛教信仰如定光佛等则施予自觉的正信化引导。

(二)政治身份或出家身份的确认。重视戒的授受,是否受戒尤其是比丘戒等是僧伽佛教与非僧伽佛教最核心的区别,通过戒法的弘传摄受各种非僧伽佛教信众,导向正信;另外,在清代各地普遍施行"皇戒"(以宝华山戒法为主)的时期,鼓山依然我行我素,遵行自元贤以来的迥别于古心一系戒法的云栖戒法,这不仅是一种宗派意义上的身份认同,更隐含着深刻的民族意识!

(三)法系认同。参与僧诤、建立相对固定的弘化基地推行相应的弘化法门(包括禅法、戒法、净土法门等),形成一定的弘法区域,这都有助于法系的内部认同。

三 法缘宗族视域下明末清初僧诤评议

在佛教法缘宗族形式中,法缘关系成为普遍化的传承依据,它较之法义宗旨的认定更具可操作性。佛教开始以寺院道场为中心形成各种独立的法系或派系,为维护团体的利益就需要构建明确而实用的法缘谱系,僧诤是厘清各派系之间源流与分界的重要手段。

清初僧诤的焦点集中在法脉源流、宗风特色、法缘世系乃至丛林道场（田产、管理权等）等与法缘关系认定密切关联的诸多方面，极富现实意义，具有大宗趋同、小宗分化的鲜明特点。实际上，在明清佛教发展中僧诤并非只有负面的影响，它也有更积极的一面：它是佛教法缘宗族形成的有益助缘。鼓山法系就是在这种时代背景之下形成的，极具典型意义。

不过，这是就明清以来的佛教主流而言，明末尊宿如四大高僧中达观真可就强调嗣德不嗣法，这是对佛教法缘宗族化倾向的一种批评；[①]授戒法系中革新系的历代人物如蕅益大师、弘一大师也大都采取反对的意见，转而更重视内在精神的真实传承。

四　元贤之再评价

元贤虽然圆寂于顺治十四年（1657），但实质上他生活之年代主要在明末，这与他的法嗣道霈大不相同，道霈住持鼓山在顺治十五年（1658），其出世弘化主要在清初时期。如范佳玲所著《明末曹洞殿军——永觉元贤禅师研究》所给予元贤"明末曹洞殿军"的至高评价，笔者以往亦表示赞同。然而，从明末曹洞诸系诸师来看，只以元贤为"明末曹洞殿军"未免失于偏颇！

一方面，元贤的弘化区域局限于闽浙地区，所交游人物的影响亦较为一般，禅学著述虽多，但在当时也绝非无人可比，东苑系觉浪道盛、无可大智等完全可以与之媲美；另一方面，明末清初各类僧诤中元贤虽

[①] 圣严法师：《明末佛教研究》，宗教文化出版社2006年版，第46页。

是"曹洞一宗辈分最高的禅师"①,但他并非范佳玲等所谓的"是最具资格代表曹洞发言者"②,恰恰相反,他有自己不得已的苦衷。

元贤特别是鼓山法系在现当代学者中之所以备受青睐,这是因为民国以来鼓山系的高僧辈出:民国四大高僧中虚云、圆瑛二大师皆法出鼓山系,而他们的子孙至今依然活跃于整个汉传佛教界;鼓山佛教作为台湾佛教的重要法源地之一,至今在两岸佛教交流中仍然扮演着极为重要的角色。

总之,与鼓山系的绵延发展相比,明末真正堪称势力强劲、名震一时的憨山大师、紫柏大师、觉浪禅师、法藏禅师等,有谁(或其法脉)能够善始善终呢?可以肯定的是,就佛教发展的长远目标而言,元贤所倡导的不贪进、不过侈的弘化原则是历代祖师用血的教训换来的,这才是中国佛教最值得珍视的宝贵财富。

---

① 范佳玲:《明末曹洞殿军——永觉元贤禅师研究》,博士学位论文,台湾师范大学,2005年,第288页。

② 同上。

附录一：元贤主要交游人物[①]

图示：▲出现次数2以上（含2次）　★重要人物

联络人物	文献出处	人物身份	备注
昨非庵弟子郑瑄	《永觉大师赞》	皈依弟子	
林之蕃	《永觉和尚广录序》	赐进士第奉训大夫吏部考功司郎中前浙江道监察御史菩萨戒弟子	▲★
曹谷	《禅余内集序》	赐进士出身奉敕提督南京应天等府学政前巡按江西等处原任湖广道监察御史携李弟子	
陈琯	《禅余外集序》	赐进士出身中顺大夫常州府知府归安弟子	

---

① 以《广录》为主。

续表

联络人物	文献出处	人物身份	备注
道霈（为霖）	卷二十三《勉为霖禅人》	嗣法弟子	★
恒如	卷一《住鼓山涌泉禅寺语录》	老友、同参，鼓山涌泉寺僧	
我闻	卷一《住鼓山涌泉禅寺语录》；卷八《为我闻老宿举火》	鼓山涌泉寺僧	▲
黄海岸	卷二《住杭州真寂禅院语录》；卷八《问答》	杭州居士	▲
唐祈远	卷二《住杭州真寂禅院语录》	居士，孝廉	
长揖法师	卷二《住杭州真寂禅院语录》；卷八《为长揖法师举火》		▲
于润甫	卷二《住杭州真寂禅院语录》；卷十二《启·答金坛于润甫别驾诸乡绅》	金坛，居士，别驾	▲
法林	卷二《住杭州真寂禅院语录》	真寂禅院监院	
孙道台	卷二《住剑州宝善庵语录》；卷十七《建州孙道台祈雨疏》	建州道台	▲
江海若	卷二《住剑州宝善庵语录》	居士	
张华宇	卷二《住剑州宝善庵语录》	居士	
李羽吉	卷二《住剑州宝善庵语录》；卷十《法语下·示羽吉居士》；卷二十六《似李羽吉居士》	居士	▲
陈韫玉	卷二《住剑州宝善庵语录》	居士，中翰	

续表

联络人物	文献出处	人物身份	备注
刘长卿	卷二《住剑州宝善庵语录》	居士，文学	
陈晓人	卷二《住剑州宝善庵语录》	居士，兴福寺	
尔和上人	卷三《再住鼓山涌泉寺语录》；卷十七《罗山法海寺修净土忏疏》	罗山法海寺僧	▲
净和	卷三《再住鼓山涌泉寺语录》	双髻峰僧，老友	
陈莲石	卷三《再住鼓山涌泉寺语录》	居士，太史	
雪子禅人	卷三《再住鼓山涌泉寺语录》		
泽普禅人	卷三《再住鼓山涌泉寺语录》		
惟善	卷三《再住鼓山涌泉寺语录》	鼓山僧纲	
徐尔昌	卷三《再住鼓山涌泉寺语录》	居士	
孙鹫林同卿居士	卷三《再住鼓山涌泉寺语录》	居士	
不远禅人	卷三《再住鼓山涌泉寺语录》		
茂熙上人	卷三《再住鼓山涌泉寺语录》		
郑道恭	卷三《再住鼓山涌泉寺语录》	三山居士	
陈太忍	卷三《再住鼓山涌泉寺语录》	温陵居士	
海藏禅人	卷三《再住鼓山涌泉寺语录》	道存上座眷属	
道存上座	卷三《再住鼓山涌泉寺语录》		
秀生	卷三《再住鼓山涌泉寺语录》；卷四《小参》；卷八《送秀生静主入塔》	寿宁，静主	▲
白雪	卷三《再住鼓山涌泉寺语录》	静主	
善生	卷三《再住鼓山涌泉寺语录》	静主	

续表

联络人物	文献出处	人物身份	备注
藻鉴	卷三《再住鼓山涌泉寺语录》；卷二十三《付戒》	鼓山悦众；宝善庵住持；元贤嗣戒弟子	▲★
不虚	卷三《再住鼓山涌泉寺语录》	泉州僧	
一脉禅人	卷三《再住鼓山涌泉寺语录》	鼓山监院，承担鼓山涌泉寺修复工作的主要人物之一	★
警心	卷三《再住鼓山涌泉寺语录》；卷二十三《付戒》	元贤嗣戒弟子，后因妄拈宗乘为元贤所呵责	▲★
陈而慧兄弟	卷三《再住鼓山涌泉寺语录》	清流居士	
谢尔宾	卷三《再住鼓山涌泉寺语录》	宁化居士	
王长公	卷三《再住鼓山涌泉寺语录》	清流居士	
高开熙	卷三《再住鼓山涌泉寺语录》	居士	
刘惟一	卷三《再住鼓山涌泉寺语录》	福城居士	
心闲上人	卷三《再住鼓山涌泉寺语录》；卷二十六《赠心闲上人住闽安万寿寺》		▲
双峰	卷三《再住鼓山涌泉寺语录》	静主	
竺庵禅师	卷三《再住鼓山涌泉寺语录》	寿昌寺僧，字竺庵，讳大成，道盛法嗣，曾住持南京栖霞寺	

续表

联络人物	文献出处	人物身份	备注
净辉禅人	卷三《再住鼓山涌泉寺语录》;卷二十六《送税担、净辉二禅人请藏经》	鼓山寺僧	▲
无一	卷三《再住鼓山涌泉寺语录》	鼓山书记,讳太存,张达宇居士之子	★
张克一	卷三《再住鼓山涌泉寺语录》;卷二十三《示张克一茂才》	无一之弟,茂才	▲
圣谟	卷三《再住鼓山涌泉寺语录》	无一之子	
蔡母刘孺人	卷四《小参》	蔡司衡之母	
曹侍御夫人吴氏	卷四《小参》		
曹嘉鱼	卷四《小参》;卷十三《诸祖道影传赞序》	槜李,居士	▲
叶子暄	卷四《小参》		
陈仲谋	卷四《小参》;卷二十一《侍讲陈仲谋居士赞》	居士,太史	▲
林氏	卷四《小参》	优婆夷	
宗见	卷四《小参》	监院	
邵练要	卷五《普说》;卷二十四《秋日过邵练要居士山斋》	大中丞剑津居士之子	▲
郑汉奉	卷六《普说》;卷二十四《挽郑汉奉司空》;卷二十四《中秋夕,仝郑汉奉司空、林得山农部,步月石门,因坐水云亭》	司空	▲

续表

联络人物	文献出处	人物身份	备注
恤部苏门黄公	卷六《普说》		
仪部联岳朱公	卷六《普说》		
上海居士	卷六《茶话》		
唐居士	卷六《茶话》		
邹居士	卷六《茶话》		
闻谷大师	卷三《上堂》；卷八《为闻谷大师起龛》《为闻谷大师挂真》《为闻谷大师封塔》《闻谷大师三周忌日拈香》；卷十一《书上·答闻谷大师》；卷十六《祭真寂闻谷大师》；卷十八《真寂闻谷大师塔铭》；卷二十一《云栖寿昌真寂三大师赞》；卷二十四《祝闻大师七十寿》；卷二十四《和闻大师登升山扫祖塔》；卷二十五《闻谷大师放生社，留别和韵》；卷二十六《达摩洞次闻大师韵》	元贤嗣戒恩师，鼓山戒法之源	▲★
寿昌老人（无明慧经）	卷八《寿昌老人诞日拈香》《寿昌老人忌日拈香》；卷十五《无明和尚行业记》；卷十五《无明和尚鹤林记》；卷二十一《云栖寿昌真寂三大师赞》；卷二十一《寿昌和尚赞》；卷二十五《己巳孟秋，归寿昌扫和尚塔，夜坐有感》；卷二十五《乙亥夏归寿昌，扫先和尚塔》	元贤嗣法恩师，鼓山禅法之源	▲★

续表

联络人物	文献出处	人物身份	备注
博山和尚（无异元来）	卷八《博山和尚忌日拈香》；卷十八《博山无异大师衣钵塔铭》；卷二十一《博山和尚赞》；卷二十五《哭博山和尚》	元贤法兄；元贤得戒恩师	▲★
翠云庵昌和尚	卷八《翠云庵昌和尚忌日拈香》	翠云庵僧	
马头山了喻静主	卷八《为马头山了喻静主举火》		
吼峰上人	卷八《为吼峰上人下火》		
超尘上座	卷八《为超尘上座举火》		
兴琨上人	卷八《为兴琨上人入塔》		
性泰庵主	卷八《为性泰庵主入塔》		
智光上座	卷八《为智光上座举火》		
本智	卷八《为本智西堂举火》；卷二十四《季夏八日，同本智洞微二师，游喝水岩，次韵》；卷二十六《赠本智上座》	鼓山寺僧	▲
旭华	卷八《为旭华勤旧举火》		
照空	卷八《为照空侍者举火》		
洞生上座	卷八《为洞生上座举火》；卷二十三《付戒》	元贤嗣戒弟子	▲★
跬存上座	卷八《为跬存上座举火》；卷二十三《付戒》；卷二十六《赠跬存上座》	元贤嗣戒弟子	▲★

续表

联络人物	文献出处	人物身份	备注
卓生禅人	卷八《为卓生禅人举火》		
本照上座	卷九《法语上·示本照上座》		
惟谦上人	卷九《法语上·示惟谦上人》		
黄孟扬	卷九《法语上·示黄孟扬居士》		
丁元辟	卷九《法语上·示丁元辟居士》		
伯驹上人	卷九《法语上·示伯驹上人》		
刘孔学	卷九《法语上·示刘孔学茂才》	茂才	
缘生上人	卷九《法语上·示缘生上人》		
若水上人	卷九《法语上·示若水上人》		
无安上人	卷九《法语上·示无安上人》		
尔袾上人	卷九《法语上·示尔袾上人》		
密因上人	卷九《法语上·示密因上人》；卷十二《书下·答密因上人》；卷二十二《示密因上人》		▲
太雅上人	卷九《法语上·示太雅上人》		
印朗上人	卷九《法语上·示印朗上人》		
圆照上人	卷九《法语上·示圆照上人》		
一如上人	卷九《法语上·示一如上人》		
照远上人	卷九《法语上·示照远上人》		
自参上人	卷九《法语上·示自参上人》		
忠求居士	卷九《法语上·示忠求居士》		

续表

联络人物	文献出处	人物身份	备注
持平上人	卷九《法语上·示持平慧度二上人》		
慧度上人	卷九《法语上·示持平慧度二上人》		
心观上人	卷九《法语上·示心观上人》		
心涵上人	卷九《法语上·示心涵上人》		
四弘上人	卷九《法语上·示四弘上人》		
润如上人	卷九《法语上·示润如上人》		
无参上人	卷九《法语上·示无参上人》		
茅蔚起居士	卷十《法语下·示茅蔚起居士》		
净光比丘尼	卷十《法语下·示尼净光》	比丘尼	
瑞云上人	卷十《法语下·示瑞云上人》		
约心上人	卷十《法语下·示约心上人》		
孙治堂居士	卷十《法语下·示孙治堂居士》		
汪子野居士	卷十《法语下·示汪子野居士》		
王心宰居士	卷十《法语下·示王心宰居士》		
黄尔巽居士	卷十《法语下·示黄尔巽居士》		
善侍者	卷十《法语下·示善侍者》		
尚实上人	卷十《法语下·示尚实上人》		
灵生上人	卷十《法语下·示灵生上人》		

续表

联络人物	文献出处	人物身份	备注
时中禅人	卷十《法语下·示时中禅人》		
浑朴禅人	卷十《法语下·示浑朴禅人》；卷二十五《七石山中秋对月，浑朴上人请赋》；卷二十五《赠浑朴禅人五十初度》	七石山僧	▲
无生禅人	卷十《法语下·示无生禅人》		
法珍禅人	卷十《法语下·示法珍禅人》；卷二十三《示法珍禅人》		▲
石岐上人	卷十《法语下·示石岐上人》；卷二十三《送岐禅人归省》		▲
寒辉禅人	卷十《法语下·示寒辉禅人》；卷二十三《送寒辉禅人参方》	鼓山参学弟子、道霈法子（付戒弟子），后住持政和宝福寺	▲★
梵珠禅人	卷十《法语下·示梵珠禅人》		
会侍者	卷十《法语下·勉会侍者》		
非镜侍者	卷十《法语下·示非镜侍者》		
恒光上人	卷十《法语下·示恒光上人》		
汉章禅人	卷十《法语下·示汉章禅人》		
新城江孝廉	卷十一《书上·答新城江孝廉》	新城，孝廉	
曹智斋	卷十一《书上·与沙县曹智斋文学》	沙县，文学	

续表

联络人物	文献出处	人物身份	备注
萧儆韦	卷十一《书上·与建阳萧儆韦明府》；卷二十五《山中得萧儆韦明府书》	建阳，明府，元贤在俗旧交之一，净土社成员	▲★
颖上人	卷十一《书上·答颖上人》		
李青郎	卷十一《书上·与李青郎茂才》；卷十一《书上·复李青郎茂才》；卷二十四《金仙庵得李青郎茂才书有怀其人》	茂才	▲
朱葵心	卷十一《书上·与朱葵心茂才》	茂才	
蔡司衡	卷十一《书上·复蔡司衡茂才》	茂才	
陈良老	卷十一《书上·复蔡司衡茂才》		
翁茂才	卷十一《书上·答翁茂才》		
潘茂才	卷十一《书上·答潘茂才》		
一念法师	卷十一《书上·复一念法师》；卷二十五《一念法师见访遽别，用韵奉答》		▲
如是法师	卷十一《书上·答如是师》	泉州僧，与蕅益大师为至交	★
惺谷法师	卷十一《书上·答如是师》	泉州僧，与蕅益大师为至交	★

续表

联络人物	文献出处	人物身份	备注
林得山	卷十二《书下·卷十七〈鼓山铸法华铜钟〉复林得山农部》；卷二十一《兵宪林得山居士赞》；卷二十四《挽林得山兵宪》；卷二十四《中秋夕，仝郑汉奉司空、林得山农部，步月石门，因坐水云亭》；卷二十五《仲春望日，佟开府同顾南金、林得山诸公，宿上院坐月，以诗见示，用来韵奉酬》	农部，兵宪，福州鼓山护法居士	▲
曾二云	卷十二《书下·复曾二云大参》；卷十二《书下·与曾二云大参》；卷十二《书下·与曾二云方伯》；卷十二《书下·与曾二云中丞》	大参；方伯；中丞，泉州护法居士	▲★
张二水（张瑞图）	卷十二《书下·与张二水相国》	相国，著名书法家。泉州护法居士	★
吕天池	卷十二《书下·与吕天池司农》；卷十二《启·答吕天池司农》；卷二十五《到鼓山，寄答吕天池司农，用来韵》	司农，泉州护法居士	▲★
蒋八公	卷十二《书下·与蒋八公太史》	太史，泉州护法居士	★

续表

联络人物	文献出处	人物身份	备注
黄季弢	卷十二《书下·与黄季弢先生》；卷十三《泉州开元寺志序》；卷二十六《题黄季弢先生读书处》	泉州居士，泉州护法居士	▲★
刘仲龙	卷十二《书下·与刘仲龙文学》；卷十三《重刻华严要解序》；卷二十二《答刘仲龙文学用来韵》	文学	▲
方子凡	卷十二《书下·复方子凡孝廉》	孝廉	
湛可上人	卷十二《书下·答湛可上人》		
武源净	卷十二《书下·答东鲁武源净居士》		
周芮公	卷十二《书下·与周芮公吏部》	吏部	
谢介庵	卷十二《书下·答谢介庵文学》；卷十三《金刚贯解序》；卷二十三《示谢介庵居士》	文学	▲
严冲涵	卷十二《书下·答严冲涵比部》	比部	
傅幼心	卷十二《启·答傅幼心谏台》；卷十三《泉州开元寺志序》；卷二十四《归鼓山，寄答傅幼心谏垣，用来韵》	泉州居士，谏台	▲★

续表

联络人物	文献出处	人物身份	备注
洪清远	卷十二《启·答杭州洪清远中丞诸乡绅》	杭州，中丞	
施羽王	卷十二《启·答嘉兴施羽王相国诸乡绅》	嘉兴，相国	
杨联京	卷十二《启·答杨联京太守》	太守	
黄昱如	卷十二《启·答黄昱如诸文学》	文学	
洪禅人	卷十三《送洪禅人参方序》		
本立上人	卷十三《送本立上人归山序》；卷十五《沈槐庭居士归西记》；卷二十四《送本立上座归潭阳》	建阳僧人，与元贤关系密切	▲★
阒然禅师	卷十三《寿昌西竺禅师语略序》	元贤师兄，寿昌寺僧	
曹愚公	卷十二《书下·答曹愚公学院》；卷十三《楞严略疏序》；卷十七《宝善庵建舍利塔疏》	檇李（嘉兴），侍御	▲
曹安祖	卷十三《诸祖道影传赞序》；卷十七《宝善庵建舍利塔疏》	阳羡（宜兴），大参	▲
沈敷受	卷十三《诸祖道影传赞序》	檇李，游学剑州	
心石	卷十三《金刚渶蒙序》；卷十四《金刚略疏序》；卷十七《宝善庵请大藏经疏》；卷十七《宝善庵建舍利塔疏》	宝善庵监院	▲★

续表

联络人物	文献出处	人物身份	备注
徐兴公	卷十三《鼓山志序》；卷二十五《谢徐兴公居士见访》；卷二十五《往寿昌扫塔，至建州遇徐兴公，用韵奉答》	著名学者，《鼓山志》重要编修人物之一	▲★
六观居士	卷十三《净慈二书序》	莆田居士	
杨逸凡	卷十三《净土四经合刻序》；卷二十一《德山樵者赞》；卷二十三《示杨逸凡居士》	三山居士	▲
杨椒斯	卷十三《重刻大慧禅师书问法语序》	福建居士，普门居士泰宇杨公后人	与杨逸凡疑为同一人
杨惟逊	卷十四《杨惟逊主政诗集序》		
立上人	卷十四《澹轩集序》	潭阳，曾访宝善庵	应即本立上人
姜居士	卷十四《植桂集序》	虮溪	
谢纯一	卷十四《删定笔畴序》	建州	
谢飞卿	卷十四《寿谢献可居士七十寿》	建州，谢献可之子	
谢献可	卷十四《寿谢献可居士七十寿》	建州建安，其父为无明慧经皈依弟子	
周振伯	卷十四《题周振伯居士血书金刚经后》	居士	
本炤上人	卷十四《重刻仁王经跋》	建州黄梅庵僧	
滕秀实居士	卷十五《请方册藏经记》；卷十六《祭滕秀实居士》；卷二十一《滕秀实居士赞》	建州居士，元贤隐居荷山时大护法	▲★
徐见泉居士	卷十五《荷山庵记》	建州居士	

续表

联络人物	文献出处	人物身份	备注
明嵩	卷十五《重建龙头庵记》	龙头庵主僧	
楚石居士	卷十五《净名庵记》	潭州	
智慈	卷十五《翠云庵记》	翠云庵僧	
曹学佺	卷十五《重建鼓山涌泉禅寺记》；卷十七《鼓山铸法华铜钟》；卷二十四《谢曹能始宪长来山见赠》	著名学者，福州护法居士	▲★
桂峰居士	卷十五《重建定光岩记》	建州居士，宝善庵重要护法居士	★
沈槐庭	卷十五《沈槐庭居士归西记》	潭州居士，元贤未出家前故交	★
张达宇居士	卷十五《沈槐庭居士归西记》；卷十六《祭张达宇居士》；卷二十五《妙高峰访达宇居士》；卷二十五《达宇居士以诞日来鼓山，同游灵源洞，赋此致祝》	元贤未出家前故交	▲★
光宇居士	卷十五《沈槐庭居士归西记》		
独诣法师	卷十七《独诣师造静室疏》；卷二十五《七石山访独诣师》	寿昌寺僧，七石山	▲
道显上人	卷十七《道显建佛顶庵疏》		
百拙座主	卷十七《南禅寺结盂兰盆会疏》；卷二十二《为百拙座主闭关》；卷二十五《余自浙归闽，寓宝善庵，百拙法师以诗见讯，用韵奉答》；卷二十六《送百拙座主住山》	建州南禅寺僧	▲

第三一九页

续表

联络人物	文献出处	人物身份	备注
徐文学	卷十七《宝善庵请大藏经疏》	宝善庵护法居士，文学	
方伯申公	卷十七《鼓山铸法华铜钟》	鼓山护法居士	
一中上人	卷十七《一中上人请方册藏经疏》；卷二十六《赠一中上座》		▲
蔡云津	卷十七《诞日荐亲疏》	元贤之父	★
张氏	卷十七《诞日荐亲疏》	元贤之母	★
范氏	卷十七《诞日荐亲疏》	元贤之母	★
古航禅师	卷十八《博山古航舟禅师塔铭》	博山弟子，曾住持博山能仁寺	
陈白庵	卷十二《书下·答陈白庵太守》；卷十八《寿塔铭》	乌程，太守，鼓山护法	▲
印南上人	卷二十二《送印南上人住山》		
严心上人	卷二十二《送严心上人入关》		
沈道础	卷二十二《庚午夏，余病甚笃，沈道础居士来山，为作四偈》		
心昙禅人	卷二十二《心昙禅人请益》		
量智上人	卷二十二《示量智上人》		
无余上人	卷二十二《示无余上人》		
严用正	卷二十二《示松溪严用正居士》	松溪居士	
陈蕴奇	卷二十二《示松溪陈蕴奇茂才》	松溪居士，茂才	

续表

联络人物	文献出处	人物身份	备注
顺侍者	卷二十二《示顺侍者》；卷二十三《勉顺侍者》		▲
叶泰交	卷二十二《示松溪叶泰交茂才》	松溪居士，茂才	
夏调生	卷二十二《示武林夏调生居士》	武林居士	
陈茂才	卷二十二《示三山陈茂才》	三山居士，茂才	
契宗上人	卷二十二《示契宗上人》		
圆常上人	卷二十二《示圆常上人》		
康上人	卷二十二《示康上人》		
余维坤	卷二十二《示徽州余维坤居士》	徽州居士	
我白居士	卷二十二《示我白居士》；卷二十六《咏甘露松寿我白居士》		▲
芙蓉和上人	卷二十二《示芙蓉和上人》		
林泡庵	卷二十二《示林泡庵居士》		
丘守戎	卷二十二《与丘守戎将军》	将军	
冯中军	卷二十二《与冯中军》		
超觉上人	卷二十二《示超觉上人》		
觉林比丘尼	卷二十二《答尼觉林》		
太苏居士	卷二十二《示海滨太苏善友》		
凡木上人	卷二十二《凡木上人归里省亲》		
志西上人	卷二十二《示志西上人》		

续表

联络人物	文献出处	人物身份	备注
尤道乔	卷二十二《安平尤母道乔死入冥司，冥司令归请偈》		
庄太振	卷二十二《示庄太振居士》		
吴善友	卷二十二《示吴善友》		
廓可上人	卷二十二《示廓可上人》		
王无偏	卷二十二《示王无偏居士》		
夏君都	卷二十二《示夏君都居士》		
慈茂上人	卷二十二《示慈茂上人》		
省安上人	卷二十二《示省安上人》		
心宇居士	卷二十二《示心宇居士》	池心宇居士，道霈时期的重要护法居士	★
宁远上人	卷二十二《示宁远上人》		
慧真上人	卷二十二《示慧真上人住山》		
卓然上人	卷二十二《示卓然上人》		
云庵上人	卷二十二《示云庵上人住山》		
空诸上人	卷二十二《示空诸上人》		
心求上人	卷二十二《示心求上人》		
汪子野	卷二十三《示汪子野居士》		
来上人	卷二十三《示来上人》		
法林上人	卷二十三《示法林上人》		
明给上人	卷二十三《示明给上人》		
林道敬	卷二十三《示林道敬居士》		
九达法师	卷二十三《勉九达知客》		
恒初上人	卷二十三《示恒初上人》		

续表

联络人物	文献出处	人物身份	备注
悟心上人	卷二十三《示悟心上人》		
粹然禅者	卷二十三《示粹然禅者》		
古源上人	卷二十三《示古源上人》		
沈同青	卷二十三《示沈同青茂才》	茂才	
黄仲馨	卷二十三《答黄仲馨文学》	文学	
皎日居士	卷二十三《示皎日居士》		
南询禅者	卷二十三《示南询禅者住白云洞》		
别传上人	卷二十三《示别传上人》		
陈其人居士	卷二十三《示陈其人居士》		
王正南	卷二十三《王正南居士五旬求偈》		
日光禅人	卷二十三《日光禅人荐亲求偈》		
朱居士	卷二十三《示朱居士》		
庄居士	卷二十三《示庄居士》		
张鲁白	卷二十三《示张鲁白居士》		
道目上人	卷二十三《示道目上人》		
一锄禅人	卷二十三《示一锄禅人》		
莫违禅人	卷二十三《付戒》	元贤嗣戒弟子	★
宗圣禅人	卷二十三《付戒》	元贤嗣戒弟子，曾住持宝善庵	★
王右君	卷二十三《勉王右君居士》		
郑用弼	卷二十三《示郑用弼居士》		
朱郎仲	卷二十三《示朱郎仲画士》	画家	

续表

联络人物	文献出处	人物身份	备注
逸伦禅人	卷二十三《示逸伦禅人》		
参微禅人	卷二十三《示参微禅人》		
事玄禅人	卷二十三《示事玄禅人》		
柯止言	卷二十三《示柯止言居士》		
清宇上人	卷二十三《示清宇上人》		
睿侍者	卷二十三《示睿侍者》		
彭尔仁	卷二十三《示彭尔仁居士》		
彭尔达	卷二十三《示彭尔达居士》		
黄仲丹	卷二十三《示黄仲丹居士》		
唯省禅人	卷二十三《示唯省禅人》		
守愚禅人	卷二十三《示守愚禅人》		
陶太谅	卷二十三《示陶太谅居士》		
寄生禅人	卷二十三《勉寄生禅人》		
尔白禅人	卷二十三《勉尔白禅人》		
觉海禅人	卷二十三《示觉海禅人》		
粲然禅人	卷二十三《示粲然禅人》		
孤月上人	卷二十三《示孤月上人》		
上生上人	卷二十三《示上生上人》		
郑居士	卷二十三《示郑居士》		
杨居士	卷二十三《示晋江杨居士》	晋江居士	
潘山子	卷二十三《示潘山子孝廉》	孝廉	
潘中子	卷二十三《示潘中子茂才》	茂才	
万法上人	卷二十三《示万法上人》		
达理上人	卷二十三《示达理上人》		
明一禅人	卷二十三《示明一禅人》		★

续表

联络人物	文献出处	人物身份	备注
刘渔仲	卷二十四《答清漳刘渔仲戴平子来山见赠》		
戴平子	卷二十四《答清漳刘渔仲戴平子来山见赠》		
黄丽甫	卷二十四《答黄丽甫文学用来韵》	文学	
潘士阁	卷二十四《赠潘士阁居士四十诞辰》		
沈君耀	卷二十四《送沈君耀居士还潭邑》	建州居士	应是元贤故交沈槐庭之子
袁水部	卷二十四《袁水部乘游招住壶山,前住持印山师愿充修造,赋此以庄其行》	水部	
何平子	卷二十四《与清漳何平子茂才》	茂才	
丁生	卷二十四《潭阳瀛洲桥成,丁生来索诗,颂沈侯德》		
樵云法师	卷二十四《祝支提樵云老师八十寿》	支提寺僧,著名的龙裤国师	★
鹫峰上人	卷二十四《赠鹫峰上人书华严涅槃二经》		
净和师	卷二十四《送净和师归旧隐》		
卓庵禅师	卷二十四《送卓庵禅师归寿昌》	寿昌寺僧	

续表

联络人物	文献出处	人物身份	备注
洞微	卷二十四《季夏八日,同本智洞微二师,游喝水岩,次韵》;卷二十五《夜坐蹴鳌桥,次洞微师韵》	鼓山寺僧	▲
空生师	卷二十四《赠空生师修玄沙祖塔,用闻大师韵》		
扨谦	卷二十四《秋日扨谦居士来山索赋》	居士	
魏具瞻	卷二十四《答魏具瞻游鼓山,次韵》		
薛际可	卷二十四《宿薛际可居士风木堂》		
何镜山	卷二十四《游紫云室,和何镜山先生韵》		
古拙上人	卷二十四《题古拙上人静室》		
弥天上人	卷二十四《题弥天上人静室》		
冲如上人	卷二十四《过等岩,为冲上人赋》		
洞白师	卷二十四《祝洞白师六十初度》		
林茂卿	卷二十四《步林茂卿居士登鼓山韵》		
中阳居士	卷二十五《壬戌冬十月,馆于沙邑之双髻峰,遗中阳居士》		

续表

联络人物	文献出处	人物身份	备注
郑汝交	卷二十五《山中积雨初霁,郑汝交二守见访,用韵奉答》		
诸侄	卷二十五《归潭日示诸侄》	元贤在俗诸侄	
杨复自	卷二十五《杨复自居士登山见赠,用韵奉答》		
罗一峰	卷二十五《游五峰和罗一峰先生韵》		
邹连山	卷二十五《邹连山孝廉游鼓山信宿禅院,以诗见示,用韵奉答》	孝廉	
祁文载	卷二十五《谢祁文载居士》		
佟开府	卷二十五《仲春望日,佟开府同顾南金、林得山诸公,宿上院坐月,以诗见示,用来韵奉酬》		
顾南金	卷二十五《仲春望日,佟开府同顾南金、林得山诸公,宿上院坐月,以诗见示,用来韵奉酬》		
薛玉海	卷二十五《初春日,薛玉海明府登鼓山见访,赋诗以谢》	明府	
罗参军	卷二十六《罗参军归隐东山》	参军	
叶茂才	卷二十六《叶茂才请题画》	茂才	
翁仲实	卷二十六《秋夜怀翁仲实文学》	文学	

续表

联络人物	文献出处	人物身份	备注
陈荩臣	卷二十六《怀陈荩臣文学》	文学	
顽石	卷二十六《顽石过访，索余旧稿，为占二绝》		
素谦上人	卷二十六《示素谦上人》		
黄克念	卷二十六《闻黄克念居士别馆灾，以二偈奉讯》		
李可甫	卷二十六《似李可甫居士》		
元佐	卷二十六《赠元佐裴将军》	将军	
徐广文	卷二十六《怀徐希虞广文》		
黄植三	卷二十六《送黄植三司马北上取藏经》	司马，泉州居士，出资迎请金陵大藏经	★
税担禅人	卷二十六《送税担、净辉二禅人请藏经》	鼓山僧	
李寤生	卷二十六《为李寤生居士题峨眉山图》		
周栎园	卷二十六《读周栎园司农瑞莲记》	司农	

附录二：永觉元贤传记选录[①]

福州鼓山白云峰涌泉禅寺永觉贤公大和尚行业曲记

师讳元贤，字永觉，建阳人，宋大儒西山蔡先生十四世孙也。[②]父云津，母张氏，生母范氏，以万历戊寅七月十九日生。师初名懋德，字闇修，为邑名诸生，嗜周程张朱之学。年二十五，读书山寺，闻诵《法华偈》曰我尔时为现清净光明身，忽喜谓周孔外乃别有此一大事，遂叩同邑赵豫斋，受《楞严》《法华》《圆觉》三经。

明年，[③]值寿昌无明和尚开法董岩，师往谒之，反覆征诘。昌曰：此事不可以意解，须力参乃契。因勉看干屎橛，久之无所入。一日留僧夜坐，举南泉斩猫话，乃有省，作颂曰：两堂纷闹太无端，宝剑挥时胆尽寒。幸有晚来赵州老，毗卢顶上独盘桓。举呈寿昌，昌曰：参学之士，切不得于一机一境上取则，虽百匝千重，垂手直过，尚当遇人，所

---

① 据续藏本《永觉元贤和尚广录》卷三十录出。
② 依族谱为第十五世孙。
③ 指的是万历三十六年（1608）戊申。元贤时年三十一岁。

谓身虽已在青云上，犹更将身入众藏，是参学眼也。为别颂云：大方家之手段，遇物一刀两断。赵州救得此猫，未免热瞒一上。若是有路英灵，毕竟要他命换。师得颂益省。

逮二亲继殁，师年四十，竟裂青衿、弃妻孥，投寿昌落发，为安今名。师凡有所请益，昌但曰：我不如你。一日值昌耕归，师逆问曰：如何是清净光明身？昌挺身而立。师曰：只此更别有？昌遂行。师当下豁然，如释重负，随入方丈，拜起将通所得，昌遽棒之三，曰：向后不得草草。仍示偈曰：一回透入一回深，佛祖从来不许人。直饶跨上金毛背，也教棒下自翻身。师不及吐一辞而退，然犹疑云：因甚更要棒下翻身？

明年戊午，寿昌迁化，博山无异和尚以奔丧来，及归，师与偕往博山。山曰：和尚像前礼未？师曰：礼竟。山曰：还见得和尚不？师曰：见。山曰：见底作么生？师曰：与和尚当年见底一般。山曰：且放过一着。无何进具戒，以生母病笃归省。母既卒，复往博山，圆菩萨戒。留居香炉峰，山时相与商榷玄奥，师每当仁不让。山叹曰：这汉生平自许，他时天下人，不奈渠何。

越三年，归闽，住沙县双髻峰。明年，以葬亲回建阳，舟过剑津，闻同行僧唱经云：一时謦欬，俱共弹指，是二音声，遍至十方诸佛世界。师廓然大悟，乃彻见寿昌用处，因作偈云：金鸡啄破碧琉璃，万歇千休只自知。稳卧片帆天正朗，前山无复雨鸠啼。时癸亥秋九月，师年四十有六矣。

居瓯宁金仙庵，阅大藏三年，徙建安荷山。明年之檇李，请藏经归，作《建州弘释录》。先是师住博山时，无异和尚尝属师志建州诸释，师曰：吾大事未竟，不暇及此也。追师隐荷山，异自石鼓归，道建州，师晤异于光孝寺。① 异一见而识之曰：今可志建州僧也。师笑而不答，异乃问曰：寿昌塔扫也未？师曰：扫即不废，只是不许人知。异曰：恁么则偷扫去也。师曰：和尚又作么生？异曰：扫即不废，只是不曾动着。师曰：和尚却似不曾扫。遂相笑而别，及是书成，异序而传之。

又会通儒释而作《呓言》。辛未往建阳，修蔡氏诸儒遗书。

壬申，② 谒闻谷大师于宝善庵，一见投合，以为相遇之晚。适宜兴曹安祖兵宪请大师作《诸祖道影赞》，因属师命笔。师成百余赞，大师惊讶不已，且曰：我不入建，公将瞒尽世人去也。即以大戒授师。明年先大夫赴阙，之蕃以计偕从，道由汾常，谒闻大师，始得瞻师道范，遂与曹雁泽宗伯暨诸善信延主鼓山。

甲戌入院，请开堂弗许，惟为四众说戒。有请法者，以庵主礼示众而已。是秋，建天王殿及钟鼓二楼。乙亥往寿昌扫塔，归过建州，为净慈庵著《净慈要语》。

是冬，张二水相国吕天池侍郎仰师道化，率众请入泉州开元寺，师知机缘已稔，始开堂结制，四众云集，怀中瓣香，特为无明老人拈出。

明年，相国二云曾公时分宪泉南，访师为建殿开元，以《楞严》义奥，请师疏之。秋归鼓山，建藏经堂于法堂之东。丁丑，闻大师讣至，师躬吊真寂，浙西诸先生以大师治命，合请住持，刻大师遗语，奉遗体而塔之，且铭焉。

戊寅，从侍御愚谷曹公请复作《诸祖道影传》。庚辰，建翠云庵于

---

① 或作开元寺。
② 误，应是癸酉（崇祯六年，1633）。

余杭西舍。辛巳,迁婺州普明寺。秋,归闽居剑之宝善。明年,赴泉州开元结制,修《开元志》,遂归鼓山。殿宇山门及诸堂寮,次第鼎新,庄严毕备。又作佛心才、寒岩升二师塔于香炉峰下,复作塔藏博山和尚衣钵铭之。癸未,应建州兴福请,期毕至宝善,建舍利塔,冬归鼓山,刻《禅余内外集》。乙酉著《金刚略疏》,修《鼓山志》。丙戌,郑如水司空暨诸缙绅先生,复请至建州净慈庵,为国祝厘已,乃移宝善说戒,著《四分戒本约义》、《律学发轫》。丁亥归鼓山,著《洞上古辙》及《续呓言》。己丑,著《补灯录》以补《五灯会元》之阙。庚寅,收无主遗骸千余瘗之。辛卯作《继灯录》,先是宗门录传灯者,止于宋,自宋末至明四百余年,一灯相承,未有修者。师广搜博采,至是乃有成书。壬辰夏刻《晚录》。秋造报亲塔于舍利窟东隅,复修山堂、桧堂二禅师塔,遣徒取金陵大藏经。甲午著《心经指掌》,收遗骸二千八百余。乙未春,兴化、福清、长乐罹兵变,饥民男妇,流至会城南郊,羚孱之状,人不忍见,师乃敛众遣徒,设粥以赈,死者具棺葬之,凡二千余人,至五十日而止。

丁酉,师年八十矣,于上元日,举衣拂付上首弟子为霖霈公,即命首众分座,众大悦服。秋七月十九日,属师初度,四方咸集,请师开法。师自辛卯,禁止上堂,虽力请弗许,至是忻然登座。然每示谢世意,九月朔果示疾,不食者二十余日。起居如常,乃说偈曰:

老汉生来性太偏,不肯随流入世廛。
顽性至今犹未化,刚将傲骨救儒禅。
儒重功名真已丧,禅崇机辨行难全。

如今垂死更何用，只将此念报龙天。

曰：老僧世出世事，尽在此偈，汝等毋忽也。遂闭目吉祥而卧，若入定然。复数日，首座问曰：末后一句，如何分付？师索笔书曰：末后句亲分付，三界内外无可寻处。越三日中夜，谓首座曰：不有病了。令侍者扶起，坐定脱去，实十月七日子时也。三日始掩龛，颜色如生，众咸叹异。

师器宇峻特，具大人相，出世凡历主四刹，所至深居丈室，澹然无营，若不事事，而施者争先，百务皆举，四方学者，来不拒、去不留，座下每多英衲，皆勉以真参实悟，深诫知解杂毒，其登堂说法，机辩纵横，若天廓云布，其操觚染翰，珠玑滚滚，即片言只字，无不精绝，曹洞纲宗，从上遭浊智谬乱者，皆楷以心印，复还旧辙。生平慎重大法，开堂将三十载，未尝轻许学者，至年八十，始举霞公一人授之，诸方皆服其严。且立身如山岳，操行若冰霜，卫道救世，即白刃当前，亦不少挫。呜呼！师岂常人哉，世称师为古佛再来，福慧圆明，悲智具足，诚不诬耳。

且所至每者异迹。天启丁卯，居建安荷山，一日山门外经行，虎突至，行者惊仆地，师以挂杖指之，虎翻身咆哮而去。

甲戌师住鼓山，四月十一日，甘露降山门松树上，师作偈曰：圣瑞端宜降大都，穷山何得独沾濡。晓来扶杖三门外，笑看松头缀玉珠。是年九月十九，甘露复降，师再偈曰：玉露霏霏又一番，满林花木尽同繁。丁宁莫道甜如蜜，恐惹游人入石门。

师之往温陵也，吕先生率开元僧众，至洛阳桥相迎，时潮水已退，及师到，潮水复涌。众皆愕然，有僧问：潮汐之期，千载不爽，今日因何再至？师曰：问取主潮神。僧曰：莫是为和尚否？师曰：莫涂污老僧好。

泉州有神，曰"吴真人"，即晋许旌阳弟子吴猛，南安产也，泉人多祀之。丙子四月，师说戒于开元寺，神先一日，见梦于祝曰：可为我备千钱，我欲往开元受戒。明日，神乘板舆至寺，以轿竿书地，求法名并五戒，师为起名道正，授三皈五戒而去。神善医病者，多往请之，自受戒后，不受请。有入庙祀者，悉不用荤酒。壬午春，师再至泉，真人复来乞菩萨戒。其邻村有神张相公者，亦同来求戒，师为起法名道诚，俱受菩萨戒云。

安平尤氏母名道乔，受师五戒，一夕病终，冥官问：汝生有何德业？乔曰：曾到开元受永大师五戒。官曰：汝五戒无大毁，当生善处，可为我到永大师处，请一偈来。乔遂苏，遣其子来请偈，师与偈曰：分明有个西方路，只在当人一念中。看破身心同马角，剑树刀山当下空。乔得偈，复瞑目而逝。

戊寅，师在杭真寂院，时归安诸生茅蔚起家素不奉佛，一夕梦鬼使来追，蔚起苦辞不往，使曰：我暂去看可转移否。至十余日，鬼使复来曰：事决不可转移，但宽汝七日，收拾可也。明日，蔚起径到真寂，求救于师。师曰：余何能救汝，但汝能蔬食乎？曰：能。汝能发无上心，受菩萨戒乎？曰：能。遂与授戒而归，居一月无事。父母复强以酒肉，一日因大醉，为鬼摄入冥司，司让之曰：汝能发心受永大师戒，故我不取汝，今日因何，自遭堕落。蔚起诉谓：我非敢破戒，我母只得我一人，恐蔬食体弱，强令开之，今后誓不复犯。冥司许之，乃醒自刻其事以传。

　　辛巳夏，师在金华普明寺，时岁大饥，居民绝食者众。兰溪赵姓者，家贫以烧石灰为业，卖灰一窑，以其半来设斋，师叹其不易。后秋病疟，一日死去，自午至戌复苏，自言：初去时茫茫，不知何往，后历高山数重，忽遇永觉和尚问汝何以至此，对曰不知，曰汝欲归否，对曰欲归甚急，但不识路，曰汝但随我来，走数里，和尚指曰此金华府也。又数里，复指曰此兰溪县也。又数里，复指曰汝家也。以手推之，遂醒。时人甚传其事，师曰：我岂能入冥救人，皆由渠一念善根故现斯事。

　　癸未夏，师居剑津宝善，值大旱，凡三月不雨，草木如焚，人心惶惧，有司遍叩灵祠，俱不应。备兵使者孙公，遣中军官诣宝善，求师祷之。师为上堂云：诸仁者，风从何来，雨从何起？电王飞出黑云头，问渠毕竟何所止。娑竭罗龙王行雨时，但动一念，娑婆世界，雨悉周遍，仔细看来，也不离这里，这里是甚么所在？还知么？拈拄杖云：老僧拄杖子化为龙，吐雾兴云，遮天掩日，大布滂沱，尽阎浮提，悉皆周遍。大众且道，承何恩力。卓拄杖，下座。实时雨若盆倾，水满三尺，是岁大稔。

　　丁亥，寇掠鼓山，以篮舆舁师至半岭，众忽颤仆，遂送师还山。其船泊江，干橹亦为雷所轰，寇恐不敢再犯。有梵僧自迦毗罗国来，献师木碗一口，师二时常用之。癸巳春正月，方丈边榭火，唯木碗不坏，次日得于灰烬中。种种灵异，师皆谢弗居，诫勿许传。

　　所依从率三百余人，问道受戒者，不啻几万人，得度者共若干人，付戒弟子六人：跬存思公、雪樵涪公、藻鉴真公、莫违顺公、警心铭公、宗圣善公，所说法语录诸撰著共八十余卷，以戊戌正月二十一日奉全身于本山西畲寿塔。之蕃服师教最久，悉师生平颇详，又重以霈公之请，用是谨记之以传，然字字实录，不敢别加色泽，点染虚空，唯务揭师实行，昭示万世云尔。

赐进士出身奉政大夫吏部考功清吏司郎中前本部文选清吏司员外郎浙江道监察御史菩萨戒弟子林之蕃谨撰。

鼓山永觉老人传

师以儒而入释，尝云释迦乃入世底圣人，孔子乃出世底圣人。盖不出世不能入世，故得道之后，经世说法，力救儒禅之弊，直参实悟，广大悉备，若师者盖有明三百年之一人也。师归寂之明年戊戌，私念展觐无从，生平从霖首座得师本末甚悉，谨扫素而为之传，以寄无尽之思耳。

师讳元贤，字永觉，建阳人，姓蔡氏，宋西山先生十四世孙，父云津，母张，生母范，以万历戊寅七月十九日生。师初名懋德，字闇修，为邑名诸生，嗜周程张朱之学。壬寅年二十五，读书山寺，闻诵《法华偈》我尔时为现清净光明身，即知周孔外乃别有此一大事。

癸卯，① 寿昌无明和尚开法董岩，师往谒之，反覆征诘。昌曰：此

---

① 误，应是戊申（万历三十六年，1608）。

事不可以意解，须力参乃契。因勉看干屎橛。一日闻僧举南泉斩猫话，遂有省，乃作颂呈昌，昌曰：参学之士，切不得于一机一境上取，则虽百匝千重，垂手直过，尚当遇人，所谓身虽已在青云上，犹更将身入众藏，是参学眼也。师唯唯奉教。

逮二亲继殁，丁巳师年四十，竟裂青衿、弃妻孥，投寿昌落发，为安今名。师凡有所请益，昌但曰：我不如你。一日昌耕归，师逆问曰：如何是清净光明身？昌挺身而立。师曰：只此更别有。昌遂行，师当下豁然，如释重负，随入方丈，将通所得，昌倒拈锄柄，痛击三下曰：向后不得草草。即说偈曰：一回透入一回深，佛祖从来不许人。直饶跨上金毛背，也教棒下自翻身。师通身汗下，不及吐一辞而退，然犹疑云：因甚更要棒下翻身？

秋九月怀香入方丈，请行实，昌为手述六百许语授之。腊月十八，昌示微恙，除夕自命侍者，挂上堂牌。师跪启曰：和尚弗安，大众不敢烦起居。昌曰：有始者必有终，子知之乎。盖亲承末后嘱累也。明年戊午正月十七日，昌书偈坐化，师哭之恸，特撰《行业》《鹤林》二记藏之，而昌之生平出处，师独得之矣。①

时博山以奔丧至，及归师与偕往，禀具戒，遂相依三载，每商榷玄奥，生机横发，山叹曰：这汉生平自许，他时天下人不奈渠何。越壬戌归闽，住沙县双髻峰。癸亥，以葬亲回建阳，舟过剑津，闻同行僧唱《法华经》云：一时謦欬，俱共弹指，是二音声，遍至十方诸佛世界。师廓然大悟，乃彻见寿昌用处，因作偈云：金鸡啄破碧琉璃，万歇千休

---

① 此事林之蕃《行业记》所未记。从"师独得之"来看，元贤从慧经处得手述行实应是可信的，这也不难理解他为何对憨山所作慧经《塔铭》有不满。

只自知。稳卧片帆天正朗，前山无复雨鸠啼。时师年四十有六矣。

遂挂锡瓯宁之金仙庵，阅大藏。丁卯徙建安荷山，一日山门外经行，虎突至，行者惊仆地，师以挂杖指之，虎翻身咆哮而去。戊辰春，博山自石鼓回，道建州晤于光孝，山问曰：寿昌塔扫也未？师曰：扫即不废，只是不许人知。山曰：恁么则偷扫了也。师曰：某只如此，和尚又作么生？山曰：扫即不废，只是不曾动着。师曰：和尚却似不曾扫。遂一笑而别。

癸酉，谒闻大师于宝善，水乳相投，宛若夙契，适宜兴曹安祖兵宪请作《诸祖道影赞》，因属师命笔。师成百余赞，大师惊曰：我不入建，公将瞒尽世人去也。即以大戒授师。

甲戌，曹宗伯雁泽林兵宪得山暨诸善信延主鼓山，请开堂弗许，唯为四众说戒。有请法者，以庵主礼示众而已。四月十一日，甘露降山门松树上，师作偈曰：圣瑞端宜降大都，穷山何得独沾濡。晓来扶杖三门外，笑看松头缀玉珠。九月十九复降，偈曰：玉露霏霏又一番，满林花木尽同繁。丁宁莫道甜如蜜，恐惹游人到石门。

明年乙亥，张相国二水吕侍郎天池率众请入泉州开元开法，初至洛阳桥，潮水已退，时复涌涨，众皆愕然，有僧问：潮汐之期，千载不爽，今日因何再至？师曰：问取主潮神。僧曰：莫是为和尚否？师曰：莫涂污老僧好。师知机缘已熟，始开堂，怀中瓣香，特为无明老人拈出。尝曰：禅本寿昌，戒本真寂，不可诬也。

四月说戒，南安有吴真人，乘板舆至寺求法名并受五戒而去，时有僧问曰：洞山三十年，土地神觅不着，和尚因甚为吴真人授戒？师曰：拯溺须临水，啸月却登峰。秋归鼓山。

丁丑，闻大师讣至，师躬吊真寂，浙西诸先生，以大师治命，合请继席，道风大着。时归安诸生茅蔚起，梦鬼使来摄，往真寂求救于师，师为授菩萨戒而去，竟无事。后茅毁戒，鬼复来摄，责其所以破戒之罪，茅苦诉悔过，始放还，茅自刻其事以传。庚辰，建翠云庵于余杭西舍。辛巳，迁婺州普明寺。岁大饥，居民绝食者众，兰溪赵某家贫，治石灰为业，忽捐资本设斋普明，师赞叹良久。一日病疟死，自午至戌，冥中遇师引导复苏，时人甚传其事。师曰：我岂能入冥救人，皆由渠一念善根故现斯事。

冬归闽，开戒剑之宝善，时得戒者千余人。壬午赴泉开元结制，土神张复同吴真人归依乞戒。冬归鼓山，龙象云从，诸缘辐辏，凡大殿山门及诸堂寮，次第鼎新，庄严毕备，为八闽丛林之冠，以尝禀戒博山，有师资之义，为建塔藏衣钵铭焉。

癸未，应建州兴福请，至宝善建舍利塔。值大旱，孙兵宪遣官诣宝善求祷，师为上堂罢，实时雨若盆倾，水满三尺，是岁大稔。

冬归鼓山。丁亥戊子省会大乱，寇将掠鼓山，以篮舆舁师，至半岭众忽颤仆，遂送师还山，寇船泊江，干樯亦为雷轰，不敢再犯。

庚寅①吴浙诸禅，竞为争宗之说，形于讼牍，以书达师，师笑而不答。冬作寿塔于寺之西畬，乃自状其行，而铭之曰：

  是谁骷髅，建兹窣堵。
  寿昌之儿，石鼓之主。

---

① 据元贤《寿塔铭》，其《铭》作于壬辰年（顺治九年，1652），则此庚寅（顺治七年，1650）误。

> 不通世情，一味莽卤。
> 志大言大，眼空佛祖。
> 据兴圣座，呵今骂古。
> 役鬼驱风，重建兹宇。
> 撇下皮囊，掩藏荒芜。
> 莫道无口，有声如虎。
> 生耶死耶，请绎斯语。
> 广告来者，谁继吾武。

至今读之，生气凛然，令人敛衽。

癸巳春，方丈边榭火，有水碗一口，先是梵僧自迦毗罗国来献师者，师二时常用之，至是竟不坏，次日得之灰烬中。

乙未春，兴化、福清、长乐罹兵变，饥民流会城，玲竮万状，师乃敛众遣徒，设粥以赈，死者具棺葬之，凡二千余人。

丁酉师年八十，众皆以法嗣未得人，甚为师忧。上元日，忽鸣钟集众，举衣拂付维那为霖霈公，偈曰：

> 曾在寿昌桥上过，岂随流俗漫生枝。
> 一发欲存千圣脉，此心能有几人知。
> 潦倒残年今八十，大事于兹方付伊。
> 三十年中盐酱事，古人有语不相欺。
> 逆风把柁千钧力，方能永定太平基。

即命首众分座闻其提唱，众皆悦服，莫不人人相庆，以为洞上一宗可倚。

秋七月十九，属师初度，四方云集，请师开法。师自辛卯禁止上堂，虽力请弗许，至是欣然登座，有庆吊相寻之语，识者知师已辞世矣。

九月朔果示微疾，不食者二十余日，起居如常，乃说偈示众曰：

老汉生来性太偏，不肯随流入世廛。
顽性至今犹未化，刚将傲骨救儒禅。
儒重功名真已丧，禅崇机辩行难全。
如今垂死更何用，只将此念报龙天。

曰老僧世出世事，尽在此偈，汝等毋忽也，遂闭目吉祥而卧，若入定然。首座问曰：末后一句如何分付？师索笔书曰：末后句亲分付，三界内外无可寻处。越三日中夜谓首座曰：不有病了。令侍者扶起，坐定以目普观大众讫，良久脱去，实十月七日子时也。三日始掩龛，颜色如生，众咸叹异。

师历主四刹，所至深居丈室，若不事事，而施者争先，百务皆举，四方学者，来不拒、去不留，座下每多英衲，皆勉以真参实悟，深诫知解杂毒，生平一言一行，皆斩钉截铁，无一毫涂饰，曹洞纲宗，从上遭浊智谬乱者，楷以心印，复还旧辙。开堂三十载，未尝轻许学者，至末后，始举霱公一人授之。师自状，① 出世最迟，应世最拙，又不事广收

---

① 根据下文文字，指的是元贤自撰的《寿塔铭》。

学徒，热闹门庭，盖有所感云。

师平生说法语录及诸撰述共二十种，凡八十余卷，盛行于世，山中所依，止率三百余人，问道受戒，不啻数万人，得度共若干人，付戒弟子六人：跬存思、雪樵涪、藻鉴真、莫违顺、警心铭、宗圣善，以戊戌正月二十一日，奉全身于本山西畲寿塔，遵治命也。

道靖台髫年师居荷山时即获瞻礼，丁亥七月，师七旬，侍先严至宝善为师上寿，涕泣狂喜，自庆得未曾有。辛、甲、丁三入鼓山展觐，师涅槃之前二十日竟得亲承謦欬，第恨根器钝置，于师之门墙，望若登天，而师法乳时灌，多方汲引，不肯置之门外，兹特不揣固陋，敢以所得实录，昭示来兹，比于鸟之鸣春，虫之鸣秋，为大造敷扬法化云尔。

建安弟子道靖潘晋台百拜谨识。

附录三：鼓山僧诤珍稀文献

校录者说明

鼓山《辨谬》初刻、二刻、三刻，共计三种，是鼓山系第二代祖师为霖道霈禅师（1615—1702）所撰的关于五代叠出问题的辩论文字，在当时颇有影响。道霈一生著述颇丰，而《五灯全书》卷六十三《泉州府开元为霖道霈禅师》传中却特别提及他"著有《洞宗源流辨谬》三刻"，并述其"痛斥白岩混滥谱牒之罪，救正曹洞源流"的贡献，足见编者对《辨谬》的重视，《五灯全书凡例》中言及，该书洞宗世系是从永觉元贤之《补灯录》及道霈《辟谬》等参酌以定的；《续灯正统》亦然，该书《凡例》言其"适得鼓山为霖沛（引者注：沛即霈）禅师《源流辨谬》"，遂从之改定。不过可惜的是，《辨谬》此后鲜为人知，日本著名学者忽滑谷快天撰写《中国禅学思想史》时未能得见，深以为憾。

潘耒《救狂砭语》是由谢国桢先生收藏的旧籍，于1983年由上海古籍出版社影印出版，但因关注、研究潘耒的多属文学研究领域的学者，他们未能明了潘耒或道霈与清初五代叠出诤的关系，《辨谬》也就无人问津。笔者于 2009 年撰写博士论文《为霖道霈禅学研究》时，偶然得阅潘耒《救狂砭语》，见其中有《辨谬》初刻、二刻两种，如获至宝，后写成《为霖道霈与清初五代叠出诤考论》一文加以探讨（发表于《宗教学研究》2012 年第 2 期）。该文也是拙著《为霖道霈禅学研究》（宗教文化出版社 2012 年版）书中重要的一节，有兴趣者可以参阅。

毛忠贤老先生著有《中国曹洞宗通史》，笔者对其深表敬佩，知其撰此大作，备尝艰辛而矢志不移，堪为后辈学人之楷模。近见其《中国曹洞宗通史》由花城出版社（2015）再版，该书后附智证法师所编写的《曹洞宗法脉考辨》，此文却非严谨的学术论文，其观点有待商榷处甚多，例如，他奉为最"权威"的《宗统编年》也只是将很多时人观点列为"存考"，而非定论，但他作为文献征引者往往有断章取义之嫌。不过，笔者不愿与之论争，仍然坚持原来"各是其是"的意见，也就是说，曹洞宗大汕后人按大汕意见编排世系，鼓山法系也依据道霈意见编排自己世系，两家各行其是，既然各系世系差异已成现实，而且成为现今分判不同曹洞法系传承的重要标识，故而没有必要再起争端。兹将《救狂砭语》中《辨谬》初刻、二刻点校附录于此，留待海内诸君公论。

马海燕
2016 年 3 月 23 日

鼓山为霖禅师辨谬初刻[1]

（清）道霈撰

丁巳冬杪，童求禅师以白岩禅师所集《祖灯大统》见寄。余焚香展卷，首阅目录及《辨讹》一篇，见其改削从上递代所传源流世系，谓有碑记及年月世数可考，甚服其辨博，亦欲从之改正。既而再读，乃见其皆是仿佛之辞，心殊不安，后愈读愈见不是。窃欲言之，恐益是非，不言则得罪祖宗，惑乱众听，不获已，略陈梗概，或知或罪，余曷敢辞。

夫曹洞一宗，元明以来盛化于燕魏秦晋之地，而吴越无闻也。至万历间，寿昌崛起于西江，显圣勃兴于东越，自是以来，七八十年间，一宗两派，龙象杰出，子孙殷繁，其源始于二老。

谨按：显圣源流传自大觉老人，寿昌源流，鼓山先师尝为余言：昔无明师翁得道后，行脚至少林，始得其详。盖少林乃元世祖皇帝诏雪庭裕祖重开山为第一代，大弘曹洞之道，示寂后命词臣撰碑旌其道德，自是以来，递代相承，至于今日，源流未艾，故少室为洞上大祖庭，溯太祖迄今盖四百有余载，其所传源流上接《续灯》师资授受殊无差谬。后远门禅师至少林不过查其碑铭及机缘语句而已，其所叙源流实与寿昌所

---

[1] 潘耒：《救狂砭语》，上海古籍出版社1983年影印本，第79—90页。

传，若合符节。即顺治间，涵宇禅师重刻《续略》（原注：远门作《续略》，涵宇重刻之，即御制序中海宽缵续也）奉旨入藏，虽补入若干人，而本所宗承源流一仍其旧，无异辞也。

独今日白岩禅师忽翻旧案，谓鹿门觉即是芙蓉楷下净因自觉，以青州而下俱系于净因一派，乃削去本宗源流中丹霞淳、真歇了、天童珏、雪窦鉴、天童净五代。夫净因觉嗣芙蓉楷，五灯中自有列传及上堂法语，与鹿门何涉？鹿门觉嗣天童净，机缘语句，炳具本传，古今共传，与净因何涉？今白岩并之，乃以两人为一人，不知有何所据？将无谓其名同，故并之耶？夫天下古今，同名者何限，岂可尽并，抑《续传灯》载天童净嗣唯两人，曰石林秀，曰孤蟾莹，遗鹿门觉名，遂谓无鹿门觉。乃以净因当之耶？若然，则《续灯》又云：天童净无录，岂真无录？目今海内流通者，便不是语录耶？大抵天下人物繁广，一人见闻有限，得此遗彼，是其常情，无足怪者。收灯录者，惟务竭力汇访多闻，阙疑以俟后哲，方是通人之见，岂可执一非余，恣意改削耶？若诚如所改削，则使世俗观之，天童有丧我儿孙之悲，而净因有获他螟蛉之喜，闻见莫不骇异矣。

《辨讹》中谓得《青州辨塔记》自叙可谓确据。余观此记，乃是莫须有之辞，何可据也！《记》云：政和间，参襄州鹿门自觉，记蓟后觉使见芙蓉楷，道经邓州，得谒丹霞淳云云。夫塔记既是自叙，何以师资机缘语句无一言及之，且于本师及师翁皆直叱其名曰鹿门自觉，曰芙蓉楷，竟不为少讳，安有这般文理？若谓机缘本传中已具者，此乃出自著述者之笔，殊非自叙之言，而谓之自叙，可信乎？自叙二字既依稀仿佛，则所谓见芙蓉见丹霞均属乌有先生可知矣。

且白岩所据者，不过以见芙蓉见丹霞二句为改窜张本，而云可想也，此可想也三字，讵非模拟卜度之辞乎？既别无可证据，乃广引前后岁月锱铢较量，大约皆可想也之类耳，若果以岁月论之，既以青州嗣净因，则青州之下当更有数代方合，安得遽跳过五代而直接大明，岂岁月若是之疾耶？既云净之孙，不能礼见以上八世之祖，芙蓉岂因之子独能直接以下七代之孙大明耶？何其自语相违也。

且《会元》乃大川济禅师会五灯而成书，净因觉下既传华严兰，若青州果是净因之嗣，岂有遗之之理，况青州非聊尔人，当时道震北方，燕秦齐晋入此宗者，皆其后学，岂大川居宋地果如聋如瞽、不见不闻而遂遗之乎？若云南北当金元玄黄未判，见闻不及故不收者，然则东京净因、东京华严皆在南方乎？何言之不审也。

《从容录》中，尝举鹿门和尚上堂语曰：尽大地是学人一卷经，尽乾坤是沙门一只眼，以如是眼，读如是经，千万亿劫无有间断。万松着语云：看读不易。夫万松祖当时所举鹿门和尚者，乃近代鹿门，众人耳目所共见闻者，岂是远指净因乎？《大统》乃以此一段插入净因章中，混乱殊甚，青州章中又举此一段以为问答机缘，而云师于言下豁然得大透脱，非扭捏而何？

呜呼！显圣一派源流，自丹霞淳至天童净五代乃被白岩一笔斩却，天童以下一派儿孙则引嗣芙蓉下久绝之净因，譬如人家自己亲生父母公祖弃而不认，乃反认他人父母公祖为己亲生，岂不大可怪哉？幸我寿昌下一派，若子若孙，尚能具择法眼，谨守谱牒，不轻为浮言疑辞所摇惑，而昧却从上亲传的派一脉相承之祖宗也。故以洞山价祖以来，世系第代列之于前，而直辨其非于后，俾读者稍知泾渭云尔。

或问曰：曹洞从上源流，白岩削去五代，子直举其非而辨正之，则诚然矣，只如济宗源流，自古及今，师资授受，无有异议，渠亦削去两代，是耶非耶？余答曰：他家自有儿孙在，安用旁人说是非，虽然，亦试为子略陈其概。夫宗门源流，犹人家族谱，始祖以下高会相承，昭穆相序，安有增损之理，若谓年代久远，宗枝繁盛，不无差池，理须考正者，目今天童磬山一枝两派的子亲孙龙象若云，岂自己亲承祖宗源流不能考正而反借他人之手为辨驳，此正所谓不知量者也。观其意在益之，而不知反启诤端，吾恐法门从此多事矣。识者能无忧乎？问者唯而退，因并纪之于此。

鼓山答大山童求书

《青州塔记》恐座下当时仓卒阅过，一时忘却，今重录于左，略一点破，其是否当自见也。《辨讹》云：青州辨塔记有叙，政和间参襄州鹿门自觉，使见芙蓉楷，道经邓州，得谒丹霞淳，宣和间出住青州天宁，次补华严（原注：即万寿），晚迁仰山，天眷庚申复领万寿，皇统九年腊八亲书塔记，十二亥刻示寂。此七十余字乃塔记全文也。

余观此记，其伪有三，何者？夫《塔记》既是自叙，何以略于问道机缘而详于出处，岁月无他，不过以岁月为辩论张本，是其所长耳，其伪一也。又叙得法原由，而于本师师翁师伯皆直叱其名，曰政和间参襄州鹿门自觉，觉使见芙蓉楷，道经邓州，得谒丹霞淳，迹此数语，乃是老师大衲为后生晚辈作传口气，岂是自叙之词？无他，不过以见芙蓉丹霞为改鹿门为净因之张本耳，其伪二也。又叙示寂颠末云：皇统九年腊八亲书塔记，十二刻示寂，试问此数语为是未死之先预叙耶？抑亦死后复起再叙耶？其伪三也。夫一记中三伪昭然在人耳目，乃欲据之以改削从上数百年所传之宗祖，虽欲以瞒人，而不知乃自瞒耳。

来札云相传北直僧亲自青州塔塌得此记来者，即有此记，恐记中未必是恁般说话，盖代人草创润色，是此老寻常手段，如青州辨无机缘，便作出一段机缘，鹿门觉上堂语，便安入净因章中，安知其不能改塔记乎？若塔记中果是恁么说话，则此记亦不足信矣。故余直以三伪断之，何疑乎？

来札又云恐白岩申救久之成诤，此语不然，夫吾既有辨，安保其无救？欲辨则与之辨，所谓当炉不避火迸，当言不避截舌者也。不辨则置之，吾理既明，足为从上丹霞、真歇乃至天童净鹿门觉诸祖立定铁案，何辨之有。故辨与不辨，无不可者，岂与夫用生灭心虚驾浮辞堕斗诤浇薄之风者同日而语哉（原注：前后文繁不具载）。

康熙十七年岁次戊午闰三月上浣闽福山兰若比丘道霈书于绵灯室。

鼓山辨谬二刻[①]

（清）道霈撰

位中符公集《祖灯大统》，不发先德心宗，开后学智眼，徒以生灭居怀，索隐存念，无端捻出青州自叙伪碑之言及采渠乃父乃祖所称二十

[①] 潘未：《救狂砭语》，上海古籍出版社1983年影印本，第91—99页。

六代字面强削去《五灯会元》《续传灯录》及诸家源流中所载丹霞淳、真歇了、天童珏、雪窦鉴、天童净、鹿门觉六代大名德禅祖，又误认济宗海舟承慈为普慈，而毁去两世，致法门中是非蜂起，斗诤横生，余不忍旁观，乃摘其谬处，有伤法门大体者，据理辨明，且诫且劝，冀其悔悟万一，庶不失为好长老也。不意反增其瞋恚之心，长其人我之见，然而于我所辨者，既不能措一词分雪之，而徒以旧时骨董重搬弄一上，复又有逞意气自夸所长，乱骂一场，以盖覆之。观其气质刚强，语言粗鄙，与市井卖菜佣争锱铢之利而自破头流血与人相斗狠者无以异也。呜呼！言者心之声，观其言而位公心迹毕露，自供自首皆已一状领过矣，余复何言。

近岁平阳木陈和尚、天童晓禅师见位公毁灭两宗世系，坏乱法门，狂瞽无识，乃作《敦本》《崇正》二录谕之，理极公正，词如刀锯，而位公犹愤然不服故其中吐骂。位公为业鬼借宅，又欲陈之北阙，乌台褫缁焚牒驱逐为民，不容于我法之中。又以太阳平侍者三叉路口之事记之，以为他日果报之验。余当时见之以为太过，今日观之，此语诚为不诬矣。语云：夫人必自侮而后人侮之，在位公有之矣。今以渠洞宗源流叠出五代考重为辨正，请鉴诸法门中有识者，位公不屑示之也。

《考》曰(校注者按：以下凡《考》曰后文字皆是位中之语)：青州希辨禅师塔记自述于政和五年得法鹿门觉，觉使见芙蓉楷，路经邓州，尝一见丹霞淳，天宁蒲古岩就禅师塔铭为雪峰思慧禅师所作，有云曹溪之下析为二宗，青原四传至洞山价，价七传至芙蓉楷，楷六传至万松秀。

《辨谬》曰（校注者按：以下凡《辨谬》曰后文字皆是道霈之语）：白岩所捏青州塔记自叙，余既以三伪断之，如犀镜高悬，妖踪莫遁，于此无可奈何，乃又改换一二字眼，删去临终一段以混乱之。又引天宁古岩塔铭证佐，欲以掩其捏记之谬，而不知欲隐弥彰，难免明眼之鉴，只如二塔铭思慧禅师所作，此铭有无不足论，试问思慧芙蓉楷六传至万松秀从什么处得来？为从《五灯》得耶？抑从《续灯》所得耶？抑虚空扑落耶？请扪膺思之，倘良心发现，真赝自知，无容余置喙矣。

《考》曰：少林诸祖碑阴所列源流，如月舟载祖碑后，天宁楷下即为鹿门自觉，觉下青州辨、大明宝云云，乃明正德年间立。

《辨谬》曰：昔远门柱禅师亲至少林，搜访诸祖履历，片纸皆录，只字犹传，极为□[①]心，岂此碑阴所列为从上诸祖源流关系而独不见□[②]。位公今日于山谷中见之，为天眼遥观耶？抑亦耳朵当眼睛耶？亦请白岩扪膺思之，无容余置喙矣。

《考》曰：南石秀禅师所著《增集续传灯》目录第三纸载雪庭裕嗣万松秀，秀嗣雪岩满，满嗣王山体，体嗣大明宝，宝嗣青州辨，辨嗣鹿门觉，觉嗣芙蓉楷。

《辨谬》曰：顺治己亥冬有僧自苏州灵岩来，惠余《增集续传灯》

---

① 原书模糊。
② 原书模糊。

一帙，如获拱璧，时方从事土木，不暇详览，至康熙丙午秋，木笠禅师亲至鼓山，请余续《传法正宗记》，乃请《景德传灯》《续传灯》《五灯会元》《禅林僧宝传》《僧集续传灯》，远公《续略》、涵宇宗主《入藏续略》，鼓山《继灯录》、天界《传灯正宗》及诸语录传记，仔细雠勘，独《增集续传灯》与上古今诸书相背戾者甚多，不独鹿门嗣芙蓉一端也。且采访未备，言句疏略，当时即束置高阁不用矣。位公不能辨其差误而反奉为指南，却以上代《五灯》《续传灯》诸书为误，岂不悖哉。

《考》曰：董宗伯《容台集》有少林曹洞正宗第二十六代无言道公碑铭云云共七条。

《辨谬》曰：已上七考所称二十六代二十七代，既是远公乃父乃祖，亲口亲言，当其集《五灯续略》时岂不识不知而待白岩今日拈出乎？苟知识而不用则是远公已拣之砂石，而白岩今日宝之为珠玉，其识见相去奚啻霄壤之隔。又涵宇宗主乃无言道公法孙，亦尝称二十八代，后既宗《续略》重编入藏，则所谓二十八代者，亦弃而不用矣。盖雪庭裕祖而下诸祖，机缘语录，世所罕觏，当禅宗初兴，无从考核，故有出没，今既前有《五灯会元》《续传灯录》，后有《五灯续略》《继灯录》《传灯正宗》及诸家源流颂所载，不啻揭日月于中天，无所不明，而又拾前人已弃之陈言以为确据，以张异说，疑误后学耶？白岩自云《大统》之役，无书不览，考之又考，千妥万当，方敢下笔，其自夸如此，可嗤之甚。《大统》余固不暇详览，但举近代尊宿言之，如云栖大师寂于万历乙卯岁七月，《大统》误作庚辰年四月，年差三十有五，而月差三月，世寿八十有一，而《大统》误作八十，又减一岁矣，僧腊五十而《大统》误作六十，又差十年矣。达观大师寂于万历癸卯十二月十七而《大统》误作初五，差去一十二日。憨大师寂于天启癸亥十一月十一日，而《大统》误作十三，差去两日。夫云栖、达观、憨山乃神宗时尊宿，其去世若此其未远而白岩已颠倒错谬如此，又何能考订上代之甲子岁月耶？三大师之谬如此，而其中错谬不知其几矣。所云千妥万当，岂不谬哉。

康熙戊午冬至后道霈再书于华严室。

附录四：永觉元贤禅师年谱

万历六年 1578 年 出生

七月十九日，元贤出生于建宁府建阳县，俗姓蔡，名懋德，字闇修，父蔡云津，字子问，号南箕；母张氏，生母范氏；其为蔡西山第十四世孙。

万历二十三年 1595 年 十八岁

元贤开始读《六祖坛经》，得大欢喜。

万历三十年 1602 年 二十五岁

元贤读书山寺，闻诵《法华经》而开始留心佛法，并从同邑赵豫斋受学《楞严经》《法华经》《圆觉经》。

万历三十六年 1608 年 三十一岁

无明慧经禅师开法建州董岩，元贤初次参访慧经禅师。

万历三十九年 1611 年 三十四岁

十一月二十九日，元贤父亲逝世，享年七十五岁。

万历四十五年 1617 四十岁

尚未出家的元贤与沈槐庭、张达宇等居士组织净土社。

元贤父母继殁，遂抛妻弃子从无明慧经落发出家。元贤俗世妻为李氏，有子三，二殇。

秋九月，元贤入方丈请慧经禅师书写生平行实，得六百余言。

万历四十六年 1618 年 四十一岁

无明慧经圆寂。元贤根据慧经手述作《无明和尚行业记》等，但不敢流布于世。

约于此年，元贤生母范氏逝世。

元贤在博山从师兄无异元来受学，并受具足戒、菩萨戒。二人既有师徒之谊，又是法门兄弟。

天启二年 1622 年 四十五岁

元贤寓居沙邑（沙县）双髻峰，与中阳居士、净和师等交往。

天启三年 1623 年 四十六岁

是年九月二十一日，元贤以葬亲归建阳，舟过剑津闻僧唱经而开悟，开始隐居瓯宁金仙庵。

天启六年 1626 年 四十九岁

秋，元贤离开金仙庵，寻找结茅之地。

天启七年 1627 年 五十岁

元贤寓居郡城城南古观，后移入建安荷山庵。此时荷山庵正在重建之中。前后在此隐居共计八年。
住荷山期间，元贤有诸多灵应事迹，如拄杖去虎等。
时，由曹学佺等居士迎请博山无异元来禅师住持鼓山。

崇祯元年 1628 年 五十一岁

春，元来禅师辞去鼓山住持之席，道过建州与元贤相见于开元寺（或云光孝寺）。
荷山庵修建完成。

是年六月八日，由滕秀实居士出资资助元贤往浙江秀水迎请方册藏经，七月十五日抵达楞严寺，因酷暑元贤抱病半月，孟秋返回，过钱塘遭遇险难，因藏经之力而得免。

崇祯二年　1629 年　五十二岁

元贤去书博山，完成《建州弘释录》。

崇祯三年　1630 年　五十三岁

博山无异元来禅师圆寂。

崇祯四年　1631 年　五十四岁

六月，元贤遇西山老僧，恒诵《华严经》，有出家之意。
秋，元贤寓居清修寺时刻行《建州弘释录》。
元贤返回建阳，修蔡氏诸儒遗书。

崇祯五年　1632 年　五十五岁

元贤作《呓言》付梓，该书前有此年秋元贤自序，此作主题是会通儒释。
十八岁的道霈到建州董岩参学，于妙高峰结识一位儒生（元贤旧交张达宇居士之子，后从元贤出家，法名太纯）。

道霈在宝善庵拜访闻谷大师，由其赐字为霖，并从其禀戒。闻谷大师是莲池大师弟子。

曹学佺等迎请雪关禅师住持鼓山。

崇祯六年 1633年 五十六岁

元贤于剑州宝善庵拜访闻谷大师，并遇鼓山护法居士林之蕃等。由闻谷大师劝说，元贤放弃归隐初志，准备明年入主鼓山涌泉寺。

元贤受闻谷大师之请代为完成《诸祖道影赞》。

受闻谷大师赏识，得云栖戒本之传。

蒙闻谷大师引荐，道霈拜元贤为师，随侍左右。

崇祯七年 1634年 五十七岁

元贤告别隐修生活，正式出山，入主鼓山涌泉寺。

秋，建鼓山天王殿及钟鼓楼。

崇祯八年 1635年 五十八岁

元贤往寿昌扫塔，路过建州，著《净慈要语》。净慈庵为闻谷大师在建州的道场。

冬，泉州护法居士张瑞图、吕天池等迎请元贤入泉州弘法，驻锡泉州开元寺。

崇祯九年 1636年 五十九岁

曾二云居士于泉州开元寺访元贤，请作《楞严略疏》。
秋，元贤归鼓山，建藏经堂于法堂之东。
冬十月二十六日，元贤故交沈槐庭居士往生。
闻谷大师圆寂于杭州真寂寺。

崇祯十年 1637年 六十岁

春，因闻谷大师讣至，元贤前往杭州真寂寺吊唁。并受浙西护法居士之请，住持真寂寺。
道霈会元贤于真寂寺，汇报在外参学之情形，十月往天童寺参密云圆悟。

崇祯十一年 1638年 六十一岁

受曹居士之请，再作《诸祖道影传赞》。
五月，道霈离开天童寺前往真寂，再见元贤，汇报参学所得。

崇祯十三年 1640年 六十三岁

元贤建翠云庵于余杭。

约于此年元贤召回道霈，在真寂寺为其圆戒。道霈后返回福建省亲。

崇祯十四年 1641 年 六十四岁

元贤迁婺州普明寺。时有兰溪赵姓者得元贤入冥救护而复生，事颇灵异。

秋，元贤归剑州宝善庵，并在宝善庵传戒，得戒者千余人。

鼓山护法曹学佺等因元贤久去未归，延请觉浪道盛禅师住持鼓山。

崇祯十五年 1642 年 六十五岁

元贤赴泉州开元寺，修《开元寺志》。

冬，归鼓山，建博山和尚衣钵塔，并撰写塔铭。

崇祯十六年 1643 年 六十六岁

元贤受邀前往兴福寺，并至宝善庵，建舍利塔。

夏，在宝善庵见本立上人，得《无明和尚行业记》旧稿，整理行世；并在此度过六十六岁生日。

秋七月十五日，元贤作《祭张达宇居士》文，居士为元贤在俗故交。

冬归鼓山，刻《禅余内外集》。

顺治二年 1645 年 六十八岁

元贤著《金刚略疏》，修《鼓山志》。
道霈父亲逝世，度母出家，在百丈山隐修。

顺治三年 1646 年 六十九岁

元贤受邀至建州净慈庵，为国祝厘，移宝善庵说戒，著《四分戒本约义》《律学发轫》。

顺治四年 1647 年 七十岁

元贤归鼓山，作《洞上古辙》《续呓言》。
秋，七月，海兵来福州；诞日上堂，感慨良多。

顺治五年 1648 年 七十一岁

四月初四日，清兵攻克建宁城。此前一年，建宁人王祁率众起义抗清，连克数城。

顺治六年 1649 年 七十二岁

元贤在鼓山，著《补灯录》。

顺治七年 1650 年 七十三岁

元贤建净业堂于鼓山白云堂前，又建华严堂等，鼓山建筑修复一新。
道霈返回鼓山，结束参学生涯。
因战乱，福州遍地遗骸，元贤带领众僧收无主遗骸葬之。

顺治八年 1651 年 七十四岁

元贤著《继灯录》。
六月十三日，元贤因晒书跌倒，卧床百余日。

顺治九年 1652 年 七十五岁

夏，刻《鼓山晚录》。
秋，修造报亲塔等，并遣徒前往金陵取大藏经。
元贤自作《寿塔铭》。
约于此年，元贤作《龙潭考》，参与临济曹洞之诤。
道霈与元贤公案往来，得其印可，次年离开鼓山在建宁广福庵隐修。

顺治十年 1653 年 七十六岁

临济宗人费隐通容作《五灯严统》，引发曹洞临济两宗之间的论争。

顺治十一年 1654 年 七十七岁

著《心经指掌》，收无主遗骸二千八百余葬之。

顺治十二年 1655 年 七十八岁

春，兴化、福清、长乐兵变，流民无数，元贤设粥赈济灾民，并收遗骸二千余人。
道霈在元贤劝说下返回鼓山。
是年明末四大高僧之一的蕅益智旭圆寂。元贤与之有所交往。

顺治十四年 1657 年 八十岁

于上元日，元贤付法道霈，其为鼓山曹洞正宗第三十三世。
十月初七日子时，元贤于鼓山圆寂。

顺治十五年 1658 年

正月，元贤骨骸入塔，在鼓山护法居士的拥护下，道霈继任鼓山住持。

参考书目

一　佛藏及古籍、志书原典文献

元贤：《净慈要语》，崇祯十年（1637）扬州藏经院版；

元贤：《律学发轫》，民国十一年（1922）天津刻经处版；

元贤：《禅林疏语》，鼓山刊本；

慧经：《寿昌无明和尚语录四卷合订》，鼓山刊本；

道霈：《鼓山为霖禅师语录》，鼓山刊本；

道霈：《还山录》，鼓山刊本；

虚云：《增校鼓山列祖联芳集》，鼓山刊本；

净空：《丛林祝白清规科仪》，鼓山刊本；

《鼓山志》（乾隆年间编），鼓山刊本；

《崇行录》，鼓山刊本；

《宝福遗语》，鼓山刊本；

紫柏：《紫柏尊者全集》，莆田广化寺印本；

守一：《佛祖正宗道影》，莆田广化寺印本；

蕅益：《灵峰宗论》，莆田广化寺印本；

蕅益：《蕅益大师全集》，巴蜀书社2013年版；

莲池：《莲池大师全集》，上海古籍出版社2011年版；

莲池：《竹窗随笔》，莆田广化寺印本；

《景德传灯录》，成都古籍书店2000年版；

《五灯会元》，中华书局 1984 年版；

颛愚：《紫竹林颛愚和尚语录》，《云居法汇》第 10 册，大象出版社 2014 年版；

《百丈清规证义记》，弘化社印本；

戒环：《华严经要解》，金陵刻经处印本；

见月：《一梦漫言》，香港佛经流通处印本；

见月：《三坛传戒正范》，载一诚法师编《以戒为师》，宗教文化出版社 2008 年版；

龙湖寺：《龙湖灯谱》（清代编），龙湖寺印；

潘耒：《救狂砭语》，上海古籍出版社 1983 年版；

福聚编：《南山宗统》，宗教文化出版社 2011 年版；

恒实编：《律宗灯谱》，宗教文化出版社 2011 年版；

元贤：《永觉元贤禅师广录》，《卍字新纂续藏经》第 72 册，CBETA2006 光盘版（下同）；

元贤：《建州弘释录》，《卍字新纂续藏经》第 86 册；

元贤：《继灯录》，《卍字新纂续藏经》第 86 册；

道霈：《餐香录》，《卍字新纂续藏经》第 72 册；

道霈：《旅泊庵稿》，《卍字新纂续藏经》第 72 册；

道霈：《秉拂语录》，《卍字新纂续藏经》第 72 册；

元来：《博山语录集要》，《卍字新纂续藏经》第 72 册；

元来：《无异元来禅师广录》，《卍字新纂续藏经》第 72 册；

憨山：《憨山老人梦游集》，《卍字新纂续藏经》第 73 册；

《宗教律诸宗演派》，《卍字新纂续藏经》第 88 册；

《八十八祖传赞》，《卍字新纂续藏经》第 86 册；

圆澄：《慨古录》，《卍字新纂续藏经》第 65 册；

法藏：《弘戒法仪》，《卍字新纂续藏经》第 106 册；

《三坛传戒正范》,《卍字新纂续藏经》第 60 册;

《百丈清规证义记》,《卍字新纂续藏经》第 63 册;

超远:《传授三坛弘戒法仪》,《卍字新纂续藏经》第 60 册;

弘赞:《比丘尼受戒录》,《卍字新纂续藏经》第 60 册;

《报恩论》,《卍字新纂续藏经》第 62 册;

《宗统编年》,《卍字新纂续藏经》第 86 册;

费隐通容:《五灯严统》,《卍字新纂续藏经》第 80 册;

费隐通容:《五灯严统解惑篇》,《卍字新纂续藏经》第 81 册;

白岩:《法门锄宄》,《卍字新纂续藏经》第 86 册;

《补续高僧传》,《卍字新纂续藏经》第 77 册;

《芝苑遗编》,《卍字新纂续藏经》第 59 册;

《人天眼目》,《大正新修大藏经》第 48 册;

《净土十疑论》,《大正新修大藏经》第 47 册;

《天界觉浪盛禅师全录》,《禅宗全书》第 59 册,北京图书馆出版社 2004 年版;

赞宁:《大宋僧史略》,富世平校注,中华书局 2015 年版;

《释氏要览》,富世平校注,中华书局 2014 年版;

《敕修百丈清规》,中州古籍出版社 2011 年版;

自庆:《增修教苑清规》,心皓释读,上海古籍出版社 2015 年版;

葛寅亮:《金陵梵刹志》,南京出版社 2011 年版;

《承恩寺缘起碑板录·律门祖庭汇志·扫叶楼集·金陵乌龙潭放生池古迹考》,南京出版社 2011 年版;

吴树虚:《大昭庆律寺志》,杭州出版社 2007 年版;

释成鹫编:《鼎湖山志》,广东教育出版社 2015 年版;

陈世英修:《丹霞山志》,广东教育出版社 2015 年版;

顾光等修:《光孝寺志》,广东教育出版社 2015 年版;

宋濂：《宋濂全集》，人民文学出版社 2014 年版；

元贤：《开元寺志》，《中国佛寺史志汇刊》第 2 辑第 8 册，台北明文书局 1980 年版；

刘侗等：《帝京景物略》，上海古籍出版社 2001 年版；

《建宁府志》（嘉靖），厦门大学出版社 2009 年版；

《漳州府志》（万历），厦门大学出版社 2012 年版；

海外散人：《榕城纪闻》，《台湾文献汇刊》第 2 辑，第 14 册，厦门大学出版社、九州出版社 2004 年版；

郭柏苍等：《榕城考古略·竹间十日话·竹间续话》，海风出版社 2001 年版；

郭声波点校：《宋会要辑稿·蕃夷道释》，四川大学出版社 2010 年版；

《明代笔记小说大观》，上海古籍出版社 2005 年版；

《福建宗教碑铭汇编》泉州府分册，福建人民出版社 2003 年版；

蔡乃清主修：《庐峰蔡氏族谱》（清代），福建师范大学图书馆藏；

建阳县志编纂委员会：《建阳县志》，群众出版社 1994 年版；

瞿海源编纂：《重修台湾省通志》，台北"台湾省文献委员会" 1992 年版；

郑顺莲主编：《书坊乡志》，内部资料（感谢好友林青提供）2008 年版；

《鼓山艺文志》，海风出版社 2001 年版；

北京佛教文化研究所编：《同戒录》，宗教文化出版社 2011 年版；

《宝华山隆昌寺同戒录》，宝华山 1992 年版；

鼓山民国六年同戒录，《台湾宗教资料汇编》第 1 辑，第 23 册，台北博扬文化事业有限公司 2009 年版；

张云涛编：《北京戒台寺石刻》，北京燕山出版社 2007 年版；

张云涛编：《潭柘寺碑记》，中国文史出版社 2010 年版；

佟洵主编：《北京佛教石刻》，宗教文化出版社 2012 年版；

李毅婷校注：《论语新注》，人民出版社 2015 年版；

朱熹：《朱子全书》，上海古籍出版社 2002 年版；

印光法师重编：《清凉山志》《普陀山志》等，莆田广化寺；

二 现当代学者（含法师）著述

圣严法师：《菩萨戒指要》，法鼓山印本；

圣严法师：《明末佛教研究》，宗教文化出版社 2006 年版；

圣严法师：《明末中国佛教之研究》，法鼓文化出版社 2009 年版；

弘一法师：《弘一大师全集》，福建人民出版社 1991 年版；

弘一法师：《南山律在家备览》，莆田广化寺；

弘一法师：《弘一法师全集》，新世界出版社 2013 年版；

印顺法师：《华雨集》，中华书局 2011 年版；

圆瑛法师：《楞严经讲义》，华东师范大学出版社 2014 年版；

明旸法师：《圆瑛大师年谱》，宗教文化出版社 1996 年版；

印光法师：《印光法师文钞》，奉化佛教协会印本；

虚云法师：《虚云老和尚法汇》，黄山书社 2005 年版；

虚云法师：《虚云和尚全集》，中州古籍出版社 2009 年版；

谛闲法师：《谛闲法师语录》，上海佛学书局印本；

念西法师：《龙裤国师传》，漳州南山寺；

慧严法师：《台湾与闽日佛教交流史》，台北春晖出版社 2008 年版；

震华法师等：《律宗基础》，莆田广化寺印本；

果灯法师：《明末清初律宗千华派之兴起》，法鼓文化出版社 2004 年版；

吕澂：《中国佛学源流略讲》，中华书局 1979 年版；

方立天：《中国佛教哲学要义》，中国人民大学出版社 2002 年版；

吴立民：《禅宗宗派源流》，中国社会科学出版社 1998 年版；

吴汝钧：《佛教的当代判释》，台湾学生书局 2011 年版；

陈垣：《明季滇黔佛教考（外宗教史论著八种）》，河北教育出版社 2000 年版；

陈垣：《释氏疑年录》，广陵书社2008年版；

周叔迦：《周叔迦佛学论著全集》，中华书局2006年版；

潘桂明：《中国禅宗思想历程》，今日中国出版社1992年版；

杜继文、魏道儒：《中国禅宗通史》，江苏古籍出版社1993年版；

蔡日新：《南宋元明清初曹洞禅》，甘肃民族出版社2009年版；

毛忠贤：《中国曹洞宗通史》，花城出版社2014年版；

王荣国：《福建佛教史》，厦门大学出版社1997年版；

王建光：《中国律宗通史》，凤凰出版社2008年版；

纪华传：《明清鼓山曹洞宗文献研究》，社会科学文献出版社2014年版；

姜伯勤：《石濂大汕与澳门禅史》，学林出版社1999年版；

张雪松：《佛教法缘宗族研究》，中国人民大学出版社2015年版；

劳政武：《佛教戒律学》，宗教文化出版社1999年版；

杨健：《清王朝佛教事务管理》，社会科学文献出版社2008年版；

陈金龙：《南京国民政府时期的政教关系：以佛教为中心的考察》，中国社会科学出版社2011年版；

郭朋：《中国佛教思想史》，社会科学文献出版社2012年版；

江灿腾：《晚明佛教改革史》，广西师范大学出版社2006年版；

江灿腾：《台湾佛教史》，台北五南图书公司2009年版；

顾毓琇：《禅史》，上海古籍出版社2009年版；

阚正宗：《台湾佛教一百年》，东大图书公司1999年版；

陈慧剑：《中国末代禅师》，东大图书公司1998年版；

《明清佛教教史篇》，张曼涛主编《现代佛教学术丛刊》第15册，大乘佛教文化出版社1997年版；

赵伟：《崂山道教与佛教研究》，人民出版社2015年版；

包世轩：《北京佛教史地考》，金城出版社2014年版；

龚晓康：《融会与贯通：蕅益智旭思想研究》，巴蜀书社 2009 年版；

陈兵、邓子美：《二十世纪中国佛教》，民族出版社 2000 年版；

刘晓玉：《明清之际律宗中兴运动考察》，河南人民出版社 2014 年版；

杜常顺：《明朝宫廷与佛教关系研究》，中国社会科学出版社 2013 年版；

陈永革：《晚明佛教思想研究》，宗教文化出版社 2007 年版；

郑丽生：《郑丽生文史丛稿》，海风出版社 2009 年版；

何绵山：《台闽佛教源流与互动》，台北"中国佛教会"2010 年版；

马海燕：《为霖道霈禅师》，厦门大学出版社 2010 年版；

马海燕：《为霖道霈禅学研究》，宗教文化出版社 2012 年版；

谢国桢：《南明史略》，吉林出版集团 2009 年版；

汪毅夫：《闽台妇女研究》，海风出版社 2011 年版；

张广保编：《多重视野下的西方全真道教研究》，齐鲁书社 2013 年版；

尹志华：《王常月学案》，齐鲁书社 2011 年版；

任宗权：《道教戒律学》，宗教文化出版社 2008 年版；

任宗权：《道教科仪概览》，宗教文化出版社 2012 年版；

彭福理：《道教科范：全真派斋醮科仪纵览》，宗教文化出版社 2011 年版；

何晓昕：《风水史》，上海文艺出版社 1995 年版；

黄一农：《两头蛇：明末清初的第一代天主教徒》，上海古籍出版社 2015 年版；

黄夏年主编：《民国佛教期刊文献集成》（包括补编），中国书店出版社 2008 年版；

詹石窗主编：《闽南宗教》，福建人民出版社 2007 年版；

孙尚杨：《明末天主教与儒学的互动》，宗教文化出版社 2013 年版；

沈定平：《明清之际中西文化交流史》，商务印书馆 2012 年版；

三 研究论文与网络资源

慧严法师：《明末清初闽台佛教的互动》，《中华佛学学报》第 9 期；

叶宪允：《佛教木刻版画〈佛祖道影〉源流考》，《宗教学研究》2016 年第 1 期；

方广锠：《金陵刻经处与方册本藏经》，《法音》1998 年第 5 期；

林观潮：《明末闽南高僧樵云真常律师》，《闽南佛学》第 7 辑，宗教文化出版社 2010 年版；

林观潮：《费隐通容〈五灯严统〉的毁板与日本重刻》，《世界宗教研究》2008 年第 3 期；

范佳玲：《明末曹洞殿军——永觉元贤禅师研究》，博士学位论文，台湾师范大学，2005 年；

李鸿：《永觉元贤的禅净思想探略》，《法音》2013 年第 7 期；

王荣国：《鼓山传戒照片年代的重订昭示》，《福建文博》2009 年第 3 期；

蓝炯熹：《圆瑛大师与鼓山传戒：民国三十七年鼓山白云峰涌泉寺三坛大戒文本识读》，《闽台法缘》2011 年第 5 期；

林晓君：《真香盈两岸、戒法沐南洋：民国六年鼓山同戒录识读》，《福建文博》2015 年第 1 期；

黄曾樾：《永觉和尚广录探微》，《福建佛教》2008 年第 2、3 期；

林明珂：《永觉大师》，《法音》1993 年第 4 期；

马海燕：《为霖道霈与清初五代叠出诤考论》，《宗教学研究》2012 年第 2 期；

马海燕：《明清佛教与全真道传戒研究发微》，《法音》2016 年第 4 期；

马海燕：《闽南佛教戒坛设置及授戒法系研究》，《如是佛学研究》，江西人民出版社 2015 年版；

马海燕：《五台山"宗师"考论》，《五台山研究》2014 年第 1 期；

官万松：《北魏墓志"变脸"案例》，《中原文物》2016 年第 1 期；

林少川：《泉南到处少林风》，《闽南》2015 年第 6 期；

廖可斌：《〈三宝太监西洋记通俗演义〉主人公金碧峰本事考》，《文献》，1996

年第 1 期；

尹志华：《王常月传戒新考》，《道学研究》2008 年第 1 期；

尹志华：《清代全真道传戒初探》，《全真道研究》第 1 辑，齐鲁书社 2011 年版；

尹志华：《清同治十二年北京白云观传戒考述》，《三秦道教》2008 年第 1、2 期；

尹志华：《北京白云观藏〈龙门传戒谱系〉初探》，《世界宗教研究》2009 年第 2 期；

黎晓铃：《建瓯定光佛信仰的传入及演变》，《客家》2008 年第 1 期；

民国佛教期刊文献集成及补编资料库（http：//buddhistinformatics. ddbc. edu. tw/minguofojiaoqikan/search. php）

福建省情资料库（http：//www. fjsq. gov. cn/）

蔡春寿：《建阳籍高僧释元贤世系考》（http：//blog. sina. com. cn/s/blog_a20654f20102vdns. html）

蔡日新：《五宗法嗣之争概述》（http：//blog. sina. com. cn/s/blog_b491ccba0102vum2. html）

四　国外著作或论文（含中译）

［英］埃里克·霍姆斯鲍姆等编，《传统的发明》，顾杭等译，译林出版社 2008 年版；

［日］长谷部幽蹊：《明清佛教教团史研究》，东京同朋舍 1993 年版；

［日］长谷部幽蹊：《古祖一门法灯の谱》，《禅研究所纪要》第 27 卷，1999 年；

［日］长谷部幽蹊：《律门法化の地域的展开》，《禅研究所纪要》第 23 卷，1995 年；

［日］荒木见悟：《明末清初的思想与佛教》，廖肇亨译，上海古籍出版社 2010

年版；

[日] 忽滑谷快天：《中国禅学思想史》，朱谦之译，上海古籍出版社 2006 年版；

[日] 阿部肇一：《中国禅宗史》，关世谦译，台湾东大图书公司 1999 年版；

[日] 伊藤隆寿：《肇论集解令模钞校释》，林鸣宇译，上海古籍出版社 2008 年版；

[日] 五十岚贤隆：《道教丛林太清宫志》，郭晓峰等译，齐鲁书社 2015 年版；

[加] 卜正民：《为权利而祈祷——佛教与晚明中国士绅社会的形成》，张华译，江苏人民出版社 2008 年版；

[加] 卜正民：《明代的社会与国家》，陈时龙译，黄山书社 2009 年版；

[德] 扬·阿斯曼：《文化记忆：早期高级文化中的文字、回忆和政治身份》，金寿福译，北京大学出版社 2015 年版；

[法] 谢和耐：《中国与基督教——中西文化的首次撞击》，耿昇译，商务印书馆 2013 年版。